O que as pessoas estão falando sobre
Dominando as Tecnologias Disruptivas

"Alguns livros têm ideias; outros, visão; ainda outros, conselhos. Este é um dos raros livros que reúne esses três ingredientes. Boa leitura para quem realmente deseja fazer alguma coisa com a mudança tecnológica, em vez de ficar só no blá-blá-blá."

Marco Rimini, CEO, Worldwide Central Team, Mindshare

"O guia perfeito para todos os profissionais em busca de compreender melhor e prosperar no atual mercado de tecnologias disruptivas."

Michael Villaseñor, *Criative Director, The New York Times*

"Guia integral, mão na massa, para o futuro do seu negócio. Quem quiser provocar a disrupção de um mercado (ou evitar sofrer disrupção) precisa deste livro."

Chris DeWolfe, CEO, Jam City Games

"Olhar panorâmico sobre os tsunamis de tecnologia que se aproximam e certamente transformarão o seu negócio. Este livro é um manual criativo e prático para tomar decisões num mundo incerto."

Nir Eyal, autor de *Hooked: How to Build Habit-Forming Products*

"Se você quiser abraçar a mudança em vez de ser atropelado por ela, leia este livro. Altamente recomendado."

Richard Watson, autor de *Digital vs Human*

"Aqui está um plano de ação incisivo para lidar com a mudança e a disrupção na era da afluência. Desde adotar a mentalidade certa para enfrentar a disrupção até fazer um *brainstorm* criativo para virar a mesa e se tornar disruptor, este livro é a loja de conveniência dos empreendedores ambiciosos."

Russ Shaw, Fundador, Global Tech Advocates

"Empresas de todo o mundo me perguntam como podem ser mais inovadoras e como rebater ataques disruptivos de empresas mais agressivas. Paul dá a receita aqui."

Robert Scoble, *Partner*, Transformation Group

"*Dominando as Tecnologias Disruptivas* é um debruçar esclarecedor sobre a tecnologia que já desponta na esquina. Paul é uma fonte de conselhos sobre como imaginar e encarar o que irrompe à nossa frente, preparando o leitor para fazer as perguntas certas sobre como será o amanhã."

Mike Murphy, Repórter de Tecnologia, Quartz

"A experiência, a energia, a honestidade e os insights de Paul fazem de *Dominando as Tecnologias Disruptivas* uma leitura indispensável."

Reshma Sohoni, *Founding Partner*, Seedcamp

"Um manual esclarecido, conciso e, acima de tudo, prático, para ajudá-lo a navegar com segurança entre os abrolhos da disrupção."

Shawn Gold, CMO, TechStyle

"Numa época em que a inovação tem sido questão de vida ou morte para tantas empresas, é ótimo encontrar alguém com o conhecimento de Paul sobre tecnologia tratando do tema."

William Higham, Fundador e CEO, Next Big Thing

"A disrupção ou ocorre com você ou por causa de você. É uma escolha. Paul explica exatamente como se manter à frente da curva da disrupção, porque, se você ficar esperando que alguém lhe diga o que fazer, você estará no lado errado da inovação."

Brian Solis, Futurólogo, Antropólogo digital e autor de
X: The Experience When Business Meets Design

"Estou acompanhando com muita atenção o que Paul expõe aqui, de forma superlegível e factível. Este livro requer concentração. Mergulhe nele."

Chris Brogan, CEO e Proprietário, Media Group, e autor de *The Freaks Shall Inherit the Earth*, best-seller do *The New York Times*

"O futuro já chegou — e ainda não percebemos. O livro de Paul é uma cartilha crucial para o futuro imediato, pós-disrupção, e direciona entusiasticamente a atenção do leitor para as grandes oportunidades. Imperdível!"

Gerd Leonhard, Futurólogo, autor e CEO da The Futures Agency

"Análise fascinante das tecnologias disruptivas radicais, como elas o impactam e o que fazer para explorá-las."

Simon Birkenhead, *Managing Director*, L2 Inc.

"À medida que aumenta o volume da conversa sobre tecnologias disruptivas, fica cada vez mais difícil distinguir sinal e ruído. A abordagem de Paul Armstrong é acessível e prática, capacitando a todos que estão enfrentando disrupções (isto é, todos nós) a compreender melhor como reagir. É ótima leitura para qualquer um que esteja em busca de um mapa que mostre como navegar no mundo de amanhã."

Henry Mason, *Managing Director*, TrendWatching

DOMINANDO AS TECNOLOGIAS DISRUPTIVAS

Copyright © 2017 Paul Armstrong
Copyright © 2019 Autêntica Business

Tradução publicada mediante acordo com a Kogan Page.

Título original: *Disruptive Technologies: Understand, evaluate, respond.*

Todos os direitos reservados pela Editora Autêntica Business. Nenhuma parte desta publicação poderá ser reproduzida, seja por meios mecânicos, eletrônicos, seja via cópia xerográfica, sem autorização prévia da Editora.

EDITOR
Marcelo Amaral de Moraes

ASSISTENTE EDITORIAL
Luanna Luchesi Pinheiro
Vanessa Cristina da Silva Sá

CAPA
Diogo Droschi

REVISÃO TÉCNICA
Marcelo Amaral de Moraes

PREPARAÇÃO DE TEXTO
Vanessa Cristina da Silva Sá

REVISÃO
Lúcia Assumpção

DIAGRAMAÇÃO
Guilherme Fagundes

Dados Internacionais de Catalogação na Publicação (CIP)
(Câmara Brasileira do Livro, SP, Brasil)

Armstrong, Paul

Dominando as tecnologias disruptivas : aprenda a compreender, avaliar e tomar melhores decisões sobre qualquer tecnologia disruptiva que possa impactar o seu negócio / Paul Armstrong ; tradução Afonso Celso da Cunha Serra. -- 1. ed. -- São Paulo : Autêntica Business, 2019.

Título original: Disruptive technologies : understand, evaluate, respond.
ISBN 978-85-513-0590-4

1. Estratégia 2. Tecnologias disruptivas 3. Gestão da mudança 4. Consultoria 5. Inovação I. Título.

19-26402   CDD-658.4062

Índices para catálogo sistemático:
1. Tecnologia e inovação : Gestão : Administração de empresas
Tecnologia e inovação : Gestão : Administração de empresas 658.4062

Iolanda Rodrigues Biode - Bibliotecária - CRB-8/10014

A **AUTÊNTICA BUSINESS** É UMA EDITORA DO **GRUPO AUTÊNTICA**

São Paulo
Av. Paulista, 2.073 . Conjunto Nacional
Horsa I . 23º andar . Conj. 2310 - 2312
Cerqueira César . 01311-940 . São Paulo . SP
Tel.: (55 11) 3034 4468

Belo Horizonte
Rua Carlos Turner, 420
Silveira . 31140-520
Belo Horizonte . MG
Tel.: (55 31) 3465 4500

www.grupoautentica.com.br

PAUL ARMSTRONG

DOMINANDO AS
TECNOLOGIAS
DISRUPTIVAS

Aprenda a **compreender, avaliar**
e **tomar melhores decisões** sobre
qualquer **tecnologia** que possa
impactar o seu negócio

TRADUÇÃO Afonso Celso da Cunha Serra

autêntica
BUSINESS

Sumário

Agradecimentos	13
Introdução	15

1. Tecnologias emergentes

Emergente ou disruptiva?	32
Como acontecem as tecnologias disruptivas?	35
E então, quais tecnologias disruptivas se tornam grandes negócios?	35
Conclusão	56

2. Tecnologia disruptiva e emergente: a verdade brutal

Qual é o problema aqui?	59
Não precisa custar os olhos da cara	61
Pequeno é belo	61
Compromisso é a chave do sucesso	62
Começa com você	63
O que é má tecnologia?	68
E então, será que estamos condenados a um mundo com tecnologias boas e pessoas más?	70
TCD é a solução	71

3. A falácia da previsão

Prever é difícil, mas você pode fazer isso de um jeito mais fácil	76
O que importa é imprevisível e o que é previsível não importa	78
E então, como fazer melhores conjecturas e previsões?	81
Ótimo, e então, qual é o problema?	82
Por que as pessoas não mudam?	84
Dedicação é algo difícil de cultivar e preservar	85
Assim sendo, o que eu faço? Não sou vidente...	85
O que acontece quando a mudança é negligenciada?	86
As ferramentas certas podem ajudar as pessoas a mudar (ou enxergar a mudança) com mais facilidade	87
Conclusão: a inovação precisa de um *framework* flexível	99

4. O *framework* TCD: uma introdução

O futuro precisa ser ágil	103
O *mindset* certo é a chave	104
Como cultivar o otimismo	105
A previsão ainda é nebulosa, rápida e mutável	107
As origens do TCD	107
Por que duas versões?	109
O TCD "simples" está configurado para fazer o quê?	111
Framework do TCD "simples"	113
Conclusão	129

5. TCD complexo

Por que são necessárias duas versões do TCD?	133
O que é o TCD+?	134
Quando usar o TCD+?	134
Antes de começar, uma palavra sobre fracasso	135
O processo TCD+	136
Conclusão	171

6. Como obter aprovação

Por que as pessoas resistem a ideias e soluções	175
Entendendo o risco e por que ele não é um palavrão	176
Os vieses estão em todos os lugares e em nenhum lugar	178
Os *outsiders* geralmente são necessários para criar movimento	184
Vendendo poder... dolorosamente	185
"Isso é caro"	188
Conclusão	192

7. Negócio aberto e inovação

O que é negócio aberto?	196
Negócio aberto não significa (nem exige) holacracia	198
E então, até que ponto um negócio aberto deve ser aberto?	200
Por que ser aberto é tão importante?	200
O meio-termo é possível... mas arriscado	203
E então, se a abertura é difícil e o meio-termo não é bom, por onde começo?	203
Para promover a mudança eficaz, é preciso criar alguma desarmonia	207
Às vezes, só é preciso uma coisa... outra pessoa	215
Conclusão	216

8. O que procurar

Espere o inesperado – ele acontecerá	222
Corra ao ouvir altos executivos dizerem "não acontecerá conosco"	223
Lembre-se: ter medo de iceberg é errado	225
O que fazer e o que não fazer	226
Espere que as coisas também deem errado	230
Kit de inovação	234
Conclusão	237

9. Des-inovação

Por que "pensar em coisas diferentes" provavelmente não funcionará para você, mas "pensar de maneira diferente" dará certo	242
A maneira como você conserta um banco diz muito sobre você e sua empresa	242
Complacência é a morte, compromisso é a chave	244
Sua abordagem a qualquer mudança deve ser sob medida	245
Pensar de maneira diferente envolve outras pessoas, não só você	248
Conclusão	253

10. Disrupção e a geração *Millennial*

Por que dizer "*Millennial*" não está ajudando você nem o seu negócio	259
Questione os seus mitos sobre os *Millennials*	260
Por que as pessoas que nasceram entre 1980 e 2000 são tão importantes?	264
A sua empresa precisa de IE, não de QI – desenvolva um *mindset* de *Millennial*	267
Não despreze o desejo de realização e de trabalho significativo	269
Conclusão	271

11. O futuro do TCD e das tecnologias disruptivas

O TCD é um *framework* – você é o que o faz funcionar	277
Por que TCD o acompanhará por toda a vida?	280
O futuro não deve ser temido	281
O futuro do TCD	286

Referências	289
Leituras adicionais	292
Índice	294

AGRADECIMENTOS

Primeiro e acima de tudo, eu gostaria de agradecer à minha família: minha mãe, que me ensinou a importância da empatia e da autenticidade; meu pai, que me ensinou o certo e o errado e me encorajou a ser ousado; e minha irmã, que (apesar de toda a minha implicância com ela, na infância e na adolescência) é hoje quem mais torce por mim.

Também sou grato à minha outra "família"; aos amigos, fonte constante de inspiração, força e diversão. À família universitária, Anita, Colette, Dylan, Emma, Jennie, Jess, Joanne, Nicola e Peggy. Tampouco posso esquecer a família de Los Angeles: Aimee, Carla, Giovanna, Mike, Jess, Mark, Jay, Vince, Corey, Marla, Jen e Phil. Agradeço a todos pelo apoio ao longo dos anos, e fico enternecido com tanta lealdade.

Dominando as Tecnologias Disruptivas teria sido muito mais difícil de escrever sem os conselhos, a ajuda e o estímulo de Darika Ahrens. Você é uma fonte constante de inspiração, que consolidou em muito meu raciocínio e me estimulou a levar as ideias mais longe.

Gostaria de agradecer à Kogan Page, por se acercar de mim, assim como às seguintes pessoas que me ajudaram no percurso – cada uma delas, estrelas por seus próprios méritos: Rob Bates, Lisa Becker, Josh Brooks, Jonalyn Morris Busam, Robinne Burelle, Brenda Ciccone, Cristian Cussen, Robbie Daw, Carolyn Dealey, James Denman, Emma Diskin, Lisa Fields, Georgina Goode, Emily Hallford, Dave Halperin, Emily Kealey, Jason Kirk, Michael Levine, Zia Namooya, Matt Parkes, Deborah Peters, Brianne Pins, Nicole Randall, Simon Speller e muitas outras que sabem quem são.

Finalmente, meu obrigado a você, leitor, porque, sem pessoas como você – pessoas que se interessam por temas como disrupção, futuro e por como fazer as coisas de forma diferente – o mundo estaria às voltas com muito mais problemas.

Obrigado a todos.

INTRODUÇÃO

Pare um minuto e imagine um mundo sem Facebook, onde Bitcoin seria uma mordida de mau jeito; Uber significaria apenas "acima", em alemão; Alibaba seria só um lenhador azarado; telefones celulares seriam usados para pouco mais do que chamadas telefônicas; viagens espaciais comerciais somente existiriam em quadrinhos de ficção científica; ninguém saberia o que é iPhone; 11 de setembro de 2001 teria sido um dia como qualquer outro; crises financeiras não passariam de narrativas do passado, em livros de história; ninguém saberia quem foi Edward Snowden; e os Estados Unidos nunca teriam tido um presidente negro.

Esse era o mundo de 20 anos atrás.

Avance rápido para hoje, e tudo isso parece velho, ou muito "de nossa época". Ao refletir sobre essa lista de mudanças e evoluções, fica claro que elas não ocorreram por motivos políticos, nem por tendências demográficas, nem por solução natural, como era comum na história. Essas transformações resultaram de iniciativas para resolver problemas – reais ou percebidos – e muitas não tinham substrato físico. Nesse cenário, a tecnologia foi o grande agente de mudança, seja a internet, o aumento da colaboração ou novas "necessidades" emergentes. A tecnologia tem sido a força indutora da mudança, e continuará a ser nas décadas vindouras, por força de sua proliferação no cotidiano e, mais importante, nos bastidores. Com efeito, para as gerações anteriores, pareceria exagero afirmar que grande parte do que é normal hoje seria ridículo 20 ou 30 anos atrás, mas pouca gente diria que ainda é assim hoje, se remontarmos aos últimos 20 anos. A taxa de mudança vivenciada pela atual geração não tem precedentes. Embora as décadas anteriores tenham sido pontilhadas por guerras sangrentas, nunca vistas antes com tanta carnificina, os conflitos bélicos para esta geração e para as subsequentes serão ocorrências contínuas e regulares, transmitidas em várias amplitudes, por diferentes mídias, para vários dispositivos, principalmente móveis, triste reflexo da vida moderna.

Como e por que a tecnologia avançou tão rápido?

Compreender essa questão é fundamental para estimar os rumos da tecnologia e suas mudanças prováveis, ainda mais intensas. A melhoria dos meios de comunicação acarretou muitas das inovações e mudanças tecnológicas que vemos hoje, embora as décadas e gerações pregressas não tenham tido meios para colaborar com tanta liberdade e amplitude. Entretanto, o avanço das comunicações não é o único propulsor das mudanças aceleradas que caracterizam a época atual. Outros fatores são:

- **Avanços na capacidade de processamento**
  A capacidade de processamento dos smartphones médios de hoje ultrapassa a funcionalidade das vastas torres de todo um pavimento, que eram os primeiros computadores. Também temos mais poder na palma das mãos com os dispositivos móveis de hoje do que jamais manejamos com aquelas antigas máquinas formidáveis, em ambientes assépticos e gélidos. Não se iluda, porém; sem eles e o que aprendemos com eles, o PC, o tablet, o smartphone, os smartwatches, e tantos outros avanços estariam em situação muito diferente. Curiosamente, talvez estejamos na iminência de um salto em novas áreas, se a Lei de Moore – o princípio de que a cada dois anos o poder de processamento dos computadores dobra – não for infinito, como já se supôs. Embora a lei tenha prevalecido durante várias décadas (INTEL, 2015) e provavelmente continue vigorando pelo menos por mais dez anos, seu futuro – e o que virá depois – ainda está sendo debatido.

• Miniaturização de materiais

É a capacidade de produzir peças menores e de fazer mais com menos. Daí resultaram a redução dos custos dos materiais e a criação de produtos, principalmente eletrônicos, cada vez menores. Além das economias para os fabricantes, a miniaturização também mudou os próprios processos de produção, consumindo muito menos energia. Embora muito poucas tecnologias possam ser denominadas iniciativas verdes, esse progresso significa que processos que já foram grandes poluidores ambientais para o mundo agora são muito menos nocivos, mesmo que ainda estejam longe de serem inócuos para o meio ambiente.

• Prototipagem rápida

A capacidade de criar produtos em escala real ou em plena escala, com rapidez e economicidade, usando técnicas de *computer-aided design* (CAD), desenvolvidas na década de 1980, prenunciou uma nova era para a tecnologia. Peças e produtos podiam agora ser projetados e testados, ao passo que, até então, era preciso produzir lotes inteiros. A prototipagem rápida e a correção antecipada das falhas resultaram em produtos com maior potencial de sucesso imediato.

• Aumento da conectividade

Mais conexões com as pessoas certas e uma infraestrutura para compartilhar e desenvolver o conhecimento (a internet) possibilitaram saltos significativos em várias áreas tecnológicas. Essa tendência foi além da computação em si e se estendeu para educação, negócios e transportes. A capacidade de observar e de fazer perguntas, para aprimorar continuamente as melhores práticas e as maneiras de fazer as coisas basicamente impulsionou empresas e países para novos níveis. Em vez de simplesmente utilizar o conhecimento dos colegas próximos, é possível acessar vasto conjunto de inteligências e perspectivas, possibilitando grandes descobertas, com mais rapidez e menos riscos, sejam eles de perder tempo, dinheiro ou outros recursos.

- **Custos de armazenamento mais baixos**
O custo do armazenamento físico despencou, abrindo novas opções, como armazenamento na nuvem, para ficar no âmbito público. Basicamente, o armazenamento e a manipulação de arquivos numa rede distribuída – geralmente denominada nuvem – possibilitaram a redução de custos de materiais físicos e eliminaram a necessidade de processos onerosos.

Para onde irá agora a tecnologia?

A tecnologia está ficando cada vez mais amorfa. O que já foi um espectro fácil de compreender virou uma fera difícil de domar. Os clientes em geral consideram ilustrativa a analogia com um cardume. Os peixes se reúnem para rechaçar ataques de predadores maiores, formando massa mais volumosa para assustar os caçadores. Olhando para a tecnologia, vê-se que ela pode ser algo parecido – uma entidade maior, composta de muitas entidades menores, cada uma seguindo um rumo semelhante; mas, quando a pressão é grande demais, o conjunto assume outra forma e ocorre a mudança.

As mudanças em curso são como as de um balão sob pressão externa concentrada em um ponto – quando se aperta com força uma área, o balão se deforma em outra área ou estoura. Algumas dessas ocorrências são previsíveis, outras não. Desenvolve-se a capacidade de prever esses movimentos com base na análise cuidadosa de vários critérios, conhecimentos, panorama geral e, frequentemente, muitos outros dados. Outros movimentos são imprevisíveis, e essas mudanças geralmente provocam disrupções no contexto, com muito mais frequência e intensidade que os movimentos previsíveis em vários campos.

Anos atrás, a tecnologia era mais simples, porque os sistemas não estavam conectados e os computadores e dispositivos só tinham capacidade para executar tarefas mais elementares. Esses dias pertencem a um passado bem distante e, por menor que seja a probabilidade de abandonarmos a tecnologia "burra" (afinal, ela foi feita para facilitar a vida), o futuro é vibrante, com os sistemas conectados acenando com o potencial de melhorar as coisas (apesar dos possíveis problemas igualmente sérios, que analisaremos em outros capítulos).

A conexão de sistemas é uma área empolgante. Graças a tais avanços – em especial, à computação na nuvem –, um novo futuro, a Internet das Coisas (IoT) desponta no horizonte. Concebida por Kevin Ashton, da Procter & Gamble, em 1999, a IoT é essencialmente um mundo cheio de sensores, instalados em tudo, desde torradeiras até trilhos ferroviários, que alimentam sistemas capazes de cotejar e analisar o *big data* – termo usado pela primeira vez por John Mashey (DIEBOLD, 2012). De cidades inteligentes à modelagem preditiva, o *big data* é parte fundamental do futuro de todas as pessoas do planeta. Sensores embutidos em coisas não são novidade, mas a proliferação de sistemas integrados, capazes de resolver problemas mais complexos, de maneira mais rápida e econômica, é o fator que mais influenciará as pessoas, a sociedade e as interações ao longo de muitas décadas vindouras.

O mundo está prestes a se tornar muito mais complexo

Com base em dados IDC, o mercado global para a IoT não passava de US$ 656 bilhões em 2014, mas deve chegar a US$ 1,7 trilhão em 2020, à medida que a demanda dos consumidores por dispositivos multitarefa continua a aumentar, junto com ecossistemas exigidos e criados por dispositivos conectados. Associando-se esse crescimento a produtos, isso significa mais de 29,5 bilhões de carros, lavadoras, chaleiras, cadeiras, vasos de plantas, trancas de portas, e muito mais (conhecidos como *endpoints*), em comparação com 10,3 bilhões em 2014 (NORTON, 2015).

O aspecto crítico por trás da IoT é o já mencionado *big data*. Antes, era possível coletar quantidades relativamente grandes de dados, mas a visualização e a análise dessa massa eram difíceis. Melhorias na análise estatística e computacional de conjuntos de dados, além do crescimento exponencial da capacidade de processamento dos computadores, agora possibilitam a superação dessas limitações. Pesquisadores de dados, também conhecidos como "cientistas de dados", agora desfrutam de mais liberdade para começar a descobrir novos padrões e áreas, que lhes possibilitem alcançar diferentes objetivos, como reduzir custos, limitando a produção em certas épocas, com base na demanda; redirecionar o tráfego, para atenuar congestionamentos; ou diagnosticar doenças mentais, com base em padrões de cromossomos. O potencial do *big data* para mudar o mundo é notório, embora promover mudanças com base nos resultados ainda seja mais complexo do que geralmente se descreve.

Grandes empresas não são as únicas beneficiárias do *big data*. Na verdade, governos centrais ou administrações municipais talvez tenham melhores condições de extrair valor dessas áreas, em razão da possibilidade de promoverem mudanças mais lentas ou, ao contrário, de contar com mais recursos para acelerar as transformações. Embora o *big data* por certo seja capaz de ajudar as empresas a superar os concorrentes, é a combinação de dados, a visualização e a análise, trabalhando juntos, que proporcionarão às empresas os ganhos mais significativos. A lista do que o *big data* pode fazer geralmente é espantosa, ainda mais por se tratar de uma área em crescimento – uma busca rápida no Google apresenta mais de 26 milhões de resultados para "Graduação em Ciência de Dados" (em 21 de novembro de 2015). O *big data* não é fácil e requer um conjunto de habilidades específicas, pelo menos por enquanto; acima de tudo, porém, exige a formulação de perguntas certas, sob pena de gerar respostas erradas – os dados são tão bons quanto as análises a que são submetidos e as ideias que deles são extraídas. Além disso, há outros problemas em relação ao *big data* que se enquadram em duas áreas – velocidade e correção. O *big data* deve esse nome ao fato de envolver enormes quantidades de bits de dados, às vezes, da ordem de bilhões, o que, além da tremenda dificuldade de manejo, da quase intratabilidade, torna ainda mais árduo extrair valor real de toda essa complexidade, em razão do volume em si. Além disso, a quantidade de dados pode levar a falsos positivos, se o manuseio não for adequado, resultado totalmente contrário ao almejado. As empresas às voltas com *big data* geralmente buscam vitórias rápidas e objetivos de curto prazo, para demonstrar sucesso e recuperar custos, mas o *big data* demanda cuidado, tempo e atenção, para gerar o máximo de valor possível.

Compreender o *big data*, que dirá explorá-lo, não é fácil. Jenny Dearborn, Senior VP e Chief Learning Officer da SAP, empresa especializada em software de gestão, o descreve em poucas palavras:

> Depois de compreender os processos mais profundos, subjacentes aos dados (análise descritiva), ter ideia de por que está acontecendo (análise diagnóstica) e fazer previsões sobre o futuro (análise prescritiva), o passo seguinte é pôr em prática o conhecimento assim adquirido.

A capacidade de prever o futuro é, decerto, extremante desejável, por motivos óbvios, e, embora o objetivo deste livro não seja prever o futuro, um de seus propósitos é, sem dúvida, ajudar empresas e indivíduos a se preparar para o futuro. Três são os requisitos para planejar alguma coisa: primeiro, compreendê-la ("O que é isso?"); segundo, avaliá-la ("Quanto isso é importante para mim?"); e, finalmente, responder à pergunta, "O que fazer a esse respeito?", mesmo que a resposta seja não fazer nada. Cada passo é fundamental, e este livro trata desses passos, um de cada vez, com o objetivo de capacitá-lo não só a compreender, mas também a avaliar e a responder a cada indagação, e mudar de maneira condizente.

Prever é difícil, mas você não deve desistir

Os líderes empresariais sabem que prever é parte de qualquer negócio a ser melhorado – adaptar-se às mudanças e às tecnologias é muito mais fácil de dizer do que fazer. As previsões podem ser postas em escala – simples ou complexas, baseadas nos dados disponíveis. As previsões do cotidiano (a situação do trânsito em diferentes horas, quando o carteiro chegará) podem ser razoavelmente exatas, com base nos padrões anteriores. Quais serão, porém, as chances de que um país invada outro nos próximos 10 anos e quais serão os efeitos econômicos daí decorrentes para a indústria siderúrgica de um terceiro país, no prazo de 15 anos? Esse tipo de previsão é difícil, e os dados históricos, a experiência acumulada e o instinto jamais serão suficientes, porque os dados serão insuficientes como base para decisões reais.

Indivíduos e indústrias dependem de profissionais e de organizações (futurólogos, *think tanks,* universidades, agências reguladoras), na falta de dados exatos legítimos ou *database of truth* coligidos, que parecem confiáveis e suficientes, até você se dar conta de que é impossível prever o futuro com tantas variáveis desconhecidas e tantos fatores instáveis. Estudos já revelaram (TETLOCK, 2015) que até os melhores *experts* (uma equipe completa de acadêmicos, consultores, sumidades e gurus) podem não ser muito mais exatos do que um macaco lançando dardos sobre um gráfico prospectivo dos próximos 20 anos. Os resultados do estudo de Tetlock mostraram que, para horizontes mais curtos (três a cinco anos), alguns especialistas eram bem melhores do que outros, mas a maioria dos participantes patinhava (ou os resultados eram muito piores) quando o prazo era mais longo (além de cinco anos). Por isso é que este livro foi escrito, focado e estruturado desta maneira. Isso não significa que tentar responder às perguntas é inútil, nem que não devemos tentar fazer coisas difíceis, mas sim que precisamos de novas ferramentas, sistemas e maneiras de pensar para resolver esses problemas. Antes, as empresas usavam modelos estáticos, que eram inflexíveis, mas eram específicos para um propósito. Hoje, porém, no mundo cambiável e nos ecossistemas tecnológicos, esses modelos já não são adequados. Por isso é que se precisa de uma estrutura flexível, e se criou o Tecnologia, Comportamento e Dados (TCD). Esse *framework* foca no âmago das decisões a serem tomadas hoje, amanhã e no futuro. As previsões são difíceis, mas o jogo de cintura pode facilitar, se você tiver um sistema maleável que lhe permita fazer escolhas, em vez de preservar a rigidez e os paradigmas.

Toda boa tecnologia tem as pessoas como base

A tecnologia sempre foi o motor do mundo; fosse o seu trabalho a distribuição de bíblias ou a movimentação de minério de ferro de um lugar para outro, a tecnologia estava lá para tornar as coisas mais fáceis, mais inteligentes e mais rápidas. No mundo de hoje e do futuro, a tecnologia, novamente, está assumindo papel diferente, à medida que as tarefas físicas são executadas por dispositivos robóticos, tornando invisíveis os processos mecânicos no nosso dia a dia. Em vez disso, a função da tecnologia está evoluindo, para lidar cada vez menos com necessidades físicas, algo compatível com a Hierarquia das Necessidades de Maslow (MASLOW, 1943). Essa teoria identifica cinco estágios básicos na motivação humana: fisiológico (ar, água, alimentos, temperatura ambiente, e assim por diante); segurança (abrigo contra intempéries, proteção pessoal e patrimonial, leis); social (intimidade, amor, afeição); autoestima (realizações, independência, prestígio, autorrespeito) e autorrealização (aproveitamento do potencial, autossatisfação, vida significativa). Embora Maslow tenha sido questionado desde que lançou o seu modelo, ao qual se seguiram outras versões, as mais lembradas são as humorísticas – por exemplo, a que agrega outra camada na base da pirâmide, intitulada "WiFi". Conquanto cômica, essa inclusão salienta a pervasividade da tecnologia na vida cotidiana e por que a tecnologia pode tanto capacitar quanto incapacitar.

Portanto, é importante que qualquer estratégia ou estrutura inclua um elemento que corresponda a como os humanos interagirão com a mudança tecnológica e serão por ela impactados. Qualquer novo sistema suscitará comportamentos por parte das pessoas afetadas; por isso, é importante considerar os comportamentos antes, durante e depois de qualquer mudança, para certificar-se de estar fazendo as escolhas certas e que os resultados almejados serão alcançados com o mínimo de efeitos adversos. Compreender esse impacto é importante área de foco deste livro, porquanto qualquer mudança requer manejo cuidadoso por numerosas razões, mas, principalmente, porque os humanos têm dificuldade em lidar com a mudança; e a tecnologia, até certo ponto, tem a função de substituir ou reduzir a demanda por seres humanos em numerosos setores de atividade. Bom exemplo disso é o reconhecimento óptico de caracteres, software para a classificação de correspondência, com muito pouca supervisão humana. O correio era um sistema simples que foi completamente revolucionado para sempre por uma pequena mudança tecnológica. Avance rápido 50 anos, e o Facebook está prestes a lançar o "M", que será analisado com mais profundidade em outros capítulos. É um auxiliar de inteligência artificial a ser embutido no Facebook Messenger, o maior serviço de mensagens do mundo, que já pode reservar hotéis, voos e ingressos, além de recomendar maneiras de divertir-se. O reverso das mudanças no sistema postal está acontecendo agora; grandes transformações estão ocorrendo em sistemas simples, acenando com resultados potenciais gigantescos. Sem dúvida, o "M" é um feito tecnológico admirável do Facebook, mas envolve muitos problemas ao seu redor, quando se pensa nos setores sujeitos a disrupções.

Além do "M" do Facebook, olhando mais à frente, contudo, uma nova geração de tecnologias já se insinua no horizonte; um conjunto definido e decisivo, com potencial não só para movimentar mentes e mercados, mas talvez para influenciar o futuro da espécie humana, se, algum dia, colonizarmos outros mundos. São as chamadas "tecnologias emergentes", e, quando as explorarmos com mais detalhes, precisaremos pensar nas pessoas que a usarão. Arthur C. Clarke proferiu o aforismo famoso: "Qualquer tecnologia bastante avançada se confunde com magia", afirmação que se aplica a muitas das tecnologias emergentes que discutiremos nos próximos capítulos. De um modo geral, o público se mostra cauteloso, mas otimista, ao deparar com novas tecnologias. Frequentemente, é a maneira como as tecnologias entram na nossa vida, ou nos são apresentadas, que exerce o maior impacto sobre se florescerão ou fenecerão. Por isso, é tão importante considerar os aspectos pessoais ou comportamentais de qualquer tecnologia e mudança. Quando envolvem ameaças à liberdade ou ao emprego, as pessoas reagem negativamente às novas tecnologias. Esse "efeito" pode ser visto em todas as figurações de tecnologia por Hollywood, em *Minority Report*; *A.I. Inteligência Artificial; Eu, Robô* e outros filmes. Depois disso, compete a você e a mim interferir nessas zonas de conforto, às vezes, até mesmo sem pedir permissão. Embora não haja referência segura de onde ou quando ele disse isto, se é que disse, esta citação famosa de Henry Ford resume o motivo: "Se eu tivesse perguntado às pessoas o que elas querem, é provável que tivessem respondido 'cavalos mais rápidos'".

Adaptabilidade para vencer

Blockbuster, Enron, Woolworths, Borders, Comet, Jessops e Oddbins. Todas essas empresas já foram respeitáveis, mas agora foram relegadas às páginas da história e da Wikipédia. Dez anos atrás, muita gente achava que essas empresas eram intocáveis, mas, hoje, todas deixaram de operar, e não passam de estudos de casos em seminários, com relação ao possível fato de a sua empresa ser a próxima da série de empresas extintas. Essas empresas não são pontos fora da curva, nem vítimas de circunstâncias desastrosas – são, em grande parte, exemplos de empresas que sucumbiram ao se defrontar com a mudança. Peter Diamandis, chairman e CEO da XPRIZE Foundation – mais bem conhecida pela oferta de um prêmio de US$ 10 milhões na competição Ansari XPRIZE, que seria concedido à primeira organização não governamental a lançar uma nave espacial tripulada, reutilizável, no espaço, duas vezes, no período de duas semanas –, citou uma estatística de um estudo da Universidade de Washington, que logo se tornou famosa: "Quarenta por cento das empresas da Fortune 500 de hoje desaparecerão nos próximos 10 anos" (IOANNOU, 2014). Esse excerto foi uma das ideias indutoras deste livro. Em outros termos, se a previsão for confirmada, e não há razão para supor que não será, talvez até se antecipe, a cada 3.650 dias haverá uma renovação de 40% na lista das maiores empresas do mundo. Quais serão elas? Será que a sua estará incluída na lista? Como serão as novas entrantes? Como elas impactarão o seu negócio? Como elas influenciarão a sua vida?

Quando você lê manchetes e estatísticas como essa, é fácil pensar que essas mudanças acontecem porque as empresas têm produtos ruins, estão sob má liderança ou enfrentam condições econômicas adversas. A verdade, contudo, geralmente é muito mais profunda. Essas empresas, frequentemente, carecem da antevisão e/ou da disposição para se ajustar a novas condições, relacionadas com mudanças tecnológicas, mudanças comportamentais ou mudanças nos dados e na maneira como são usados. Esses elementos são centrais em todo este livro: a tecnologia em si, as pessoas que a usarão ou que sofrerão o seu impacto, e os dados que serão buscados, criados ou alterados, por força da tecnologia e das mudanças resultantes. Compreender o porquê por trás de todas essas questões é fundamental para irmos além das implicações superficiais – o comportamento é fator crítico, uma vez que, basicamente qualquer mudança impactará humanos – de maneira direta ou indireta.

Os negócios não estão ficando mais fáceis. Apesar do fato de ser mais fácil do que nunca abrir uma empresa e ter acesso a novas ferramentas, que apenas em sonho estavam ao alcance das gerações anteriores, muitas empresas estão em dificuldade neste "novo mundo" emergente. A única certeza é que nem todas sobreviverão. Algumas talvez resistam a uma "pancada" de vários fatores tecnológicos (o foco deste livro), políticos, sociais ou econômicos, mas é em razão das várias forças hoje em colisão que muitas estão vendo seu barco totalmente emborcado, quase da noite para o dia, ou, talvez pior ainda, gradualmente, prolongando o naufrágio. Parafraseando o filósofo grego Heráclito, a única constante é a mudança. As empresas capazes de se adaptar com rapidez à mudança em seu entorno têm as maiores chances de sucesso duradouro e correm os mais baixos riscos de disrupção por forças externas, na medida em que sua capacidade de moldar-se ao mercado e às iniciativas dos concorrentes é muito mais robusta.

Ter um sistema é fundamental

Empresas e indivíduos precisam de sistemas melhores para compreender o mundo ao seu redor. O primeiro passo para isso é compreender o que você está manejando; o segundo é avaliar o que você está querendo impactar; o terceiro é agir com base nos primeiros dois elementos, adequadamente, com base em seus alvos, metas e objetivos. A simplicidade é, então, a chave para dar o primeiro passo prático rumo à mudança.

No Capítulo 1, você será apresentado às tecnologias emergentes e será instruído sobre um subconjunto de tecnologias com capacidade exponencial para efetivamente transformar a sua empresa e, em alguns casos, a humanidade. O capítulo examinará como cada tecnologia de um grupo cuidadosamente selecionado impactará os negócios e como considerá-las à medida que amadurecem e se transformam em novas tecnologias e oportunidades para a sua empresa. O Capítulo 2 discute a disrupção provocada por tecnologias, e como elas e outras são mal compreendidas, até que seu valor seja totalmente apreciado. Este capítulo também mostra como a aplicação imprópria da tecnologia é prejudicial para o relacionamento com os clientes. Prosseguindo, o Capítulo 3 trata da "lacuna das expectativas sobre a inovação", e detalha como a inovação acontece e por que ela é importante. Os capítulos 4 a 7 esmiúçam o *framework* TCD flexível (tecnologia, comportamento e dados) e o sistema de avaliação de mudanças, e discutem por que a natureza flexível do sistema é indispensável para o sucesso duradouro. O Capítulo 8 é sobre a aplicação do sistema TCD, e o orientará no uso do TCD quando se trata de decisões empresariais com base em diretrizes passo a passo. Ao fim do Capítulo 8, você será capaz de decidir a respeito de explorar ou ignorar mudanças e estará municiado de dicas práticas para implementar o *framework* TCD no futuro. O Capítulo 9 tratará da "des-inovação", por que pensar diferentemente não o salvará e como fazer as mudanças certas agora, de modo a estar preparado para 2020 e além. O Capítulo 10 olha por que a geração *Millennial* é tão importante para o futuro, como a "Milenovação" é o próximo passo rumo ao futuro de sua empresa, e como utilizar o recurso *Millennial* em vez de ser varrido por ele. O último capítulo considerará o futuro do TCD, as tecnologias emergentes, e como não se deixar oprimir pela próxima *big thing*.

A mudança é árdua. Não se deixe impressionar por quem lhe disser o contrário. Embora seja fácil dizer, definitivamente não é fácil fazer – sobretudo em um ambiente empresarial em que não há linha de chegada. Este livro, e mais exatamente o *framework* TCD, lhe dará confiança e o preparará para empreender jornada semelhante várias vezes.

CAPÍTULO 1

—

TECNOLOGIAS EMERGENTES

O MUNDO É, DECERTO, UM LUGAR MENOR, complexamente mais conectado, por força da revolução digital, e também ainda muito em fluxo, na medida em que as tecnologias colidem umas com as outras, gerando novas tecnologias. Um exemplo recente dessa tendência é o uso do aprendizado de máquina e de mensagens instantâneas, para criar *chatbots*, basicamente um mecanismo de "perguntas e respostas", baseado em mensagens instantâneas, que também está sendo usado para entregar resultados de buscas, para reservas de tíquetes, e para a execução de outras funções nos ambientes social e profissional. Muitas empresas e tecnologias estão agindo como balões sob pressão – às vezes o balão estoura; outras vezes, o balão se deforma, dependendo da extensão da área pressionada e da intensidade da pressão. Os dados estão provocando muitas mudanças semelhantes – os dados necessitam de inputs e estes dependem de registros do que está acontecendo, por meio de sensores. Com bilhões de sensores inundando o mercado nos próximos cinco anos, em dispositivos como smartwatches, smartphones, carros, aparelhos e eletrodomésticos, sob a denominação comum de Internet das Coisas (IoT), estamos a ponto de ver tecnologias emergentes e atividades econômicas totalmente novas brotando por toda parte e alterando as existentes. Algumas dessas novas tecnologias mudarão indústrias tradicionais e outras propiciarão o surgimento de novas indústrias – mas nem todas as novas tecnologias provocarão disrupções.

Emergente ou disruptiva?

As tecnologias emergentes e disruptivas às vezes podem confundir. As tecnologias emergentes são assim chamadas porque ainda não estão plenamente desenvolvidas e, em geral, nunca estarão totalmente acabadas. Os cientistas sociais Rotolo, Hicks e Martin (2014) salientam esse aspecto em sua descrição:

> [tecnologia emergente] é uma tecnologia radicalmente inovadora, em crescimento relativamente acelerado, que se caracteriza por certo grau de coerência persistente no tempo, com potencial para exercer impacto considerável no contexto sócio-econômico, como se observa em termos de composição dos atores, de instituições e de padrões de interação, além dos processos associados de produção de conhecimento. Seu impacto mais importante, porém, ocorre no futuro, e, portanto, na fase de emergência ela ainda é um tanto incerta e ambígua.

A teoria da tecnologia disruptiva é controversa, questionada por vários críticos. A principal polêmica diz respeito a quando o termo deve ser aplicado; todavia, à medida que surgem, cada vez mais, tecnologias que parecem disruptivas, dois atributos ficam claros: velocidade e totalidade são fundamentais para que ocorra a verdadeira disrupção. A velocidade da disrupção, ou melhor, a probabilidade da disrupção, é chave para muitos observadores; por exemplo, embora sejam transformativos, os carros elétricos não têm sido efetivamente disruptivos, por causa da maneira como as empresas petrolíferas e outras organizações têm retardado o seu desenvolvimento. Em outras palavras, deve haver alguns elementos de circunvenção, atualização ou substituição rápida da maneira superada de fazer alguma coisa. Pessoalmente, sinto que disrupção é disrupção, aconteça ela rapidamente ou lentamente, mas há certo mérito no critério; portanto deixemos os nerds ficar com essa.

O segundo argumento se refere à capacidade transformativa da tecnologia, ou a quanto da coisa velha a coisa nova muda e ao valor daí decorrente. Em vez da velocidade, esse, para mim, parece ser o critério-chave para a identificação da tecnologia disruptiva, como dizem Bower e Christensen (1995), considerado o criador do termo "tecnologia disruptiva":

> As mudanças tecnológicas que infligem danos às empresas estabelecidas não são, geralmente, novas ou difíceis, do ponto de vista *tecnológico*. Elas, porém, têm de fato duas características importantes: primeiro, apresentam, geralmente, um pacote diferente de atributos de desempenho – que, pelo menos no começo, não são valorizados pelos clientes atuais. Segundo, os atributos de desempenho realmente valorizados pelos clientes atuais melhoram em ritmo tão acelerado que a nova tecnologia logo será capaz de invadir esses mercados tradicionais.

Em outros termos, as tecnologias disruptivas, ou, pelo menos, as que se repetem num mercado ou empresa existente, geralmente descartam as coisas de que as pessoas não gostam num negócio e promovem aquelas de que as pessoas gostam, como economizar dinheiro, poupar tempo, ser mais feliz, fazer melhores escolhas, ser extravagante... e a lista prossegue. Além disso, as empresas que desenvolvem a tecnologia disruptiva podem acrescentar outros elementos desejáveis, de modo a agregar mais valor para o usuário final.

Ótima citação de Tom Goodwin (2015), da Havas Media, deixa clara a boa maneira de ver como a disrupção atua e afeta negócios estabelecidos:

> A Uber, a maior empresa de táxis do mundo, não tem veículos. O Facebook, dono da mídia mais popular do mundo, não cria conteúdo. O Alibaba, varejista mais valioso, não tem estoque. E o Airbnb, maior fornecedor de hospedagem do mundo, não tem propriedades. Algo interessante está acontecendo.

O estudo de caso perfeito é, evidentemente, a Uber. Exceto quando você o examina com mais profundidade. Apesar de ter desalojado vários serviços de táxi enraizados mundo afora, ela não criou nada novo; apenas mudou as regras do sistema existente. A Uber agora está explorando a própria rede e entrando em novas áreas, como entrega de encomendas, de alimentos e de presentes, todas operadas tradicionalmente por outras grandes empresas. É provável, porém, que a fase de desbravamento, em que a Uber não enfrentava resistência significativa, esteja chegando ao fim, graças a várias novas leis e novas leituras de velhas leis que afetam o modelo de negócio. Novos serviços, como a Uber, talvez ampliem os critérios de validação de inovações disruptivas, mas, atualmente, a Uber simplesmente está mal rotulada, aos olhos de muitos acadêmicos.

Melhor exemplo de inovação disruptiva é a Netflix. Concebida, de início, como empresa de remessa de DVDs (lembra disso?) só por correio, a Netflix ajudou a expulsar a Blockbuster, e mudou para sempre o negócio de aluguel de vídeo. A empresa identificou problemas que a Blockbuster, negócio de produtos físicos, simplesmente não estava lidando bem; o serviço era demorado e a disponibilidade e as escolhas eram difíceis. Avance rápido alguns anos, e a Netflix reagiu com um serviço on-line que oferecia acesso imediato, serviço acessível e largura de banda para servir a mais clientes, que nunca estiveram ao alcance da Blockbuster.

No entanto, talvez nem tudo esteja bem no campo da Netflix, na medida em que outros estão buscando novas maneiras de provocar disrupção no modelo de negócio, criando modelos similares e diferentes, baseados no sucesso que a Netflix continua desfrutando. Essa situação salienta o velho provérbio de que "constatar e consertar os problemas alheios é mais fácil do que reconhecer e resolver os próprios problemas" – insight valioso para muitas empresas e, sem dúvida, para a maioria dos leitores deste livro. Olhar para os negócios alheios e "ajustá-los" para desenvolver algo novo, desejado por muita gente, é competência central na economia do futuro. Além da simples criação de novos negócios e produtos, o *framework* TCD, explicado mais adiante, neste livro, também o ajudará a identificar áreas a serem melhoradas (ou pontos fracos) em seu próprio negócio, antes que forças disruptivas o afetem negativamente.

Tecnologia disruptiva nem sempre significa matar velhos ou maus negócios; como já vimos, a Blockbuster não era mau negócio – a empresa simplesmente não conseguiu acompanhar plenamente os tempos e as tecnologias que invadiram seu território. Joseph Bower (2002) explica como as empresas não detectam esse avanço:

Quando a emerge tecnologia com potencial para revolucionar um setor de atividade, as empresas estabelecidas geralmente a consideram pouco atraente: não é o que querem os seus clientes convencionais, e as margens de lucro projetadas da nova tecnologia não são suficientes para cobrir a estrutura de custos de uma grande empresa. Em consequência, a nova tecnologia tende a ser ignorada ante o que hoje é bem recebido pelos melhores clientes. Até que outra empresa entra em cena para lançar a inovação em novo mercado. Depois que a tecnologia disruptiva se estabelece no novo mercado, inovações de menor escala rapidamente melhoram o desempenho da tecnologia nos atributos valorizados pelos clientes convencionais.

Como acontecem as tecnologias disruptivas?

Vimos de relance como as tecnologias disruptivas vêm à luz, mas uma resposta alternativa a essa pergunta é considerar a criatividade e a criação de novas coisas. Três são as maneiras básicas de criar alguma coisa: copiar o que se quer, combinar coisas diferentes, ou mudar alguma coisa para torná-la o que se quer (você pode, então, aplicar as outras técnicas várias vezes). É como Kirby Ferguson diz, na excelente série de documentários *Tudo é um Remix*, de Kirby Ferguson (2015):

> Remix. Combinar ou editar materiais existentes, para produzir alguma coisa nova. Essas técnicas – coligir material, combiná-lo, transformá-lo – são as mesmas usadas em qualquer nível de criação. Você pode dizer que tudo é um remix.

A tecnologia disruptiva pode ser demasiado complexa, com muitos detalhes a serem elaborados. Mas também é possível reduzi-la radicalmente, para compreendê-la melhor e impulsioná-la para a frente, com inteligência e eficácia. Essa filosofia reducionista pode ser aplicada proativamente ou reativamente, e o tema da clareza na simplicidade é levado adiante em todo este livro.

E então, quais tecnologias disruptivas tornam-se grandes negócios?

Escrever sobre todas as tecnologias que "bombarão", embora possível, não é realista e pode não ser útil para os líderes empresariais. Em vez disso, este livro o ajudará de duas maneiras: saber mais sobre as grandes áreas e descobrir um *framework* que o ajudará a avaliar qualquer tecnologia ou mudança a ser empreendida, para fazer apostas mais estratégicas sobre o futuro. Há, porém, cinco grandes apostas referentes às tecnologias disruptivas, cuja compreensão é importante para todos os empresários e gestores, além do mero conhecimento superficial. Algumas ainda estão na infância (inteligência artificial, nanotecnologia), outras ainda estão na periferia da cultura dominante (*blockchain*); algumas continuam mal compreendidas (impressão 3D), outras, embora muito desejadas, ainda não estão prontas para grandes saltos para a frente (holografia).

Por que essas tecnologias foram escolhidas?

Algumas dessas tecnologias são software, outras são materiais, e ainda outras são virtuais. Certos nomes, sem dúvida, lhe serão familiares, outros não; mas nenhuma delas é difícil de compreender, quando você a reduz aos elementos básicos. Cada uma dessas tecnologias foi escolhida em razão de seu potencial provável de impactar negócios e culturas, de maneira ampla. Além disso, as tecnologias aqui exploradas são as mais promissoras para as empresas, em termos de redução de custos, inovação de produtos e preparação para o futuro.

Para ajudar a compreender e a utilizar a informação, a análise de cada tecnologia emergente inclui:

- Descrição clara e simples.
- Breve análise de como a tecnologia impactará diferentes empresas.
- Cronograma preditivo do impacto da tecnologia em diferentes empresas.
- Prós e contras.
- Escore de impacto (até 10), conforme a intensidade dos efeitos sobre a cultura ou estilo de vida dominante.

As tecnologias são:
- *Blockchain* (a computação por trás do Bitcoin) e Bitcoin.
- Inteligência artificial (e aprendizado de máquina).

- Holografia (inclusive realidade virtual e realidade aumentada).
- Impressão 3D.
- Nanotecnologia (inclusive grafeno).

Escores do impacto foram atribuídos a todas as tecnologias, com base em vários fatores, como probabilidade da ocorrência, tempo para a disrupção, gravidade potencial do impacto e extensão da disrupção, entre outros elementos.

O cronograma do impacto é um guia a ser seguido pelas empresas, como marcadores das mudanças a serem empreendidas para a empresa sobreviver e prosperar. "Consumidor" indica quando o consumidor comum conhecerá com mais profundidade a tecnologia e provavelmente a usará, de alguma maneira, no dia a dia. "Empreendimento" se refere à outra ponta da escala, quando as empresas explorarão a tecnologia e dela extrairão benefícios.

Blockchain *e Bitcoin*

Geralmente confundido com o próprio Bitcoin, o *blockchain* é um pouco como um livro contábil "razão" público, de escrituração mercantil, e é o elemento básico que sustenta e movimenta tecnologias de moeda virtual, como o Bitcoin. Geralmente denominado "criptomoeda", o Bitcoin pode ser usado no mundo real para comprar bens, mas é usado basicamente para transações on-line, nas áreas claras e escuras da rede. Embora o potencial do *blockchain* esteja longe de se limitar a moedas virtuais, ele é mais conhecido por impulsionar a ideia de moedas virtuais, no que nos concentraremos aqui.

O elemento mais simples do *blockchain* é o "bloco". Blocos são basicamente um registro permanente de arquivos que contêm dados sobre transações digitais. Sempre que um bloco fica "cheio", ele cede a vez para o bloco seguinte do *blockchain*. Ninguém pode alterar o conteúdo de um bloco (parte do que torna a tecnologia segura) e todo bloco está associado a um problema matemático altamente complexo. Depois da solução dessas equações e cálculos (processo denominado "mineração"), usando o poder de processamento de um computador individual (ou de uma série de computadores em rede), o minerador acumula um Bitcoin, a ser mantido numa carteira (pense em conta bancária). Sempre que isso é feito, um novo Bitcoin entra em circulação. Quanto mais difícil for o problema matemático, mais tempo levará a solução, e, assim, a criação de novos Bitcoins está sujeita a alguma regulação, mas não da maneira como o mundo real regula as moedas.

O *blockchain* é armazenado em redes de nós distribuídos, na internet. Cada nó tem uma cópia de todo o *blockchain* e, à medida que novos nós vêm e vão, protege-se a rede contra problemas, como má conectividade, defeito de hardware, ou forças externas tentando romper o processo. Em outras palavras, não existe um único ponto vulnerável, o que torna o *blockchain* mais difícil de atacar (e menos sujeito a falhas) do que, digamos, um sistema bancário centralizado por uma única pessoa.

O Bitcoin teve um passado conturbado e, como com muitas tecnologias, viveu um pouco na escuridão antes de chegar à luz, tendo sido usado, em especial, por tipos desprezíveis na Deep Web (conteúdo que não é indexado na web), para comprar e vender drogas, armas e outros serviços ilícitos. Embora já haja pizzarias em Nova York com caixas eletrônicos em Bitcoin e cafés que aceitam Bitcoin como pagamento, a ideia do *blockchain* é muito técnica, o que leva muitas pessoas e negócios a simplesmente não querer se aborrecer com isso.

Overview: Blockchain

O quê: tecnologia de sustentação das moedas virtuais que usa blocos para formar cadeias de problemas matemáticos, a serem resolvidos por computadores distribuídos na internet.

Prós:
- *Flexibilidade*. Por causa de sua natureza digital, é muito fácil distribuir e transferir dinheiro ou Bitcoins, a qualquer hora, em qualquer lugar do mundo.

- *Global.* Não há preocupação com o cruzamento de fronteiras, com reprogramações por força de feriados bancários, ou qualquer outra limitação que se possa imaginar ao transferir dinheiro.
- *Controle.* Não existe autoridade central que controle os Bitcoins; portanto, você exerce o controle.
- *Segurança.* Criado para garantir a privacidade das informações pessoais, a tecnologia do *blockchain* o protege contra ataques como roubo de identidade.
- *Ausência de taxas.* Vantagem e desvantagem – embora as taxas sejam inexistentes ou muito baixas, é possível a criação de novos serviços para cobranças extras (p. ex., maior velocidade de processamento).
- *Menos riscos para os comerciantes.* As transações em Bitcoins não podem ser revertidas e não contêm informações pessoais, o que protege os comerciantes contra fraudes.
- *Negócios em áreas problemáticas.* Com o *blockchain*, seria possível expandir-se para áreas que, em outras condições, seriam arriscadas, onde não haveria dificuldade em enganar as pessoas, pela forma como o *blockchain* é configurado. Em consequência, pode-se dizer que o Bitcoin tem o potencial de transformar indústrias inteiras – de finanças a varejo – à medida que deixa de existir a dependência em relação a antigas hierarquias monetárias.

Contras:
- *O nível de compreensão do consumidor é baixo.* Essa é uma área crítica de preocupação para muita gente – embora mais recursos para a educação tenda, de fato, a ser bom para todos, ninguém quer gastar o próprio dinheiro para educar clientes alheios.
- *O nível de confiança do consumidor é baixo.* Grande preocupação dos usuários e dos criadores, recursos vultosos podem ser dilapidados, se as empresas não atenderem logo às necessidades dos consumidores.

- *Escala.* O crescimento provavelmente será lento e difícil, se não for adotado por grandes organizações.
- *Solução de problemas.* Nenhum sistema é perfeito, mas, como não há responsável, quem assumirá, se surgirem problemas? Quem os resolverá? Considerações importantes para serviços aos clientes, treinamento e gerenciamento da marca.
- *Volatilidade.* A tecnologia *blockchain*, embora segura, geralmente limita a quantidade de moeda em circulação, em razão da maneira como foi criada. Essa volatilidade provoca flutuações e incertezas, e, embora com o tempo esse problema tenda a diminuir, as empresas ainda terão que lidar com as repercussões.
- *Singularidade.* Ao contrário de algumas tecnologias, o Bitcoin e o *blockchain* são de trato difícil (apesar de terem a ver com moeda) e, portanto, enfrentam obstáculos maiores que os de outras tecnologias, como pagamentos sem contato e compras no aplicativo.

Por que é importante? Não é exagero afirmar que o *blockchain* e as tecnologias correlatas talvez tenham o poder para desestruturar países inteiros. Grandes bancos e empresas investem bilhões na preservação do *status quo* do sistema financeiro, mas quando a resistência ao uso do Bitcoin e de outras tecnologias diminuir ou desaparecer é que veremos a aceitação pelos consumidores e a eclosão de grandes disrupções.

Escore do impacto: Provável = 7; Potencial = 10.

(Nota: Esse escore é para o estilo de vida convencional e para empresas comuns – obviamente, como já mencionado, algumas empresas serão ou poderão ser afetadas mais do que outras.)

Cronograma do impacto: Consumidor = 5 anos; empresas = 2 a 4 anos.

A adoção pode ser lenta, devido ao nível de educação necessário, ao envolvimento de coisas valiosas (as pessoas realmente evitam fazer confusão com dinheiro) e, finalmente, à proteção do sistema vigente por várias entidades poderosas e interconectadas.

Inteligência artificial (machine learning)

Se olharmos a história do cinema – *Chappie*; *Ela*; *Eu, Robô*; *A.I. Inteligência Artificial*; *Matrix*; *Transcendence – A Revolução*; *Blade Runner*; *Ex Machina*; e, evidentemente, o tremendo HAL, de *2001, Odisseia no Espaço* –, as coisas não terminarão bem para os humanos, de acordo com Hollywood. Para compreender plenamente as realidades da IA, é preciso fazer alguma coisa imediatamente, que é apagar tudo o que Hollywood lhe ensinou ou tudo o que você leu a respeito de IA. A realidade, como você verá a seguir, é muito menos avançada do que somos levados a crer pelas notícias e pelos estúdios de cinema.

Nos termos mais simples possíveis, IA é qualquer tecnologia (não só robótica) que almeja emular o comportamento humano inteligente, parecendo compreender conteúdo complexo, participando de conversas naturais com as pessoas, aprendendo e fazendo "seus" próprios julgamentos. As aplicações dessa tecnologia são tão abrangentes quanto podem ser desconcertantes, desde carros sem motorista (veículos autônomos) e reconhecimento de voz até detecção e consideração de riscos. Além desses elementos úteis, há também a capacidade de processar muito mais informações – e assim produzir os resultados almejados – do que o cérebro humano hoje é capaz. O fator "processamento" possibilita que os sistemas rodem milhões, talvez bilhões de cenários, e escolham os melhores, com base em parâmetros pré-programados. Todavia, é a natureza senciente desses sistemas que interessa, ao que parece, aos produtores de Hollywood – em vez de nos tornar escravos de robôs, a verdadeira IA mira no aprimoramento e foca na consciência, além do simples planejamento de cenários.

Não raro se atribui ingenuamente a IA a gênios solitários, no porão de sua casa, que deparam com inteligências sencientes, ou robôs, que, por alguma razão, sofrem alguma pane em sua programação, acidente que, de repente, lhes confere atributos parecidos com a consciência humana. Infelizmente, a realidade é muito mais maçante – a pesquisa é lenta, altamente técnica, fragmentada em departamentos, e incrivelmente opaca no topo do espectro, na medida em que cientistas e pesquisadores geralmente são incapazes de compartilhar ou aprender com outros especialistas, por força de acordos de confidencialidade. O progresso é lento e, apesar do apetite sensacionalista de Hollywood por tecnologia, a realidade do mundo, com robôs sencientes – tirando o salto quântico – ainda é muito remota.

Entretanto, seria tolice ignorar a IA como algo ainda muito distante para ser útil. O Facebook pilotou com sucesso o "M", serviço embutido no Messenger, que facilita a reserva de tíquetes e de hotéis, e responde a perguntas simples, mas com supervisão humana. Na essência, não é a verdadeira IA, mas um algoritmo que aprende e que, então, pode fazer previsões com base nos dados – o processo é conhecido como "aprendizado de máquina", ou *machine learning*, e evoluiu de tentativas de criar IA.

O principal objetivo no campo de IA continua sendo a inteligência geral, de aceitação universal, como propósito de longo prazo, acima de alguns dos subcampos, como inteligência computacional e aprendizado de máquina, cujas metas são mais acessíveis.

Overview: *Inteligência Artificial*

O quê: o campo da ciência – não limitado à robótica – que trata de tecnologia, com o objetivo de emular o comportamento humano.

Prós:
- *Exatidão*. Com o aumento da capacidade de processamento, é possível ponderar as alternativas e tomar a melhor decisão.
- *Limitações humanas*. A criação de robôs inteligentes faz sentido quando pensamos no corpo humano e em sua fragilidade. Em especial, a exploração espacial e submarina tem muito a ganhar com o uso da IA.

- *Liberdade.* As máquinas inteligentes podem libertar-nos de trabalhos enfadonhos e efetivamente gerenciar o processo. Ainda que esse cenário talvez pareça assustador para algumas pessoas, ele por certo também entusiasmará a outras, à medida que surgem novos empregos e oportunidades.
- *Uso inteligente do tempo.* O tempo é algo que os humanos, como espécie, nunca podem recuperar. Portanto, criar ou usar ferramentas que nos ajudem a agir com mais eficiência (GPS, texto previsto, assistentes pessoais virtuais, como a Siri, da Apple) deve ser prioritário para maximizar nosso tempo aqui e minimizar nosso impacto sobre o planeta.
- *Sempre ligado.* Os robôs e a IA não precisam dormir como os humanos, o que pode levar a ganhos de produtividade significativos, mediante a maximização das horas trabalhadas.
- *Mais seguro.* IA e robôs podem completar tarefas sem a interferência de sentimentos, eliminando o erro humano devido ao enfado e ao cansaço.

Contras:
- *Custo.* O desenvolvimento da IA exige altos investimentos e, embora a manutenção seja barata, as atualizações e mudanças serão frequentes.
- *Propriedade.* As máquinas são unidades programáveis; sem consciência, os robôs executam as tarefas para que foram programados; portanto, o dono do robô pode escolher se o usa para o bem ou para o mal. O *hacking* também é motivo de preocupação.
- *Ética.* Como já mencionamos, muitos são os problemas éticos e legais a enfrentar, referentes a defesa da vida, trabalho escravo, e a muito cenários hipotéticos, do tipo "e se". Trata-se de questões complexas e persistentes, que não podem ser ignoradas, quando se pensa em IA. Cada um suscita numerosos argumentos favoráveis e desfavoráveis, e, não obstante seja sempre importante explorar em profundidade esses temas antes de tomar decisões

importantes, este livro pretende simplificar os aspectos conflitantes, tanto quanto possível, razão por que apenas os listaremos aqui.

- *Perda de dados*. Em razão da forte dependência para com o *big data*, os muitos problemas possíveis em programas de IA e de robótica acarretarão longas paralisações e oneroso tempo off-line para restaurar dados e arquivos.
- *Criatividade*. Atualmente, máquina é máquina, mas e se a máquina for obrigada a "pensar" fora de sua programação? Como fica o bom senso?
- *Inteligência emocional*. Os robôs não têm alma. A empatia poderá ser programada? Essas e outras questões paralelas são considerações importantes ao decidir quando a IA é inadequada. Por exemplo, um cirurgião movido a IA talvez seja tecnicamente melhor médico, mas como você se sentiria se ele lhe desse notícias envolvendo questões de vida ou morte?
- *Degeneração*. O que aconteceria se, como espécie, usássemos menos o cérebro? Qual seria o impacto dessa mudança sobre as gerações futuras?

Por que é importante? É a próxima evolução da computação e, talvez, a nova onda da humanidade – imagine como seria o mundo se todas as decisões fossem otimizadas para alcançar o melhor resultado possível?

Escore do impacto: Provável = 10; Potencial = 10.

Cronograma do impacto: Consumidor = 3 anos para o pleno lançamento público, mas com funcionalidade limitada ou baixa; empresa = 2 a 4 anos para pleno lançamento, mas com funcionalidade limitada; + 15 anos para IA média a alta, devido ao nível de investimento necessário, à alta confidencialidade e à fragmentação em departamentos. Além disso, a IA exigirá nova legislação, além de diretrizes éticas indispensáveis sobre seu uso, o que levará algum tempo para desenvolver, debater, decidir e legislar.

Holografia

Holografia é, simplesmente, o estudo ou produção de hologramas. Embora geralmente sejam confundidos com tomografia, com a Ilusão do Fantasma de Pepper, e com telas volumétricas, os hologramas são produzidos por uma técnica que analisa a luz de um objeto e o apresenta de maneira a parecer tridimensional. É importante observar que o termo "holograma" pode referir-se tanto ao material codificado quanto à imagem resultante – estática ou dinâmica. Embora seja provável que você já tenha visto adesivos, dispositivos de segurança e imagens que parecem holográficas, é improvável que você já tenha passeado no Holodeck, de *Jornada nas Estrelas*, ou conversado com a Princesa Leia, de *Guerra nas Estrelas* (ainda que a possibilidade de vivenciar as duas experiências esteja fascinantemente próxima, pelo menos em laboratórios).

Tempos atrás, os hologramas voltaram a atrair a atenção, em vários setores, sobretudo em espetáculos, embora aí se use a técnica conhecida como Fantasma de Pepper, baseada em um velho truque que induz os participantes a achar que estão vendo um fantasma que surge do nada, por meio de um jogo de espelhos. Essa técnica foi usada recentemente por Michael Jackson, Tupac, Mariah Carey, (e, em breve, talvez Elvis Presley). Embora não seja holograma 3D, esses exemplos são um meio passo interessante rumo ao que, um dia, talvez seja lugar comum.

Ao se recostar e pensar em hologramas, vários são os problemas. Além dos simples aspectos técnicos, várias são as questões relacionadas com o uso legal da semelhança, direitos de distribuição, fraude, e os altos custos de imagens 3D, sem óculos especiais. Em laboratórios japoneses, a tecnologia está sendo levada ainda mais longe, com o uso de tecnologias hápticas ou táteis (pulsos de ar, ultrassom), que ampliam ainda mais nossa experiência com hologramas, que ainda não são experiências físicas com as quais interagir.

Até agora, os hologramas 3D, em geral, são relativamente primitivos, em termos de design, embora isso tenda a mudar rapidamente, à medida que cada vez mais pessoas têm acesso à tecnologia e começam a experimentá-la.

Overview: *holografia*

O quê: hologramas e telas volumétricas

Prós:
- *Aplicações múltiplas.* A holografia é um campo florescente, e muitas áreas podem beneficiar-se de sua tecnologia e de suas ideias, como modelagem de terreno, visualização científica, diagnóstico médico e modelagem arquitetônica.

Contras:
- *Cara.* Atualmente, a tecnologia necessária para criar hologramas e imagens 3D é restrita e cara, devido à tecnologia em si e às horas de trabalho humano.
- *Necessidade limitada.* Hoje, apesar dos benefícios proporcionados pelos hologramas, eles ainda não são, de modo algum, essenciais. Além do desejo do consumidor de receber mensagens da Princesa Leia, os casos de uso geralmente não justificam os custos e os esforços.
- *Demorado.* A criação de imagens holográficas toma muito tempo, devido aos múltiplos processos necessários e ao planejamento envolvido.
- *Problemas técnicos.* Devido às leis da física, os hologramas jamais funcionarão bem à luz do sol.
- *Laser.* A tecnologia em curso usa laser para criar hologramas, o que, dependendo do ângulo de observação, pode causar danos irreversíveis às retinas.
- *Ética e direitos.* Nas condições vigentes, o uso da semelhança com pessoas está sujeito a várias leis e regulamentos – a holografia, sobretudo de pessoas mortas, acarreta outros problemas legais para os criadores e usuários.

Por que é importante? A holografia, em razão das fantasias de Hollywood, tem sido considerada o cálice sagrado da tecnologia. Gravada ou ao vivo, a holografia é uma tecnologia que todos querem, mesmo que não saibam ao certo o que fazer com ela. Os verdadeiros hologramas, ou seja, sem a ajuda de um visor ou de outra tela, são tecnicamente desafiadores, mas podem ser extremamente úteis, por exemplo, para a visualização de cenas de crime ou para atividades de entretenimento.

Escore do impacto: Provável = 5; Potencial = 8.

Cronograma do impacto: Consumidor = +12 anos; empresa = + 10 anos. A extensão da linha do tempo resulta da natureza técnica da holografia e do *status quo* da indústria. Embora os hologramas sejam realidade, eles raramente são vistos fora de laboratório. Além disso, suas aplicações práticas, embora não sejam poucas, também não são assim tão cruciais para a existência humana – por exemplo, os dentistas têm raios X e outras tecnologias de imagem, que pouco têm a ganhar com a holografia, em termos de melhor definição ou compreensão. Além desses problemas, os custos, hoje, são simplesmente altos demais, para uma rápida utilização por consumidores ou empresas.

Impressão 3D

Impressão 3D é o processo de usar um arquivo digital para criar um sólido tridimensional. Não raro é chamada de "manufatura aditiva", porquanto envolve a adição de sucessivas camadas de material para compor o produto final. Atualmente, grande parte da manufatura por impressão 3D ainda é pouco volumosa, restringindo-se na maioria dos casos à produção de peças sobressalentes para equipamentos ou à prototipagem de novos designs para treinamento.

Uma maneira fácil de compreender a complexidade do processo é imaginar uma mola sendo esticada e retraída várias vezes, em diferentes pontos, mais em uns do que em outros, para reproduzir um modelo do Davi, de Michelangelo, dos pés à cabeça. O processo em si é muito simples. Primeiro, pegue o design do objeto a ser impresso, depois de ter sido digitalizado por um poderoso programa de computador ou por um scanner 3D. O passo seguinte é imprimir o objeto usando uma impressora 3D.Vários são os tipos de impressora e de processos de impressão, mas, basicamente, as diferenças se situam na maneira como se lançam e se superpõem as camadas. Por exemplo, os métodos mais comuns usam um processo de fusão para criar o "fio" que forma as camadas, enquanto outros usam lasers para endurecer um *pool* de materiais. Os materiais que podem ser usados em impressão 3D são vidro, nylon, cera, prata, titânio, aço, plástico, resinas epóxi, fotopolímeros e policarbonato, além dos muitos outros que têm sido anunciados todos os meses por universidades e laboratórios de todo o mundo.

Além de bugigangas e de peças de reposição simples, a impressão 3D está ficando incrivelmente interessante e inovadora, até mesmo desbravadora, com numerosas áreas experimentando novos materiais e técnicas de construção:

- O grafeno, mais forte do que o aço, está provocado fortes dores de cabeça na indústria metalúrgica, em razão de sua leveza e resistência.
- O cimento de secagem rápida está sendo usado pelo setor de construção civil para a impressão 3D de casas, em áreas atingidas por desastres, possibilitando a recuperação mais rápida das comunidades.
- Células humanas têm servido para a produção de órgãos e tecidos humanos por impressão 3D – área denominada bioimpressão.
- Também alimentos estão sendo impressos – frutas, panquecas, pizzas, sorvetes, sanduíches, waffles e até chocolate.
- Medicamentos são um dos itens mais recentes incluídos na lista de produtos a serem fabricados por impressão 3D.

Overview: *impressão 3D*

O quê: processo de produzir objetos físicos em 3D, a partir de diagramas digitais existentes em bancos de dados, que podem ser baixados por qualquer interessado, em qualquer lugar, a qualquer hora, com permissão do autor.

Prós:
- *Versatilidade.* Conforme confirmado pela lista de materiais acima e pelos que ainda estão sendo testados, a impressão 3D é, sem dúvida, uma das tecnologias disruptivas mais versáteis.
- *Complexidade.* A impressão 3D já atingiu padrões comparáveis aos dos métodos de manufatura tradicionais em áreas médicas e tem sido usada para a produção de próteses ortopédicas e odontológicas.
- *Prototipagem.* A capacidade de imprimir modelos rápidos a serem testados antes da produção em massa reduz custos e abrevia o *time to market.*
- *Verde.* A maioria dos componentes utilizados pela impressão 3D oferece nível de segurança e estabilidade igual ou superior de componentes produzidos por manufatura tradicional, com uma fração do peso. Agora, eleve essa ideia alguns níveis acima, como o uso de metais em aeronaves. Pense no potencial de reduzir custos e de preservar o meio ambiente, e você começará a compreender por que a impressão 3D é uma força tão disruptiva.
- *Logística.* Se houver impressoras 3D em Los Angeles e em Nova York, você não precisará transportar produtos entre as duas cidades; basta imprimir o produto no local de destino, economizando, mais uma vez, dinheiro e tempo.
- *Excesso de produção.* A impressão 3D é, na essência, impressão sob demanda, ou seja, você imprime o que precisa, economizando recursos, tempo e materiais. Também significa que é possível produzir pequenos lotes, quando necessário, em

vez de estocar peças de reposição em depósitos gigantescos e dispendiosos, durante muitos anos.

- *Customização*. Com designs gratuitos, nível de entrada baixo e maior acesso a especificações e informações de alto nível, a capacidade de alterar, remixar e reimaginar aumenta exponencialmente. A possibilidade de redesenhar os produtos conforme as próprias especificações agora está ao alcance de todos os consumidores.

Contras:

- *Mecanização*. A transferência de mais trabalho para robôs tem implicações maciças para as indústrias intensivas em trabalho. A impressão 3D capacita o consumidor comum a criar objetos físicos que podem ser usados para ampla variedade de propósitos, sem necessitar de especialistas, oficinas, pessoal de entrega e muito mais. Além disso, a impressão 3D também pode trazer muitos desses empregos para casa e promover o aumento dos níveis de competência dos trabalhadores.
- *Direitos autorais*. Propriedade intelectual e direitos autorais são questões abrangentes na área de impressão 3D, e a lei está sendo lenta em se ajustar às novas tendências. De que maneira poderão os designers e os fabricantes preservar o valor de seus bens, se a propriedade de um arquivo digital e seus rendimentos não forem garantidos pela legislação? Se um design livre for modificado e se tornar sucesso estrondoso, o designer original teria algum direito sobre os ganhos?
- *É preciso atualizar a legislação*. Já se produziram armas por impressão 3D, logo proibidas em várias áreas dos Estados Unidos. Com as novas tecnologias, garantir a segurança das pessoas é fundamental. Não raro, porém, a lei precisa correr para disciplinar os benefícios e malefícios associados às novas tecnologias.
- *Qualidade*. Embora alguns materiais ofereçam qualidade superior, nem todos os designers exploram esses recursos.

Atualmente, designs para impressão 3D são compartilhados em transações gratuitas e abertas – grande benefício democratizante da tecnologia – cujo potencial, porém, muitas vezes é ignorado pelos designers.

- *Responsabilidade*. O que acontece quando o produto quebra? Quem será responsabilizado se qualquer *pessoa* pode ser produtor ou fabricante?
- *Velocidade*. O grande problema da impressão 3D é não ser um processo rápido, com a produção de itens mais volumosos estendendo-se por mais de dez horas, para só então se iniciarem os trabalhos adicionais de acabamento. A produção em massa ainda está longe, devido ao custo das impressoras – sobretudo as de maior porte.
- *Custo*. A impressão 3D ainda é cara, e, embora os preços estejam caindo, tanto de materiais quanto de máquinas, muitos anos transcorrerão até que os custos das manufaturas aditivas se aproximem dos da manufatura subtrativa, ou tradicional.
- *Controle*. Se é possível imprimir diversos itens – inclusive medicamentos – por impressão 3D, como fica a supervisão e a regulação? O que acontecerá com as alfândegas quando os produtos não mais forem transportados além-fronteiras e oceanos?
- *Entregas*. Embora muitos analistas prevejam custos de transporte mais baixos, no longo prazo, em consequência da impressão 3D, muitos outros advertem para o aumento nos custos de transporte em curta distância, devido à dispersão dos locais de impressão.

Por que é importante? A receita da indústria mundial de impressão 3D deve chegar a US$ 12,8 bilhões até 2018, e superar US$ 21 bilhões, em âmbito global, até 2020, em comparação com US$ 3,07 bilhões em 2013 (WOHLERS, 2015). Com a queda nos custos, a tecnologia de impressão 3D pode transformar quase todos os setores de atividade (pense em tudo, exceto bancos) e mudar a maneira como vivemos, trabalhamos e nos divertimos no futuro. O resultado mais provável é que a impressão 3D ocorra em paralelo às tecnologias de produção tradicionais, em vez de substituí-las.

Escore do impacto: Provável = 10; Potencial = 10.

A impressão 3D é uma das tecnologias que parecem inofensivas, até você começar a pensar nos efeitos colaterais para as grandes empresas, com as pessoas imprimindo peças de reposição e fazendo coisas mais duradouras, sem falar nos efeitos desse tipo de tecnologia para as economias em desenvolvimento, nas quais o setor de fabricação ainda é o mais importante. A impressão 3D é diferente de todas as outras tecnologias conhecidas pelas gerações anteriores, em razão da falta de hierarquia e de seus efeitos distributivos.

Cronograma do impacto: Consumidores = + 7 anos; empresas = 2 a 5 anos. A impressão 3D já está disponível em formato limitado para consumidores e empresas, mas a tecnologia ainda não é mercado de massa, em razão dos custos envolvidos, do tempo de produção e dos materiais hoje disponíveis. Portanto, a disrupção deve ocorrer depois de alcançado todo o seu potencial.

Nanotecnologia

Nanotecnologia tem a ver com o pequeno – de fato, o incrivelmente pequeno. Geralmente mencionada apenas como "nanotec", o nome se associa a escala e se relaciona com mudança da matéria no nível atômico e molecular, para criar novas propriedades e aplicações.

As áreas que já estão trabalhando diretamente com nanotecnologia são:

- Aeroespacial (novos materiais, baterias, componentes mais leves).
- Alimentos (melhor preservação).
- Produtos eletrônicos de consumo (telas resistentes a riscos).
- Energia (fontes mais baratas e mais limpas).
- Medicina (absorção mais rápida).

A escala em que atua a nanotecnologia é espantosa. A cabeça de um alfinete, com um milímetro de diâmetro, tem um milhão de nanômetros de ponta a ponta; uma folha de papel comum tem cerca de 100.000 nanômetros de espessura; e um único glóbulo vermelho de sangue humano tem 2.500 nanômetros na maior dimensão transversa. Os resultados e propriedades almejados com o desdobramento e recombinação de diferentes elementos moleculares e atômicos são – como seria de esperar – força (novos metais), velocidade (condutividade elétrica) e peso (grafeno – novo metal superleve), entre outros. Com base nessas novas propriedades, projeta-se uma profusão de aplicações, tão desejáveis para os militares quanto para os cientistas e para os negócios. A nanotec já está em uso em numerosos produtos e processos comerciais, quando as especificações requerem materiais leves, porém fortes, ou com propriedades específicas – pense em bloqueadores solares, artigos esportivos, e cascos de barcos, como aplicações prováveis.

Tema de ficção científica até recentemente, a nanotecnologia está prestes a revolucionar muitas atividades, sobretudo a medicina. A capacidade de instalar no corpo humano sensores e ferramentas de diagnóstico que emitiriam sinais a serem analisados parece muito distante no futuro, mas, com efeito, a Phillips lançou, recentemente, o VitalSense, dispositivo do tamanho de uma pílula que monitora continuamente os órgãos internos e a temperatura da pele, sem tocar o paciente. Na essência, é um dispositivo indigerível, não um dispositivo vestível. Dentistas, óticos e farmacêuticos estão todos, de alguma maneira, recorrendo à nanotecnologia, seja para melhorar a absorção, seja para criar revestimentos resistentes a riscos ou para promover o desenvolvimento de ossos a partir das células circundantes.

Algo como uma corrida armamentista está em curso no âmbito de nanopesquisa. Os Estados Unidos estão na liderança, impulsionados pela National Nanotechnology Initiative, com investimentos superiores a US$ 3,7 bilhões; a União Europeia, em segundo lugar, com um terço desse investimento; e o Japão, em terceiro, com US$ 750 milhões de investimento (*India Daily Star*, 2012). Estima-se que a nanotecnologia alcance valor global de US$ 4,4 trilhões até 2018 (Lux Research, 2014).

Overview: *nanotecnologia*

Prós:

- *Melhores atributos.* Embora mais forte, mais leve e mais barato nem sempre signifique melhor, é provável que as propriedades flexíveis da nanotecnologia contribuam para o avanço de ampla variedade de aplicações.
- *Impacto.* Quando as coisas duram mais, compramos menos.
- *Reciclagem.* Nanotecnologias avançadas estão limpando aterros sanitários, "comendo", na essência, ou destruindo o lixo, no nível de molécula, o que eleva a reciclagem para um novo patamar.
- *Saúde.* A medicina interna será muito afetada pela nanotecnologia, em extensão e profundidade. Áreas como nutrição também auferirão benefícios, com o desenvolvimento de alimentos "inteligentes" capazes de combater doenças e de retardar ou interromper o envelhecimento. No âmago, a nanotecnologia está programada para detectar e atacar muitas moléstias.
- *Prevenção.* O implante de nanorrobôs em nosso organismo pode aumentar exponencialmente a capacidade de monitorar e combater doenças.

Contras:

- *Armamentismo.* A nanotecnologia pode ser letal, caso se introverta para o corpo humano. Problemas relacionados com invisibilidade e programabilidade da tecnologia suscitam muitas preocupações.
- *Custo humano.* Com nanorrobôs e tecnologias autorreplicantes despontando no horizonte, o trabalho humano está em risco, na medida em que os robôs podem executar tarefas mais árduas, durante mais tempo, sob piores condições.

- *Problemas de saúde.* Constatou-se recentemente que nanopartículas de tinta podem provocar graves doenças de pulmão nos trabalhadores de fábricas (SMITH, 2009).
- *Efeitos ambientais.* Embora sejam microscópicas, não se pode subestimar seu impacto potencial para a destruição ambiental – sobretudo se nanorrobôs autorreplicantes (nanorrobôs que criam outros nanorrobôs) se tornarem realidade.
- *Economia.* A nanotecnologia não é barata e a pesquisa não é de acesso universal, ou seja, a propriedade intelectual e as competências humanas tornam-se áreas férteis para disrupções em nível macro e de mercado.
- *Controle.* Qualquer país ou empresa que avance nesta área desfrutará de vantagem significativa sobre os concorrentes.

Por que é importante? Apesar dos processos altamente complexos e dos custos exorbitantemente elevados da criação de nanoprodutos, o futuro é brilhante para a nanotecnologia. As possibilidades em termos de saúde e bem-estar humano são admiráveis, e continuam a induzir pesquisas massivas, com vistas ao prolongamento e aprimoramento da vida. Os acadêmicos preveem que a tecnologia evoluirá para novas áreas, inclusive com a possibilidade de autorreplicação (coleta de outras partículas necessárias para a criação de mais "nanites" (máquina molecular ou nanomáquina) – tema já captado por Hollywood.

Escore do impacto: Provável = 7,5; Potencial = 10. As possibilidades da nanotecnologia são impressionantes, em razão da sua versatilidade intrínseca e do poder que oferece às empresas e à humanidade. Embora a tecnologia apresente curvas de aprendizado, custos e implicações fortemente ascendentes, ela tem o potencial de revolucionar múltiplas indústrias.

Cronograma do impacto: Consumidor = 5 a 10 anos para propriedades avançadas de nanotecnologias de consumo; empresa = cinco anos. Como na impressão 3D, a nanotecnologia está disponível, mas envolve sérias implicações de custos que estão retardando grandes avanços e aplicações em contextos de consumo.

A disrupção pode ocorrer a qualquer momento; por isso, fique de olho nas pesquisas que estão sendo realizadas em seu campo.

Conclusão

Cada uma dessas tecnologias oferece algumas das oportunidades mais promissoras e das mudanças mais impactantes que o mundo verá nas próximas décadas, mas nenhuma é inquestionável. Agora que demos uma olhada em cada uma das tecnologias, para compreender o que são, em que podem transformar-se, e quando ocorrerá a disrupção, precisamos visualizar o panorama mais amplo. Essas tecnologias estão mudando continuamente e colidindo repetidamente umas com as outras. No próximo capítulo, examinaremos as verdades brutais por trás dessas tecnologias, as razões pelas quais geralmente são mal compreendidas, os obstáculos para aplicá-las em ambientes empresariais, e por que más escolhas tecnológicas solapam o relacionamento com os clientes.

Além de investigar como a tecnologia impacta o relacionamento com os clientes, o Capítulo 2 analisa a necessidade de abordagem flexível e de compreensão abrangente dessas e de outras tecnologias promissoras. Essa estrutura ficou conhecida como TCD, e não está lavrada em pedra; é simplesmente uma agulha para navegar rumo ao futuro. O percurso provavelmente mudará, mas a chave é ter um sistema flexível que o capacite a avançar em todos os estágios.

CAPÍTULO 2

—

TECNOLOGIA DISRUPTIVA E EMERGENTE: A VERDADE BRUTAL

Qual é o problema aqui?

A questão em jogo aqui é a experiência do cliente e a percepção da marca. Seja um produto que não funciona, porque parou há muito ou porque demora para alcançar o resultado almejado, a má tecnologia está provocando muita dor de cabeça para as empresas e para os consumidores. Quase todos nos sentimos frustrados por não conseguir usar meios sem contato para fazer pagamentos, e, embora esse seja tipicamente um dos chamados "problemas de primeiro mundo", trata-se, sem dúvida, de grande aborrecimento para as empresas que procuram preservar e aumentar a lealdade dos clientes, num mundo em que a atenção das pessoas está mais baixa que nunca. Basicamente, a má tecnologia – seja você o criador ou o usuário – afeta o resultado financeiro da empresa. De websites a pontos de venda, tudo em que o consumidor toca exerce algum efeito sobre a maneira como percebe a marca, a competência da empresa e a confiabilidade de seus produtos, agora e no futuro. Os investimentos em tecnologias emergentes e disruptivas, portanto, são pontos críticos a serem considerados em todos os orçamentos, se a sua empresa quiser sobreviver no século XXI.

A verdade brutal sobre as tecnologias emergentes e disruptivas é que elas chegam para ficar; em alguns casos, elas aumentarão a velocidade e o impacto, e, além disso, os desconhecimentos serão maiores do que os conhecimentos. Em essência, nem mesmo conhecemos o que não conhecemos.

Donald Rumsfeld resumiu-o com perfeição, ao falar sobre armas de destruição em massa (US Department of Defense, 2002):

> Os relatórios que dizem que alguma coisa não aconteceu são sempre interessantes para mim, porque, como sabemos, há conhecimentos conhecidos; há coisas que sabemos que conhecemos. Também sabemos que há conhecimentos desconhecidos; o que significa dizer que sabemos que há algumas coisas que não conhecemos. Mas também há desconhecimentos desconhecidos – as coisas que não sabemos que não conhecemos.

O fato de haver tanta incerteza em relação à tecnologia foi motivo importante para escrever este livro; caso você se sinta à vontade a esse respeito, grandes coisas podem (e vão) acontecer. Isso não significa que você precisa assumir enormes riscos, embora, às vezes, seja necessário fazê-lo, mas compreender com clareza o que você sabe e o que você não sabe pelo menos o capacita a fazer julgamentos e a continuar avançando.

Como vimos na introdução e no Capítulo 1, as tecnologias emergentes são muito diferentes das tecnologias disruptivas. Elas continuarão misturadas e mal definidas, mas, assim espero, você agora pode entender e ganhar com a compreensão da diferença entre as duas. Ao avançar ao longo dos capítulos restantes, falaremos sobre a tecnologia como um todo, com foco nos elementos disruptivos.

A tecnologia disruptiva é mal compreendida – ou, pior ainda, ignorada – por muita gente, na medida em que é, em geral, muito técnica, exigindo mais tempo para ser compreendida. Um exemplo de tecnologia que geralmente se encaixa nessa situação é a impressão 3D. Os resultados podem ser vistos, mas os problemas ficam nos bastidores, e, portanto, são difíceis de resolver. Trabalhar com grande variedade de altos executivos de empresas grandes e pequenas, com amplo espectro de clientes, ensinou-me muitas coisas, principalmente a importância de compreender a pessoa antes da tecnologia – ponto explorado com mais detalhes adiante, na seção "Comportamento do TCD".

Além de se limitar a postergar o que é difícil ou desconhecido, muitos executivos simplesmente não veem as tecnologias disruptivas e emergentes como parte de seu trabalho cotidiano, mas sim como alguma coisa especial, a ser deixada de lado para algum tipo de evento anual extravagante.

Embora essa abordagem possa ser eletrizante e inspiradora, ela é, em geral, o que frequentemente se ironiza como "pirotecnia" – a pirotecnia ilumina e impressiona, mas logo é esquecida, ainda que realmente deva ser destacada, para ser lembrada, eliminando os bloqueios para que a pessoa ou empresa avance rumo ao futuro.

Nenhum desses obstáculos, porém, é intransponível. Alguns são difíceis e requerem disciplina – o último problema ("não é meu trabalho") precisa ser gerenciado com cuidado, uma vez que geralmente é sinal de problemas mais graves ou desculpa de funcionário que se sente infeliz ou desqualificado para se abrir à mudança. Use essa oportunidade para impulsionar todos para a frente.

Não precisa custar os olhos da cara

O outro equívoco sobre tecnologias emergentes se refere ao alto preço e custo de sempre se manter à frente dos concorrentes. Embora esse aspecto possa ser verdadeiro para algumas empresas, em razão das tecnologias em que estarão interessadas, a maioria pode, com os objetivos certos, conceber uma inovação inteligente e criar um programa de tecnologia emergente, consumindo muito pouco tempo e dinheiro. Às vezes, compreender as tecnologias disponíveis e esperar que outras empresas eduquem as massas é a estratégia correta; outras vezes, será necessário assumir a liderança. Decidir quando investir ou não investir dinheiro é crucial, e trataremos disso com mais detalhes no Capítulo 4, quando examinarmos a Matriz de Decisão.

Pequeno é belo

Uma resposta comum quando uma estratégia tecnológica é questionada por altos executivos é "Não precisamos ser os primeiros". É uma resposta justa, porquanto muitas empresas maiores têm verbas exclusivas e razões suficientes para liderar. Esse cenário, entretanto, tende a mudar, devido à natureza ágil das start-ups e à maneira como as novas tecnologias podem ser lançadas cada vez mais rapidamente, por meio de redes já estabelecidas. De muitas maneiras, numerosas empresas pequenas estão liderando setores e outras empresas, justamente por causa do tamanho, não apesar dele. As tecnologias financeiras, geralmente referidas como "Fin-Tech", como Stripe, Square e iZettle, que focaram em transformar a maneira como pequenas empresas recebem pagamentos dos clientes em todo o mundo, são ótimos exemplos dessa mudança. Hoje, essas três empresas são muito maiores do que seus produtos originais, concebidos para facilitar os pagamentos digitais, criando soluções de ponto de venda tecnologicamente avançadas para negócios de todos os tamanhos (Square) ou reduzindo o atrito de vender por meio de plataformas sociais, como Twitter e Facebook (Stripe).

Nesse caso, a criação de um grupo consultivo ágil, sob liderança eficaz, é crucial para o sucesso no curto e no longo prazo.

Compromisso é a chave do sucesso

A última área em que muitas empresas se atrapalham ao pensar em tecnologias emergentes e disruptivas pode ser resumida em uma palavra – compromisso. Numerosas organizações com que trabalhei não tinham o entusiasmo no começo, mas tinham necessidades claras, fossem elas financeiras, desenvolvimento de varejo ou problemas de diversificação da linha de produtos. Os altos executivos simplesmente não viam a tecnologia emergente como parte da estratégia em curso e focavam em objetivos de curto prazo que estavam na cara, em vez de focar em forças oriundas da periferia. Esse é um erro traiçoeiro e muito comum para numerosas empresas, neste mundo rápido, que trabalha no curto prazo, mas, basicamente, a cada ano, deixa-o no mesmo lugar ou em situação pior. O trabalho aqui é simples. Pergunte-se: "Qual é o risco de não fazer nada?" e se há um compromisso real de completar a tarefa em todos os níveis. Uma ótima maneira de refletir sobre a possiblidade de sua empresa se encontrar em estado de inércia, não se movendo em nenhuma direção, é questionar-se: "Estamos de fato fazendo um bom trabalho ou simplesmente nos acomodando na zona de conforto?" Quando visito uma empresa pela primeira vez, a conversa geralmente se encaixa em uma dessas duas áreas: como um coach de negócios me disse certa vez: "Seu trabalho é afligir os confortados e confortar os aflitos".

Começa com você

Em geral, cada trabalhador – isso também inclui você – não vê as tecnologias disruptivas e emergentes, limitando-se tão somente a acompanhar as mudanças tecnológicas em curso como parte integrante de sua descrição de cargo e, portanto, negligenciando a pesquisa, ou simplesmente não se apressando em pensar, priorizando as tarefas costumeiras. Geralmente, dois são os tipos de recuos na hora de enfrentar as tecnologias emergentes. Há quem procrastine com base na desculpa da falta de urgência, dizendo: "Mal tenho tempo para executar minhas tarefas normais, muito menos 'essa coisa'"; enquanto outros simplesmente não se consideram responsáveis por esse tipo de tarefa. Nenhuma das respostas significa que essas pessoas sejam maus profissionais ou que sejam incapazes de fazer o trabalho, mas alguns ajustes são necessários para que o programa tenha melhores chances de sucesso. Mais adiante, neste livro, veremos um checklist de iniciativas pessoais, que não custam os olhos da cara, nem absorvem muito tempo, para que você e seus colegas se mantenham atualizados sobre tecnologias disruptivas ameaçadoras.

A resposta a esses problemas de tempo e dinheiro é simples: reavalie os recursos disponíveis, notadamente agenda e foco. Essas auditorias ajudam o indivíduo a encontrar tempo para detectar pontos fracos e fornecer evidências dos recursos adicionais necessários aos altos executivos. Os exercícios também são ótimas maneiras de identificar áreas em que estejam ocorrendo desperdício ou perda de tempo com atividades irrelevantes no trabalho e fora dele. A seguir, encontram-se dois métodos para isso.

MÉTODO 1

Laura Vanderkam, autora de *168 Hours: You Have More Time Than You Think* (2011), diz:

> Reconheça que o tempo é uma folha de papel em branco. As próximas 168 horas serão preenchidas de alguma maneira, mas como preenchê-las compete exclusivamente a você. Em vez de dizer "Não tenho tempo", diga "Não é prioridade". Encare cada hora da semana como uma escolha. Tudo bem, talvez sejam terríveis as consequências de fazer diferentes escolhas, mas também é possível que os resultados sejam bons. Sonhe grande (VANDERKAM, 2015).

Vanderkam vai adiante, para considerar o que você gostaria de fazer com o seu tempo, em termos de objetivos pessoais (viagem, profissão, família, e assim por diante). Vanderkam também salienta a importância de focar no que você gostaria de fazer com o seu tempo e como criar uma lista extensa, classificando as atividades em trabalho, família e vida. Alguns itens se confundirão com os demais, outros itens se agregarão, outros se destacarão – o objetivo é anotar e revisar, para manter-se responsável. Uma boa dica é deixar a lista em algum lugar em que você a verá com frequência – perto de um espelho ou num cartão em sua carteira ou junto à cafeteira em que você faz café todas as manhãs. Preserve o hábito de olhar a lista como parte do seu ritual, e você começará a realizar as atividades da lista, ao perceber associações e oportunidades que, do contrário, não teriam sido percebidas.

MÉTODO 2

Outra opção é a solução tradicional de usar papel e lápis.

Passo 1: Imprima ou compre um diário para 12 meses.

Passo 2: Defina como preencherá o diário – algumas pessoas simplesmente anotam os afazeres nas datas e horários previstos, outras adotam códigos de cores (trabalho, encontros ou reuniões, novos negócios, pesquisas, e assim por diante), de modo a ter uma representação mais visual do tempo.

Passo 3: Deixe um lembrete na sua agenda comum, smartphone, smartwatch ou outro dispositivo, para sempre preencher o diário, cobrindo pelo menos uma semana adiante, mas o ideal são duas ou mais semanas.

Passo 4: Separe algum tempo para avaliar os dados coletados. Das 168 horas semanais, quantas horas você ficou no escritório? Dessas, quantas você passou trabalhando? Dessas, quantas você dedicou a trabalho realmente importante? Quantas horas você gastou em reuniões? Dessas, quantas foram em reuniões a que você não precisava comparecer? Quantas horas você passou com a família? Quantas foram curtidas com o que realmente o deixa feliz? Ou de qualquer outra maneira como você pretenda avaliar-se.

Passo 5: Identifique as mudanças a serem feitas. Isso é um pouco mais difícil – como Vanderkam propõe acima: "O que é prioridade? Quais são as minhas prioridades no trabalho e em casa? Qual é a minha estratégia para parar ou diminuir X e fazer mais Y no trabalho ou em casa?"

Passo 6: Implemente. Isso talvez envolva alguma conversa com o chefe, com os entes queridos, ou simplesmente ter força de vontade. Às vezes, pode ser uma simples notificação por telefone, ou um lembrete por escrito num diário, ou parte do ritual no início de cada reunião. O sistema funciona se você se comprometer com ele e cultivar bons comportamentos. Persista!

Geralmente, quando se exige mais dos trabalhadores, podem ocorrer situações de conflito e ressentimento, em razão da maneira como se atribuem as tarefas ou como se apresentam as notícias. Eis algumas maneiras testadas e atestadas de garantir que as notícias sejam recebidas positivamente.

Faça

- *Lidere pelo exemplo.* Parece óbvio, mas, geralmente, o interesse diminui depois do anúncio inicial da atividade. É fundamental que você demonstre disposição para se envolver, para liderar pelo exemplo e para estimular os outros a agir da mesma maneira. Todas as empresas e negócios são diferentes, mas a chave para não dar a impressão de apenas distribuir tarefas é sempre pôr a mão na massa. Em vez de simplesmente fazer alguma coisa para alcançar o objetivo, pergunte às pessoas o que elas acham que deve ser feito ou como deve ser feito. Sempre envolver mais pessoas aumenta a sua probabilidade de alcançar o sucesso.
- *Escolha a ferramenta certa para o trabalho certo.* Embora meios como reuniões, e-mails e mensagens instantâneas talvez pareçam óbvios, eles também podem ser parte do problema. Separar algum tempo para discutir questões e opções é importante; empenhe-se em não perder o toque humano ao falar sobre tecnologia – geralmente isso acontece, por isso é que eu o incluí no *framework* HERE/FORTH (comportamento). O Slack (ferramenta de colaboração e "exterminador de e-mails", que promove o trabalho em grupo e substitui o correio eletrônico por mensagens instantâneas) é hoje importante centro de reabilitação – capacitando rapidamente as pessoas a decidir, mas também decidindo quando "adotar soluções off-line".
- *Constitua um comitê.* Trata-se apenas de uma equipe de pessoas-chave, participantes do processo, necessárias para efetuar mudanças num departamento ou numa organização maior. Escolha um líder ou vários líderes, de modo a gerar redundância, para a hipótese de alguém sair ou adoecer. Em grandes organizações, os comitês são essenciais para promover a mudança, sobre o que falaremos mais neste e em outros capítulos.
- *Use palavras e frases como:* "nós", "conosco", "como equipe", "todos nós", "então, nós", "quando nós", "quando acertarmos", "isso é importante para nós".

- *Recompense o bom comportamento*, e o faça em público. A escolha de um "campeão" da semana não é recomendada, e talvez nem seja necessária, mas um elogio inesperado, no fim de um almoço de trabalho, geralmente é muito eficaz para motivar a equipe. Em lugar do tradicional cartão de presente, uma opção muito em voga são os "clubes de assinatura" (*subscription box*) de diferentes sites.
- *Identifique os influenciadores alfa de sua organização.* Estes são os líderes naturais, que atraem seguidores, ansiosos por imitá-los e agradá-los, demonstrando-lhe lealdade. Não é fácil influenciá-los, mas, com o apoio deles, as novas iniciativas têm maiores chances de aceitação.
- *Torne o processo parte da avaliação dos funcionários.* Às vezes, pode ser uma faca de dois gumes, mas − dependendo do tipo de cultura da empresa − pode ser transformador. Em essência, é como conceder ao funcionário uma licença para desenvolver, demonstrar e focar na melhoria e valorização de novas competências, como parte de seu trabalho.

Não faça

- *Não se irrite − seja compreensivo.* Toda mudança é difícil, e é fácil se limitar à descrição do cargo. Fomente uma cultura de aceitação da mudança, promovendo-a desde o início e tornando as descrições de cargo mais fluidas, por natureza, mas com objetivos claros.
- *Não se esqueça de comemorar pequenas vitórias.* As mudanças podem ser rápidas, e as grandes mudanças podem acontecer, mas é mais provável que ocorram sucessivas pequenas mudanças. Chame a atenção para esses minimarcos, enfatize como são importantes e mostre como cada pessoa pode contribuir para essas conquistas. Alguns exemplos de minimarcos a comemorar são o nível almejado de conteúdo compartilhado, o lançamento de novo produto, algum tipo de conscientização, a redução de prazos, a demonstração de conhecimento ou a formulação de novos argumentos de vendas.

- *Não se limite a delegar tarefas aos funcionários.* Para aumentar as chances de sucesso, ofereça opções ou rotas alternativas. Para simples aumento do conhecimento, configure uma revista no Flipboard; crie uma lista de influenciadores no Twitter, a ser usada pela equipe; faça assinaturas de revistas; e distribua cópias e PDF de artigos interessantes, com periodicidade semanal ou mensal. Capacitar alguns indivíduos para aumentar o conhecimento alheio – e atuar como editor – é uma competência importante e proveitosa.
- *Não assuma que as pessoas conhecem a razão de ser da empresa.* Frequentemente pergunto a funcionários em níveis hierárquicos mais baixos quais eles supõem sejam as motivações e crenças da organização. Esse exercício ajuda não só a avaliar o nível de engajamento, de compreensão e de comprometimento na empresa, mas também a verificar a eficácia do treinamento interno. Selecione algumas pessoas a serem entrevistadas (ou incumba alguém de fazê-lo) e constitua um ótimo referencial como ponto de partida, para garantir que todos compreendem a importância dessa atividade para os objetivos gerais da empresa.

O que é má tecnologia?

Há numerosos estudos sobre os fatores que tornam uma tecnologia boa ou má. Muitos deles, porém, não consideram a questão central da tecnologia hoje, ou seja, a aplicação prática da tecnologia na vida real. Uma tecnologia não é intrinsecamente ruim. É a maneira de aplicá-la que gera efeitos negativos, como obesidade (menos movimentação física), perda de emprego (substituição de humanos por robôs) e invasão da privacidade (smartphones), para citar três. Nem todas as tecnologias, entretanto, são criadas iguais. Algumas são, por natureza, mais propensas a acarretar problemas ou a prejudicar os usuários. Assim ocorre, em especial, com as tecnologias disruptivas, pois elas desafiam, por definição, sistemas herdados e protegidos, na tentativa de desestruturar áreas controladas.

A má tecnologia se caracterizaria por elementos específicos, embutidos no produto, capazes de gerar resultados negativos como:

- *Obsolescência planejada.* Consiste, basicamente, em projetar um produto para não ser durável ou para ficar obsoleto. Essa prática se destina a impulsionar as vendas no longo prazo e a reduzir o tempo de espera para gerar nova venda ou reiniciar o ciclo.
- *Transgressão de direitos autorais.* Apple, Microsoft ou qualquer outra empresa de tecnologia perde milhões de dólares por ano em consequência de infrações às suas marcas, patentes e direitos autorais. Assunto correlato, que vai além da simples transgressão de direitos autorais, é o uso frequente de peças e componentes inadequados no começo do processo, para reduzir custos e difundir a tecnologia e o produto. Os efeitos negativos, porém, transbordam para a marca original, porque os consumidores geralmente ignoram a farsa e associam a má experiência ao produto pioneiro.
- *Problemas ambientais.* A tecnologia exige recursos para a sua criação, distribuição e venda, que se multiplicam a cada lançamento de novas versões. Muitos dos materiais usados são finitos (combustíveis fósseis, minérios e outros), o que torna cada vez mais importante a preferência por produtos sustentáveis. Esses produtos amigos do ambiente, todavia, tendem a ser mais caros, levando os consumidores, com muita frequência, a preferir produtos mais baratos, que deixam maior pegada ambiental.

Outros problemas que geralmente são atribuídos à tecnologia, mas cujas causas, na verdade, são basicamente humanas, incluem:

- Deficiências ergonômicas.
- Prejuízos à saúde (sono insatisfatório, lesões recorrentes, dores de cabeça).
- Redução da atenção.

- Dificuldade de interação social.
- Distorção do senso de realidade.
- Más competências e convenções sociais.

E há muitos outros. A tecnologia, em si, pode não ser culpada, mas sim a maneira como a usamos (ou dela abusamos). É preciso definir limites e promover boas práticas, como o bom design, por exemplo.

A boa tecnologia, no entanto, pode degenerar, como é o caso da criptografia. Embora a criptografia seja proteção importante para transações on-line, atributo positivo de qualquer tecnologia, ela também é atraente para pessoas que não querem ser rastreadas. Exemplo importante de uma tecnologia que foi abusada dessa maneira é o Tor, software livre que oculta a localização on-line. Lançado, de início, para impedir práticas indesejáveis, por exemplo, direcionamento de anúncios e rastreamento por pessoas indesejáveis, como cibercriminosos, o Tor foi um fator importante para a expansão da Deep Web (parte submersa da internet, como a de um iceberg, usada para a compra e venda de drogas e para outras transações ilícitas).

Outro exemplo é o Google Earth. A ferramenta que o Google criou para capacitar as pessoas a navegar e a explorar o mundo ao seu redor ou visitar localidades que gostariam de visitar ajudou empresas e economias a crescer, por força de sua funcionalidade, mas também permitiu que delinquentes, como terroristas, tivessem acesso a imagens de áreas que, do contrário, seriam difíceis de visualizar e analisar. Por essa razão, o Google desenvolveu um sistema para desfocar "áreas sensíveis", situação que é reanalisada continuamente. O Google não pode controlar como diferentes interessados usam as informações do seu aplicativo, o que elimina sua responsabilidade por eventuais delitos.

E então, será que estamos condenados a um mundo com tecnologias boas e pessoas más?

Mais provavelmente, a resposta para esse questionamento é "sim", mas ainda há esperança. Parafraseando as considerações de Rumsfeld, aqui citadas, o futuro nos oferece múltiplos conhecimentos e múltiplos desconhecimentos, mas a primeira parte é interessante quando se trata de tecnologias boas e de pessoas más. As inovações no espaço da computação – com um aceno especial para a inteligência artificial e para o aprendizado de máquina – tendem a levar a redes "autorreparadoras", capazes de detectar intrusões por hackers, programar reparos e bloquear o acesso dos pretensos invasores. Embora esse recurso possa ser positivo (menos paralisações) e negativo (dificuldade em deixar os sistemas off-line), os resultados da tecnologia continuarão seguramente sob controle humano, no futuro previsível. Geralmente, o problema consiste em como os humanos manejam a tecnologia. Um bom exemplo é o aprendizado de máquina, também conhecido como *machine learning*. Como o aprendizado de máquina continua a fundir-se com inteligência artificial, é importante lembrar que o cenário de *O Exterminador do Futuro* (computadores tentando exterminar a humanidade), engendrado pela Skynet, uma inteligência artificial altamente avançada, é uma possibilidade, mas ainda muito distante e sem base científica, pelo menos por enquanto.

TCD é a solução

TCD significa Tecnologia, Comportamento e Dados – os três pilares de uma estrutura que criei mais de uma década atrás e que até hoje ainda uso com clientes. Cada vez mais, um quarto pilar está surgindo no *framework*: design.

- *T: Tecnologia* é a chave, pois é crucial para o futuro da sociedade, das empresas e, com efeito, da humanidade, à medida que avançamos para possibilidades crescentes. Todos os problemas envolvem um aspecto tecnológico, seja alta tecnologia (computadores, dispositivos móveis) ou baixa tecnologia (papel, espaço); o importante é como identificamos, qualificamos e avaliamos os problemas em torno de cada elemento de um problema, para garantir que sejam resolvidos de maneira sensata.

- *C: Comportamento* continua sendo uma constante na vida. Embora algumas tecnologias nunca envolvam seres humanos, a maioria raramente é imune a aspectos humanos que impactam os problemas e resultados. Como graduado em psicologia, o tema sempre foi e sempre será importante em minhas considerações e sentimentos, uma vez que todos os problemas têm uma causa que afeta as pessoas diretamente ou indiretamente.
- *D: Dados* geralmente são o fator mais complexo, uma vez que algumas das decisões a serem tomadas e das áreas a serem exploradas – especialmente quando se lida com tecnologias disruptivas e emergentes – carecem dos dados necessários para a segurança e a eficácia do processo decisório. Os dados são cruciais para a tomada de decisões inteligentes ou até para conjecturas esclarecidas. Alguns dados são indispensáveis, enquanto outros dados são apenas "desejáveis".

A consideração individual de cada um desses fatores permite que a decisão, a nova tecnologia ou a questão em si seja desdobrada em componentes gerenciáveis e pontuada com base no impacto sobre a empresa. Com foco implícito no futuro, nos riscos e nos ganhos potenciais, o TCD é uma ferramenta flexível. Nos próximos capítulos, ele será desdobrado, antes de ser reintegrado, numa versão simplificada, a ser aplicada em caso de necessidade.

CAPÍTULO 3

A FALÁCIA DA PREVISÃO

A PREVISÃO DE DISRUPÇÕES e de tecnologias disruptivas é uma indústria de muitos bilhões de dólares. *Think tanks*, consultorias de tendências, agências, empresas de pesquisa, cientistas de dados e, evidentemente, consultores estão sempre lutando pela atenção e pelo dinheiro de grandes empresas e pelas contribuições de cérebros brilhantes. Prognósticos e previsões são importantes; podem contribuir decisivamente para os resultados das empresas, melhorando-os ou piorando-os em bilhões de dólares. O problema do aparato de organizações e indivíduos envolvidos na disputa é a multiplicidade e a diversidade de abordagens disponíveis – nem todas são iguais e poucas são bastante flexíveis para se ajustar aos contextos e às situações desafiadoras das economias de hoje. Em geral, essa falta de flexibilidade significa que os resultados podem ser distorcidos, irrealistas, ou, pior ainda, totalmente equivocados. Embora essas características sejam parte do jogo, acertar as predições também pode salvar vidas e resolver problemas complexos. Portanto, melhorar os prognósticos e previsões deve ser prioridade de todos. Além disso, esse trabalho contínuo de atualização e adaptação proporciona às organizações e aos indivíduos a capacidade de tomar melhores decisões e talvez de rechaçar invasores, o que torna ainda mais importante a atenção constante e a revisão contínua das prospecções. Basicamente, o objetivo central aqui é mudar para melhor, e este capítulo analisa como compreender o contexto e se ajustar à mudança.

Prever é difícil, mas você pode fazer isso de um jeito mais fácil

Como mencionamos na Introdução, Philip Tetlock é o avô da previsão, ou melhor, da "superprevisão". Seu estudo de 20 anos mostrou que até os melhores *experts* têm dias de folga (muitos deles, na verdade), mas é possível melhorar as competências preditivas. Em seu livro mais recente, *Superforecasting: The Art and Science of Prediction* (2016) [ed. bras. *Superprevisões: a arte e a ciência de antecipar o futuro*, tradução Cassio de Arantes Leite, Objetiva, 2016], Tetlock e Dan Gardner detalham um experimento em que milhares de pessoas participaram de um torneio da Intelligence Advanced Research Projects Activity (IARPA), que focou em atualizações de previsões em tempo real. Usando um escore Brier, que mede a exatidão de previsões aleatórias, os participantes foram ranqueados e aqueles com os escores mais altos foram alcunhados "superprevisores". No total, o escore Brier médio foi 0,25; os superprevisores alcançaram 0,37 — superando em 30% os analistas da comunidade de inteligência, que tinham acesso a dados secretos.

Os superprevisores mencionados na pesquisa incluem, entre outros, Sanford Sillman, cientista atmosférico; Doug Lorch, programador de computador aposentado; e Bill Flack, funcionário aposentado do Departamento de Agricultura dos Estados Unidos. A trama fica mais densa quando se considera que outros pesquisadores eram encanadores ou dançarinos de salão — áreas que, normalmente, pouco têm a ver com análises ou funções cognitivas de alto nível. Você poderia argumentar que esses indivíduos simplesmente eram feitos de certa maneira, que seus cérebros eram diferentes, mas a realidade é muito mais simples. Todas essas pessoas são inteligentes, mas não são gênios (pense nos 20% superiores, não no 1% mais alto), embora tenham demonstrado várias vezes que eram superiores a pessoas remuneradas especificamente para fazer o trabalho de análise geopolítica. Esses indivíduos poderiam ser você ou eu; não estavam dando palpites aleatórios, mas tampouco haviam sido treinados em técnicas específicas, nem tinham recebido educação excepcional. Portanto, faz sentido perguntar o que os torna capazes de fazer o que fizeram? O que podemos aprender com eles?

Grande parte das descobertas de Tetlock apontam para algumas áreas de foco (muitas das quais foram infundidas na estrutura TCD, desenvolvida muitos anos atrás. Como o *framework* TCD, os superprevisores focam em simplicidade, ou, em outros termos, buscam converter indagações complexas em perguntas instigantes. Por exemplo, seria possível mudar "A versão eletrônica deste livro será comprada por oito ou mais países?" para "Este livro será lido fora do Reino Unido?".

Tetlock também descobriu que os superprevisores eram mais capazes de assimilar muitos dados, mas não enormes quantidades. Em vez disso, eles demonstravam mais capacidade de reconsiderar velhas premissas quando disponham de novos dados, e ajustá-las conforme as informações mais recentes – geralmente com pequenos acertos, em vez de grandes viradas. A área mais ampla da pesquisa de Tetlock, com a qual o *framework* TCD também coincide, é a "mentalidade de crescimento", ou uma mistura de determinação, autorreflexão e desejo de analisar os erros e aprender com eles. Em outras palavras, tudo bem em estar certo ou errado, mas melhorar é sempre o objetivo.

Prever é importante para as empresas, porque reduz o risco e possibilita o dispêndio cuidadoso de dinheiro e de recursos, mas também possibilita nível mais alto de planejamento. Tetlock, no entanto, afirma em *Superprevisões* que: "Crenças são hipóteses a serem testadas, não tesouros a serem guardados". Essa afirmação é tópico muito importante a ser considerado pelas empresas ao fazer previsões, uma vez que a maioria das organizações planeja para um período específico, em vez de adotar uma abordagem contínua. É fácil para as empresas justificar uma perspectiva estratégica mais curta em tempos incertos, devido à falta de abertura para possíveis erros, geralmente por boas razões. Essa inflexibilidade, entretanto, redunda na tomada de decisões inadequadas, porquanto geralmente consiste em reagir a situações em vez de propiciar cenários mais positivos, em longo ou em curto prazo. Essa é uma razão importante de o TCD ter sido feito flexível; o *framework* permite que as empresas façam correções e tomem decisões contínuas, com base em informações em fluxo, que estão diante dos previsores, só que ainda inacessíveis ou longínquas.

O que importa é imprevisível e o que é previsível não importa

Isaiah Berlin – filósofo e superprevisor russo, de acordo com Tetlock – acredita que há dois tipos de especialistas em previsão: raposas e porcos-espinhos. Antes de entrarmos em características mais específicas, faça este teste para determinar o que você é – corra, mas não se precipite (ver também FINNEY, 2006).

Como determinar se você é porco-espinho ou raposa

A ideia é aceitar ou rejeitar as afirmações abaixo. As ponderações foram convertidas para um valor pontual (Tetlock alterou a escala de pesos, que foram determinados pela aplicação de outro método estatístico). Dependendo da sua escolha, você adiciona ou subtrai esse número. Se concordar, atribua-se tantos pontos positivos; mas, se discordar, atribua-se igual quantidade de pontos negativos. (Nota: como, em alguns casos, os pontos já são negativos, lembre-se de que subtrair um número negativo significa adicioná-lo.)

Sua pontuação final deve situar-se entre - 54 e 54. Os escores negativos indicam que você é mais porco-espinho, enquanto os escores positivos indicam que você é mais raposa. Como já mencionamos (e por causa do espectro), quanto mais você se afasta de zero, para baixo ou para cima, mais você se inclina para o estilo diferente de pensar.

1. Isaiah Berlin classificou os intelectuais como porcos-espinhos ou raposas. O porco-espinho conhece um conceito abrangente e procura explicar tanto quanto possível dentro desse quadro conceitual, enquanto a raposa conhece muitos conceitos menos abrangentes e se satisfaz em improvisar explicações casuísticas. Eu me incluiria mais perto da ponta da raposa.
   Concordo: + 7 pontos
   Discordo: - 7 pontos

2. Os professores geralmente são mais propensos a superestimar a diversidade do que a subestimar a complexidade.
Concordo: - 3 pontos
Discordo: + 3 pontos

3. Estamos mais próximos de adotar políticas de redução de custos do que muitos acreditam.
Concordo: - 5 pontos
Discordo: + 5 pontos

4. A política da organização é mais nebulosa (imprevisível) do que límpida (perfeitamente previsível com o conhecimento certo).
Concordo: + 4 pontos
Discordo: - 4 pontos

5. O erro mais comum em tomada de decisões é descartar precipitadamente boas ideias, não o de insistir demasiadamente em más ideias.
Concordo: - 5
Discordo: + 5

6. Trabalhar com regras e ordem claras é vital para o sucesso.
Concordo: - 2
Discordo: + 2

7. Mesmo depois de decidir, estou sempre disposto a refletir sobre outra opinião.
Concordo: + 5
Discordo: - 5

8. Não gosto de perguntas que admitem várias respostas.
Concordo: - 6
Discordo: + 6

9. Geralmente tomo decisões importantes com rapidez e com muita confiança.
Concordo: - 4
Discordo: + 4

10. Geralmente consigo ver como os dois lados podem estar certos na maioria das situações de conflito.
Concordo: + 5
Discordo: - 5

11. É enfadonho ouvir pessoas indecisas.
Concordo: - 3
Discordo: + 3

12. Prefiro interagir com pessoas que têm opiniões diferentes das minhas.
Concordo: + 4
Discordo: - 4

13. Geralmente acho confuso ter muitas opiniões ao tentar resolver um problema.
Concordo: + 1
Discordo: - 1

Agora, marque onde você se situa no espectro, de - 54 (porco-espinho) a 54 (raposa).

Porco-espinho: Você tende a recorrer a uma ou duas ideias abrangentes para compreender o mundo, como ele funciona e quais são as tendências. Você gosta de compreender tudo sobre um assunto e simplificá-lo. Você tende a forçar e a reduzir as situações, para encaixá-las em conceitos compreensíveis. Você expressa as suas opiniões com muita confiança. Você tende a acertar mais em previsões de curto prazo, embora, às vezes, também acerte em previsões mais distantes.

Raposa: Você rejeita a ideia de que só há um modelo para compreender o mundo, e, em vez disso, procura a melhor abordagem, compatível com o problema em mãos. Você é cético quanto a uma única teoria, e prefere conjugar opiniões diversas. Você tende a ajustar, em vez de forçar uma explicação. Você costuma ser tímido ao fazer previsões e usa palavras do tipo "no entanto", "talvez" e "ainda mais" ao emitir opiniões. Você é melhor em previsões de longo prazo.

Não receie ser um porco-espinho; não é ruim, de modo algum! Tetlock salienta que estar mais perto de ser raposa ou porco-espinho é em grande parte irrelevante, uma vez que se trata de uma faixa de variação, não de um estado definitivo. O próximo passo é fazer melhores previsões e prognósticos, agora que você se conhece melhor – dificilmente alguém é 100% isto ou aquilo. Ambos os tipos errarão e os dois devem aprender com os erros (mantenha um registro), mas também comemorar os acertos. Esse registro pode ser mental ou físico, que você guarda em algum lugar para futuras referências – ambas as formas são eficazes, só dependem de como você gostaria de ser mais responsável.

E então, como fazer melhores conjecturas e previsões?

Prever é difícil, leva tempo, e é oneroso. Tudo isso tem um denominador comum – mudança. Por isso é que até certos líderes empresariais de sucesso não veem as mudanças que se aproximam céleres e insistem em usar a mesma estratégia que "funcionou antes", acenando com o porrete ameaçador e o bordão insidioso "sempre foi assim". Esse tipo de desculpa não inspira, nem instiga a empresa; pensar dessa maneira faz com que as rodas girem em falso e acabem atolando na estagnação. Boas perguntas a serem feitas aos clientes, aos funcionários, e a si próprio ao interagir com eles nessa arena são:

- Como seria se você começasse de novo?
- O que você faria se tivesse uma varinha mágica?
- Quais são as três razões mais importantes para mudar?
- Numa escala de 1 a 10 (1 sendo "não, nem pensar", e 10 sendo "negócio crítico"), onde se situaria essa mudança na escala de "necessidades"?
- Qual é o risco de não fazer nada?

Várias são as razões para fazer essas perguntas, mas a principal é compreender as diferentes perspectivas e disposições para mudar. Depois de explorar esses aspectos de maneira cuidadosa e metódica, mas fluida, compreender como promover a mudança é muito mais fácil. Baixe a folha de perguntas para ajudá-lo a inquirir melhor, forneça e receba instruções mais eficazes, compreenda melhor os clientes e relacione-se melhor com os amigos.

Ótimo, e então, qual é o problema?

Mudar é assustador, como mergulhar no desconhecido. Mudar é desafiar o que já está acontecendo e não se sentir satisfeito, criando sempre uma situação difícil, a ser evitada. A maior dificuldade da mudança é apontar para o que está errado, o que envolve culpa, sentimento incômodo para todas as partes. Em suma, mudar é difícil e muito arriscado.

Mas não precisa ser assim.

Sou fã incondicional de explorar a mudança a bem da mudança – muita gente não é assim. Gosto de empurrar objetos e apertar botões (pergunte à minha pobre família), para ver o resultado, saber se é possível melhorar e o que pode ser aprendido. É importante compreender e reconhecer quando as pessoas estão insatisfeitas, constatação que pode facilitar a mudança, mas também dificultá-la. Alterações no tom de voz, na extensão das frases e nas posturas corporais são sinais de que a pessoa preferiria estar em outro lugar e que alguma coisa está errada. Fique atento para ajudar as pessoas a se sentirem seguras durante todo o processo de mudança.

Usar equações é boa maneira de deixar as pessoas à vontade – a matemática tende a ser relaxante, na medida em que se acredita nos números e os consideram absolutos. Uma das equações que uso (e geralmente edito) é a Fórmula da Mudança, de David Gleicher (BECKHARD, 1975). Frequentemente referida como "equação da mudança", ela mostra o que é necessário para mudar um indivíduo, organização ou situação.

A versão original é a seguinte:

FIGURA 3.1: Fórmula da Mudança, de David Gleicher

Mudança	=	Insatisfação com o presente	x	Visão do futuro	x	Clareza dos primeiros passos

Em essência, a sua função ao lidar com clientes ou funcionários é estimular o trabalho em equipe para compreender em que termos dessa equação a ajuda é necessária. Há quem se interesse apenas por reuniões e *networking*, mas a maioria tem problemas nítidos em uma ou duas áreas, como se constata ao lhes fazer algumas perguntas básicas.

Eu seria omisso se não mencionasse que a fórmula de Gleicher foi modificada por Karthie Dannemiller (CADY *et al.*, 2014), na década de 1980, para incluir "resistência" – fator crítico para as empresas, frequentemente ignorado e postergado, o que geralmente leva a maus resultados.

FIGURA 3.2: Fórmula da Mudança revisada, de Dannemiller

$$\text{Mudança} = \frac{\text{Insatisfação com}}{\text{o presente}} \times \frac{\text{Visão}}{\text{o futuro}} \times \frac{\text{Clareza dos}}{\text{primeiros passos}} > \text{Resistência}$$

I = Insatisfação com o estado de coisas agora
V = Visão do que é possível
P = Primeiros passos concretos rumo à visão
R = Resistência

A resistência é um aspecto importante da mudança, que pode paralisar ideias e movimentos se suas causas não forem avaliadas e eliminadas ou atenuadas. Dannemiller também falou sobre a falta de qualquer um dos elementos da fórmula e sobre como essa ausência impacta o sucesso – algo importante a ser lembrado quando se aplica a fórmula aos seus problemas ou negócios.

Achei útil fazer pequena alteração na fórmula ao lidar com indivíduos imbuídos de motivações ou interesses financeiros, de modo a trazer os custos para o primeiro plano. Essa nova fórmula – ou versão da HERE/FORTH (empresa de consultoria em tecnologia do autor), a seu critério – é a seguinte:

FIGURA 3.3: Fórmula da Mudança da HERE/FORTH

$$M = I \times V \times P > X$$

M significa mudança, I é o nível de insatisfação com o presente, V é a visão clara do futuro (ou aonde você quer chegar), P são os primeiros passos práticos. Remontando aos meus últimos poucos anos como jovem empresário, "P" é a fonte de grande parte da receita da HERE/FORTH. A capacidade de identificar um caminho claro para a mudança é geralmente o aspecto mais difícil a ser gerenciado pelas empresas, sem ajuda externa (e veremos como superar essa dificuldade nos próximos capítulos). X é o custo da mudança. A razão para retirar o fator "resistência" da fórmula é simples: a resistência é às vezes interminável e, não raro, retarda o progresso. No caso da maioria dos clientes, o desejo de promover a mudança e de superar a resistência foi preponderante logo no início do processo. A resistência também pode ser considerada nos primeiros passos práticos se gerenciada corretamente. Em essência, essa versão da fórmula presume o desejo intenso de mudar; do contrário, é perda de tempo. O custo financeiro, porém, é um problema muito real – às vezes, a mudança desejada simplesmente é muito dispendiosa, o que deve ser levado em conta.

Qualquer que seja a sua fórmula preferida (acho que a de Dannemiller é mais eficaz para organizações hierárquicas ou para pessoas mais competitivas), a maneira como o negócio funciona, como foram aceitas as mudanças anteriores e o atual estado de espírito dos funcionários são fatores críticos para qualquer programa de mudança.

Por que as pessoas não mudam?

Às vezes, as razões para resistir à mudança são evidentes e notórias – o pessoal teme a mudança de poder, o processo será estressante, novas competências terão de ser desenvolvidas e os funcionários parecerão desatualizados para terceiros. Às vezes, porém, as pessoas simplesmente não conseguem mudar. Isso aconteceu com muitas equipes de clientes que gerenciei, embora fossem plenamente competentes, dedicadas e defensoras das mudanças em curso.

Muitas são as pesquisas psicológicas referentes a gestão da mudança, produtividade e tomada de decisões, e as conclusões de muitos estudos mostram que, no fundo, sobretudo no inconsciente, as pessoas não conseguem mudar, por força da contraposição de sentimentos antagônicos latentes (como o medo de que trabalhos complementares à mudança imponham desafios ainda mais árduos). Essa reação é, então, mal interpretada como resistência ou oposição.

Dedicação é algo difícil de cultivar e preservar

Esta é uma área crítica do livro – o esforço de mudança deve ser mais forte do que a propensão à inércia, a tendência de deixar como está para ver como fica ou, pior ainda, permitir que, por omissão, as coisas degenerem. A dificuldade de implementação da mudança decorre, em grande parte, da maneira como os departamentos são dirigidos, da hierarquia informal e dos resultados de mudanças anteriores, tenham sido elas sucessos ou fracassos, de "pedidos" recentes dos funcionários e da forma de apresentação dos benefícios. Defender os interesses dos funcionários é mais fácil de dizer do que de fazer. Afirmar que "A mudança gerará mais lucro para a empresa" é realmente a mensagem mais motivadora, ou seria melhor prometer que "Os resultados dessa mudança permitirão o trabalho em meio expediente, às sextas-feiras, durante o verão"? Os benefícios diretos economizam tempo e dinheiro para as empresas, mas os benefícios para os funcionários não são tão diretos, nem tão rápidos, para que sejam geridos no mundo real como "cenoura e chicotada". A maneira mais inteligente é compreender as motivações do grupo, que podem ser dinheiro, mas é possível que o pessoal queira mais tempo para curtir a grana já acumulada, em vez de juntar mais, sem tempo para aproveitar. Evidentemente, tempo vago nem sempre é motivação – isso precisa ser analisado cuidadosamente e reavaliado continuamente. As tecnologias disruptivas são difíceis de vender e, não raro, parecem longe demais para exercer qualquer impacto; ou, em vez disso, outros objetivos de curto prazo talvez pareçam mais prioritários. A mudança não precisa ser ampla e complexa; também pode ser estreita e simples.

Assim sendo, o que eu faço? Não sou vidente...

A implementação da mudança envolve muitos problemas, sejam eles tecnológicos, comportamentais ou informacionais. Com base em minha experiência, a mudança é, muitas vezes, imposta com muita rapidez. Quase da noite para o dia, as situações se transformam como de água em vinho, o que raramente funciona, a não ser que estejam todos engajados (situação muito difícil, motivo mais do que suficiente para evitá-la, se não for absolutamente inadiável). A chave é dizer às pessoas o que está acontecendo, mostrar-lhes os benefícios e envolvê-las tanto quanto possível. Mudanças abruptas ou forçadas são receitas para o fracasso, e já sofri com essa abordagem no passado. Os resultados não correspondem às expectativas e podem ser prejudiciais para o moral e a produtividade da equipe, em curto e longo prazo. Em vez disso, os gestores e as equipes precisam realmente compreender as pessoas por trás dos títulos, para que a mudança seja duradoura. Para converter prescrição em realidade, empenhe-se em descobrir o que João e Maria estão supondo que acontecerá, quais são seus anseios e expectativas, o que os incomoda, como e o que gostam de fazer, e por que agem assim ou assado. Com os *Millennials* invadindo a força de trabalho (o que examinamos em profundidade no Capítulo 10), compreender os funcionários nesse nível em breve será essencial.

O que acontece quando a mudança é negligenciada?

Numerosas são as repercussões possíveis quando a mudança é improvisada e atamancada. São as mudanças desnecessárias e injustificadas. Embora eu já tenha dito que toda mudança é boa, a mudança imotivada pode ser danosa. Geralmente, esse tipo de mudança ocorre depois de um longo período de estagnação ou de mesmice, e caracteriza-se por um surto de atividades pirotécnicas irrelevantes e isoladas, como torneios esportivos, dia do aprendizado, e similares. Esses eventos díspares até podem funcionar – não estou dizendo que nunca precipitam alguma coisa, nem ajudam no curto prazo – mas a mudança duradoura ocorre quando se preenchem algumas condições, como visão de longo prazo, clara insatisfação com o presente e compreensão profunda dos verdadeiros problemas e limitações.

Vamos usar as *hackathons*, ou maratonas de programação, como exemplo. São eventos intensivos e concentrados, em estilo vácuo, nos quais diversas pessoas de várias áreas se reúnem para resolver problemas. Muitas marcas, como Honda, Tesco, General Electric e Salesforce já promoveram seus *hackathons* no passado e muitas ainda o farão no futuro. Embora esses eventos efetivamente produzam muitos benefícios, inclusive efeitos de relações públicas rápidos e fáceis, eles também apresentam desvantagens significativas:

- A inovação raramente resulta de saltos quânticos; ao contrário, é um processo iterativo. Certamente, sair do dia a dia pode abrir perspectivas para áreas até então não percebidas. No entanto, raramente isso é visto nos *hackathons*. Em vez disso, por causa das limitações de tempo, dos problemas do mundo real que são ignorados, e dos parâmetros de trabalho ajustados, iterações simples, em lugar de inovações, geralmente são o objetivo. Por isso é que poucas são as evidências de que os *hackathons* propiciam sucessos contínuos ou duradouros no mercado.

- O vácuo em que se criam essas ideias geralmente não passa de blá-blá-blá, por causa do conhecimento e da *expertise* contextual – não é falha de ninguém que esteja participando e contribuindo, mas é uma preocupação central, se a empresa promotora não tiver determinação para ir além do evento em si e fazer a mudança acontecer.

As ferramentas certas podem ajudar as pessoas a mudar (ou enxergar a mudança) com mais facilidade

Em vez de *hackathons*, e repito que também essas maratonas podem ser úteis, prefiro realizar vários *workshops* com os clientes para promover insights, mudanças e compreensão entre os vários departamentos e níveis.

SWOB

Similar à muito usada SWOT (*Strengths* [Forças], *Weaknesses* [Fraquezas], *Opportunities* [Oportunidades], *Threats* [Ameaças]), o *workshop* da análise SWOB substitui Threats (Ameaças) por Barriers (Barreiras), e chega ao âmago dos estilos pessoais dos indivíduos e das áreas em desenvolvimento. Além de propiciar que os participantes compreendam melhor a si próprios e os colegas, a análise SWOB capacita os indivíduos, com e sem a ajuda dos gerentes, a elaborar e a implementar planos e estruturas para promover o crescimento e encarar a mudança como um processo metódico, em vez de algo forçado e altaneiro.

Ambiente

Uma sala grande, o mínimo de distração sobre as mesas, muita água, Post-its e material de escritório. Na parede, quadro branco ou um projetor – talvez seja o caso de afixar pôsteres instigantes ou uma versão concisa dos passos abaixo. A sessão almeja foco e clareza; portanto, qualquer coisa que contribua para esse resultado é bem-vinda.

Tempo necessário: 1 a 2 horas
Tamanho máximo do grupo: 30

Facilitação

O líder deve ter capacidade acima da média de expor e falar em público. Alguém de fora é altamente recomendado, uma vez que essa tarefa pode ser desconfortável para os participantes.

Material necessário

Papel A4 e blocos de Post-it.
Canetas.
Espaço para reflexão, trabalho e interação (é importante separar essas áreas).

Breve descrição

1. Individualmente, todos os participantes listam suas forças, fraquezas, oportunidades e barreiras que poderiam interferir no processo de mudança, procurando explorar as forças e oportunidades e combater as fraquezas e barreiras. (Duração: 20 minutos)
   Dica: induza os participantes a escrever tanto quanto possível – use pistas para estimular reflexões profundas. Por exemplo: "Lembre-se de uma situação em que você acertou ou errou – o que contribuiu para o sucesso/fracasso?", "O que foi escrito em sua última avaliação de desempenho?", "O que diria alguém sobre o seu trabalho, depois de analisar seu último projeto?"

2. Com base na análise SWOB recém-concluída (algumas áreas estarão mais cheias do que outras), leve os participantes a pensar em três a cinco áreas que gostariam de desenvolver. Embora essa etapa possa ser conduzida em pequenas equipes, para estimular as ideias, geralmente é melhor que seja executada por cada pessoa isoladamente.
   Dica: novamente, a inclusão de pistas pode ser boa ideia. Reflita sobre o tema em questão – alguma mudança ou novo projeto. Peça aos participantes para refletir sobre o que querem alcançar com essa iniciativa. Peça e autorize honestidade brutal nas manifestações.

3. Agora, individualmente, peça aos participantes para avaliar suas áreas de desenvolvimento, usando as perguntas a seguir, no todo ou em parte.

   - Numa escala de 1 a 10 (1 = péssimo; 10 = ótimo), como você se avaliaria nesta área?
   - Numa escala de 1 a 10 (1 = estagnada, 10 = concluída), atribua a cada uma das suas áreas de desenvolvimento um escore para os próximos 30, 90 e 180 dias.
   - O que você poderia fazer – e de que precisaria – para acelerar seu próprio desenvolvimento?

- Como superarei as barreiras já identificadas para garantir que atingirei meus objetivos?

- Quais serão os meus primeiros passos práticos amanhã, na próxima semana e no mês seguinte?

- Como saberei que fui bem-sucedido ou que estou no caminho certo para chegar lá? O que verei? O que serei capaz de mostrar ou demonstrar?

4. Em grupos de três a cinco, os participantes se revezam na exposição uns aos outros de seus planos de desenvolvimento. Todos devem estar preparados para fazer perguntas entre si, que os impulsionem e questionem seus pensamentos. Lembre a todos os participantes de que este é um espaço livre e que tudo se destina a ajudar uns aos outros. Perguntas abertas que foquem no refinamento e na consolidação de ideias ou problemas são mais adequadas.

- Quais foram os fatores mais importantes a esse respeito?

- Como exatamente você acha que deve começar?

- O que o levou a essa conclusão?

- Quem mais se beneficia com isso?

- O que funcionou/fracassou no passado que seja semelhante a isso que você está sugerindo?

- Quais foram as suas experiências anteriores com algo semelhante?

- Como seria um objetivo mais ousado?

- Qual será o resultado provável se você não fizer isso?

5. Como grupo, os participantes também podem perguntar se há outras áreas a serem desenvolvidas – tudo bem, sem dúvida, se a resposta for negativa, mas faça questão de que todos saibam que deixar tudo na mesma raramente ajuda alguém a avançar.

6. Os participantes agora finalizam seus planos de desenvolvimento pedindo qualquer outra ajuda necessária ou fazendo anotações

referentes ao que deve ser feito imediatamente, na próxima semana, e assim sucessivamente.

7. Pergunte aos participantes como eles se sentiram em relação à tarefa, o que aprenderam, o que acham de seus objetivos, e se preveem algum problema nas próximas 48-72 horas.

Fita de Previsão

O exercício da Fita de Previsão é uma maneira visual de induzir os funcionários, ou quem quer que seja, a pensar sobre diferentes facetas de si mesmos – o consumidor, o empresário, a vida e o futuro. Ele se baseia na Curva de Difusão de Inovações proposta pelo professor Everett Rogers (2003), que explica como e por que diferentes ideias e tecnologias se difundem através das culturas. Difusão é o processo pelo qual uma inovação se transmite por meio de certos canais, com o passar do tempo, entre os participantes de um sistema social. Rogers sugeriu que quatro principais elementos influenciam a propagação de uma nova ideia: a inovação em si, os canais de comunicação, o tempo e o sistema social. As categorias de seguidores são: inovadores, adotantes iniciais, maioria inicial, maioria tardia e retardatários. A difusão se manifesta de maneiras diferentes, em várias culturas e campos, e é muito influenciada pelos tipos de adeptos e pelo processo inovação-decisão.

FIGURA 3.4: Difusão de Inovações

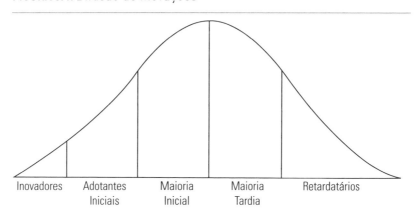

O exercício envolve alta energia, reflexões profundas e abertura, mas sua natureza divertida possibilita que esses atributos se manifestem naturalmente. Convém repetir esse exercício duas vezes por ano, para ver para onde as pessoas se movimentaram.

Ambiente

Reúna a equipe – distribua os participantes, em pé, diante de uma parede branca, e explique-lhes a teoria. Agora, como grupo, a equipe tem de desenhar a curva na parede, usando fita crepe grossa – todos pegam um pedaço para compor a curva (uma alternativa é já configurar a curva, antes da entrada do grupo, se o tempo for escasso). Depois de concluída a curva, recue, admire-a e prossiga com a tarefa, conforme a breve descrição abaixo.

Tempo necessário: 1 hora (ou menos, sem configuração da curva)
Tamanho máximo do grupo: 30

Facilitação

O líder precisa compreender plenamente a teoria, ser animado e envolver todos os participantes.

Material necessário

Fita crepe grossa – como alternativa, pode ser usado um projetor
Blocos de Post-it grandes
Parede ou janela grande
Canetas
Papel A4

Breve descrição

1. É importante explicar a todos os participantes que o exercício é mais de autorreflexão do que de comparação ou dinâmica de grupo. Rememore a teoria, reveja os tipos de adoção e

peça aos participantes para refletir sobre onde se veem e, mais importante, onde enxergam os clientes da empresa (seja tão específico quanto possível):

- *Inovadores.* São indivíduos propensos ao risco, geralmente de classe social elevada, que desfrutam de alta seguran-ça financeira, são sociáveis, cultivam relacionamentos com comunidades científicas, e buscam interações com outros inovadores. Em face da alta tolerância ao risco, adotam muitas tecnologias que podem não dar certo, mas a cujo impacto negativo são menos sensíveis, graças à segurança financeira e ao poderoso *networking*.

- *Adotantes iniciais.* Esses indivíduos têm o mais alto grau de lide-rança de opinião entre as categorias de adotantes. Com melhor *networking* do que os adotantes tardios, os adotantes pioneiros também têm mais status social e mais segurança financeira; além de serem mais discretos do que os inovadores ao aderirem a novas tecnologias. Os adotantes pioneiros escolhem judiciosamente as tecnologias que usarão para ajudá-los a manter e ampliar, ou solidificar ainda mais, a posição deles como eixos.

- *Maioria inicial.* A maioria inicial segue os inovadores e os primeiros adeptos, mas só depois de se convencerem de que a tecnologia é segura. A maioria inicial tem status social aci-ma da média, relaciona-se com os primeiros adeptos, mas raramente exercem posições de liderança de opinião, entre amigos ou colegas de trabalho.

- *Maioria tardia.* A maioria tardia adota as inovações ainda mais tarde, devido ao alto grau de ceticismo, mesmo depois de a grande maioria da sociedade estar usando a inovação. Geralmente, os indivíduos aqui incluídos são considerados de status social médio, para quem o dinheiro é fator impor-tante na maioria das decisões. Seus círculos sociais tendem a incluir pessoas muito semelhantes e dificilmente contêm líderes de opinião.

- *Retardatários.* São os últimos a correr atrás ou a usar uma inovação. Esse grupo exerce pouca ou nenhuma liderança de opinião, mas, frequentemente, apresenta alta aversão a pessoas que aderem ou se referem a mudanças. Os retardatários tipicamente são presos a "tradições" e a "valores tradicionais", e recorrem a amigos e à família em busca de conselhos.
- *Saltadores.* Ao se atualizarem, os resistentes geralmente saltam várias gerações, para alcançar as tecnologias mais recentes.

2. Depois de responder às perguntas dos participantes sobre essas categorias de seguidores, peça-lhes para refletir sobre onde se situam na curva, caso você venha a lhes pedir para se perguntarem:
"No trabalho, em que situações eu fui:
- inovador?
- adotante inicial?
- maioria inicial?
- maioria tardia?
- retardatário?"
Talvez seja o caso de fornecer-lhes uma versão A4 da curva, para que os participantes nela anotem suas ideias. A folha de papel também é uma ótima maneira de criar um registro para anotar comentários.

3. Depois de cinco minutos, forme pares com os participantes e peça a cada par para criar sua própria curva, com os Post-it grandes ou com o papel A4. Cada participante deve expor o que escreveu em cada sessão, mas não precisa seguir a mesma ordem das anotações. Depois de todos terem desenhado a curva, cada participante reflete sobre as diferenças e as semelhanças entre as curvas. Sugestão: fotografe cada participante em pé, ao lado da sua curva, e envie a foto para eles, três dias após a sessão e novamente depois de seis meses, para que funcione como lembrete e catalisador de insights.

Com base na experiência, as melhores perguntas para instigar reflexões profundas sobre as diferenças são:

- Que área mais o surpreendeu?
- Que área menos o surpreendeu?
- Quais são as diferenças entre você e ...?
- Sabendo o que sabe agora, como essa informação mudará sua maneira de pensar sobre... e ...?
- Como você acha que sendo um... impacta a maneira de encarar o seu trabalho?
- Tem você alguma ideia que talvez seja melhor por ser diferente? Como você poderia torná-la diferente?

Sugestão: Talvez você queira fazer uma enquete prévia com os altos executivos sobre onde eles acham que se situam os clientes atuais, ideais e futuros na curva e, então, comparar essa suposição dos altos executivos com a percepção dos participantes sobre a situação de cada segmento. Em seguida, como grupo, os participantes se movem para onde supõem seja a posição indicada pelos executivos e – depois de reveladas as verdadeiras respostas – refletem e discutem sobre os resultados como equipe. Agora, dê um passo adiante e realmente faça um *brainstorm* acerca das tecnologias e produtos inovadores que mais os ajudariam a avançar.

4. Finalmente, depois de cada um ter analisado a própria curva, todos os participantes se reúnem diante delas e compartilham alguns insights – o facilitador e os participantes. (Nota: Os participantes às vezes acham mais fácil serem chamados em situações de grupo para terem a certeza de que você anotou quem teve ideias interessantes.)

Brainstorm *sobre novos produtos*

Mash-up é um método colaborativo de geração de ideias, em que os participantes propõem conceitos inovadores, conjugando diferentes elementos. Num primeiro passo, os participantes fazem *brainstorm* em torno de diferentes áreas, como tecnologias, necessidades humanas e serviços atuais. Num segundo passo, eles rapidamente combinam elementos de diferentes áreas para criar novos conceitos divertidos e inovadores. Os *mash-ups* demonstram como pode ser rápido e fácil propor ideias inovadoras.

Ambiente

Uma sala grande com paredes limpas. A sessão consiste em unir pontos, ver conexões, e pensar diferentemente – quanto mais criativo e agitado for o espaço, melhor; deve ser um exercício de alta energia.

Tempo necessário: 1 a 2 horas

Tamanho máximo do grupo: 20

Facilitação

Devido ao nível de atividade necessário, o líder deve estar preparado para estimular as pessoas; imergir e emergir em várias áreas; e ser capaz de dar partida em grupos. Alguém de fora é altamente recomendado, uma vez que o exercício é mais eficaz quando se envolvem todos os níveis.

Material necessário

Espaço na parede – muito!

Papel A4 ou blocos de Post-it – muitos, de várias cores, tamanhos e formas – quanto mais, melhor.

Canetas

Adesivos (três a cinco vezes o número de participantes).

Breve descrição

1. Configure a sessão, defina objetivos e parta para a ação. Geralmente referida como enxurrada de Post-its, a primeira

parte da tarefa é completar um exercício grupal de *brainstorm* tiroteio. Peça ao grupo para fazer *brainstorm* em torno de três áreas; geralmente é melhor conduzir o processo de maneira sistemática, embora não seja indispensável. Por enquanto, é importante manter segregadas todas as ideias de cada área, sem prejudicar o nível de diversão, animação e rapidez (tocar música acelerada ajuda). Se o grupo for grande, talvez seja o caso de incumbir alguém de afixar as coisas na parede, mas é importante garantir que tudo seja captado e que nenhuma ideia seja esquecida. As três áreas do *brainstorm* são:

- *Tecnologia.* Instrua o grupo a alvejar todos os tipos de tecnologia imagináveis – leve-os a pensar no que usam durante o dia, quando estão fora do escritório, e em outros cenários.

- *Necessidades.* Especificamente, necessidades comuns como sono saudável, segurança, relacionamentos – algumas podem parecer básicas, mas todas são válidas.

   Dica: talvez convenha manter uma cópia da Hierarquia das Necessidades, de Maslow.

- *Serviços.* Podem ser aplicativos (p. ex., MyFitnessPal), plataformas (p. ex., Facebook), ou jogos, ferramentas de manipulação de fotos – tudo o que já existe.

2. Depois de encher toda a parede, elimine as cópias e faça todos os esclarecimentos necessários. Em seguida (não perca muito tempo, mantenha o ritmo!), ao acaso ou conforme planejado, organize os participantes em grupos de cinco ou menos. Explique-lhes que os próximos 15 minutos serão usados para a proposta de tantos conceitos quanto possíveis. Conceito é uma ideia que combina dois elementos ou um de cada área já objeto do *brainstorm*. Não tire nada da parede, mas peça aos grupos para se levantar e criar novas ideias, mesclando elementos. Diga às equipes para dar um nome a cada ideia e descrevê-la em termos simples (duas ou três áreas) numa única folha de papel A4, uma ideia em cada folha. Tenha a certeza de manter o ritmo acelerado.

3. Após 15 minutos de atividade efervescente, é hora de os grupos apresentarem novos conceitos. Cada conceito é afixado numa parede limpa, para que as pessoas vejam os trabalhos que foram criados por todo o grupo. Mantenha a celeridade do processo e garanta que as pessoas continuem animadas e imparciais. Nesse processo, todas as ideias são boas ideias, sejam elas sérias ou divertidas – tudo é válido e tudo é considerado.

4. Finalmente, entregue de três a cinco estrelas a cada participante, para premiar suas ideias favoritas. Os participantes podem optar por apoiar uma ideia com cinco estrelas ou cinco ideias com uma estrela, ou qualquer outra combinação – os participantes podem votar em sua própria ideia.

5. Agora, você tem duas opções: termina a sessão e vai embora, depois de ter criado uma nova ideia a ser avaliada em estágio posterior ou por um grupo diferente, ou se debruça e – ainda como grupo – passa de 20 a 30 minutos elaborando a ideia em proposta viável. Para isso, é necessário discutir a ideia, analisar o raciocínio básico, os recursos necessários, os modelos de negócios e como ela efetivamente funcionaria. Às vezes, o processo pega fogo, na medida em que surgem conflitos, mas é importante captar tudo e realimentar o grupo com o que será feito em seguida (a proposta será levada ao Conselho de Administração, ou submetida a um grupo de avaliação externo, ou o que mais?)

6. Decida você terminar a sessão ou ir adiante, não deixe de colher o depoimento dos participantes, lembrando-os dos motivos da sessão, o que já foi feito e o que acontecerá em seguida. Talvez também seja o caso de fazer algumas perguntas aos participantes ou pedir-lhes para preencher um breve questionário de feedback:
   - O que foi fácil? O que foi difícil?
   - O que você aprendeu sobre você?

- O que você aprendeu sobre a equipe?

- Escolha uma pessoa e diga-nos no que ela se destacou durante a sessão que mereça ser mencionado.

Nota: Esse tipo de workshop também pode ser aplicado a fontes de dados abertas, sócios ou questões complexas – cada uma dessas áreas pode agregar novas dimensões ao exercício, mas também propiciar novas discussões ou refinamento de ideias já propostas.

Conclusão: a inovação precisa de um *framework* flexível

Espero que o preâmbulo e os workshops tenham salientado a necessidade de adotar uma abordagem flexível aos prognósticos, previsões e decisões sobre mudanças. Além disso, ambos enfatizam os principais pilares a serem considerados para tomar boas decisões: tecnologia, comportamento e dados. Esses fatores são importantes para atender às necessidades (não aos desejos) associados aos produtos e às empresas de amanhã; as empresas que não só sobreviverão, mas acima de tudo florescerão, por força das mudanças em curso no mundo.

Por isso é que o *framework* TCD foi concebida, veio à luz, e prospera célere em seu atual formato. Os próximos capítulos consideram o *framework* TCD com mais detalhes, para capacitá-lo a:

- aumentar sua prontidão para lidar com o inesperado;
- aprimorar sua capacidade de avaliação de tecnologias disruptivas;
- manter-se calmo em face de mudanças, por contar com um sistema confiável;
- tomar decisões ponderadas, com base em ferramentas replicáveis.

CAPÍTULO 4

—

O *FRAMEWORK* TCD: UMA INTRODUÇÃO

NESTE CAPÍTULO, VEREMOS A VERSÃO mais simples do *framework* TCD, por que é útil, o que oferece às empresas, como surgiu e de que maneira aplicá-la ao seu negócio ou departamento. É importante compreender o porquê por trás de muitas coisas, mas, principalmente, no caso de qualquer modelo, estrutura ou *framework* que se queira adotar, para saber as razões de cada fator e processo e para ter a certeza de que é adequado às suas necessidades. Os capítulos subsequentes fornecerão em maiores detalhes sobre a versão avançada do TCD e sobre como talvez ela venha a ser no futuro.

O futuro precisa ser ágil

A necessidade de ser ágil quando vivemos em tempos cada vez mais instáveis e incertos não é difícil de vender à maioria das empresas. Uma olhada rápida em qualquer mídia de notícias mostra que muitos são os problemas a serem enfrentados pela maioria dos negócios, além da simples concorrência (regulação, mudanças na legislação, instabilidade política). As organizações e os indivíduos precisam ser flexíveis para se tornarem menos suscetíveis a serem nocauteados. Agilidade significa movimentar com rapidez e facilidade, mas também ser resiliente aos ataques – uma ou duas pancadas não devem bastar para derrubá-lo. Além da simples proteção da integridade e da redução do risco, a agilidade difunde na organização uma mentalidade diferente e propicia diferentes maneiras de pensar e de conceber ideias inovadoras e vibrantes.

Os mercados financeiros estão em fluxo e a percepção generalizada de insegurança impregnou toda a sociedade, em razão do terrorismo, dos vazamentos de dados, dos problemas de privacidade, dos efeitos da internet e da perda de confiança na maioria dos governos. A tecnologia também contribui para esse mal-estar, sejam os veículos autônomos; os robôs que "querem" tirar o seu emprego; a medicina que se instala em seu interior, via medicamentos, próteses ou sensores; ou os vírus de computador que ameaçam deflagrar um conflito nuclear. É fácil concluir que as coisas estão avançando na direção errada, em parte por força da propagação de informações exatas sobre o que está acontecendo, mas também por causa da proliferação de notícias falsas ou distorcidas.

Por isso é que a tecnologia disruptiva é tão interessante e pode ser tão espetacular quando surge quase que de lugar nenhum. Ao irromper, a tecnologia disruptiva desencadeia ondas de choque que se alastram como avalanche, e frequentemente não há como prever o que mais será desestruturado, além do óbvio. Para alguns, é empolgante; para outros, é desconcertante.

O *mindset* certo é a chave

Como vimos nos capítulos anteriores, as tecnologias disruptivas são, pela própria natureza, altamente imprevisíveis. Empresas e tecnologias disruptivas geralmente são imperceptíveis até bater à sua porta, apesar da conscientização frequente quanto à necessidade e à importância de detectá-las o mais cedo possível. Em essência, os líderes devem ignorar os profetas do apocalipse e avançar rumo a um futuro mais brilhante.

A diferença entre as empresas que fazem grandes coisas e as que apenas seguem o roteiro reside na mentalidade. É o que John Gardner (1990), famoso especialista em liderança, denomina *toughminded optimism*, ou otimismo realista:

> Posso dizer-lhe que para a renovação [organizacional] o otimismo realista é melhor. O futuro não é moldado por pessoas

que realmente não acreditam no futuro. Homens e mulheres com vitalidade sempre estão dispostos a apostar o futuro, até a própria vida, em empreendimentos de resultados incertos. Se todos sempre olhassem antes de saltar, ainda estaríamos agachados em cavernas, rabiscando figuras de animais nas paredes.

Cito Gardner a toda hora, quando trabalho com clientes grandes e pequenos. Atuando com empresas grandes e pequenas, não importa, as mais exitosas têm sido as que compreendem as ideias e os sentimentos em torno dessa citação e optaram por avançar, mesmo contra a burocracia e as barreiras organizacionais. O desenvolvimento de mentalidade robusta é uma combinação de originalidade e resiliência em face de grandes mudanças, mas também de convicção profunda no atributo definitivo necessário para a sobrevivência. O *framework* TCD almeja ajudar um pouco em relação aos três fatores.

Como cultivar o otimismo

Quatro são as questões a serem respondidas com clareza para desenvolver o otimismo. Fazer-se a si mesmo essas perguntas o capacitarão a tornar-se mais positivo em relação ao futuro e a focar seus esforços de modo a ser "realista", quando a situação fica difícil ou surgem adversidades.

1. **Você tem uma missão para o negócio que o capacite a promover uma ideia inédita e a convencer outras pessoas a acreditar na sua proposta?**
   Quais são as ideias, os ideais e as crenças pelas quais a sua empresa quer ficar conhecida? Como demonstrar essa posição por meio de seus produtos, marketing, relações com os funcionários e atividades empresariais? Simon Sinek é famoso nos círculos de negócios por seu livro *Start with Why* (2011) [ed. bras. *Comece pelo porquê*, tradução Paulo Geyer, Sextante, 2018]. No livro (e numa famosa TED Talk: http://bit.ly/DTsinek), Sinek analisa a diferença entre a Microsoft e a Apple, na hora do "porquê" por trás das marcas e de como elas vendem – uma (Microsoft) vende com uma perspectiva de funcionalidade clara, enquanto

a outra (Apple) vende de um ponto de vista mais filosófico, oferecendo uma "maneira de ser" *versus* atributos funcionais. Em essência, você deve concordar com a filosofia deles para comprar um produto. É uma teoria robusta, à qual muitas marcas não prestam a devida atenção, em todos os estágios do planejamento empresarial.

2. **Você se preocupa mais do que os outros? Até que ponto você é diferente dos colegas?**
   A pergunta anterior é sobre suas ideias, ao passo que esta pergunta é sobre seus sentimentos em relação a colegas de trabalho, clientes e fornecedores, e à maneira de fazer negócios da sua organização. Um bom exercício é desenhar uma planilha de resultados, com perguntas no topo, relacionadas com esses temas, e, então, ranquear-se numa escala até 10. Repita a tarefa a cada três ou seis meses, e você identificará seus pontos fracos.

3. **Você é tão coerente quanto criativo?**
   Esta pergunta o direciona para suas decisões anteriores. Às vezes, as pessoas mudam muito e oscilam entre diferentes escolhas. Embora esse comportamento possa ser positivo e contribuir para o progresso, muitas mudanças sucessivas, principalmente em pouco tempo, podem ser fonte de incerteza entre os funcionários. Nos bons e maus tempos, ter prioridades consistentes e transmiti-las a todos é fundamental não só para ser um otimista realista, mas também para difundir essa mentalidade.

4. **Como a história da empresa contribui para o seu futuro?**
   Os bons líderes não ignoram o passado. Em vez disso, compreendem como a empresa chegou aonde está e reiteram em novas iniciativas o que aconteceu antes. Isso não significa ignorar novos avanços para preservar o velho estilo, mas sim avaliar cada situação e progredir, sem rejeitar o passado.

Refletir sobre essas perguntas (nunca há respostas exatas) o capacitará a revigorar seu próprio otimismo realista sobre o futuro.

Sem esse otimismo, você, os colegas e a organização jamais serão capazes de conceber na plenitude o futuro brilhante e luminoso que é possível.

A previsão ainda é nebulosa, rápida e mutável

Qualquer consultoria de tendências ou prognósticos lhe dirá que perscrutar o futuro é difícil. Essas organizações passam todo o tempo analisando indicadores, vasculhando conjuntos de dados e conversando com especialistas sobre possíveis cenários, mas, como vimos no Capítulo 1, elas não são entidades especiais, dotadas de superpoderes, onde só trabalham gênios – elas têm algoritmos e metodologias dinâmicas, em constante atualização, para diferentes situações.

É exatamente assim que funciona o TCD; uma estrutura flexível que o capacita a formular um plano prático, para o manejo de tecnologias disruptivas e emergentes, por meio de ferramentas, metodologias e ênfases adequadas.

As origens do TCD

O TCD surgiu quando eu tinha uns 20 e poucos anos, numa "festa" em Los Angeles. Foi aquela coisa de sempre – uma festa que não era bem uma festa, porque foi no fim de um dia de trabalho, e ninguém fica muito à vontade nesses ambientes (imagine uma reunião com álcool, cheia de acenos e trejeitos; e não precisa dizer mais nada). Em busca de uma sombra, para fugir do sol, caminhei até um canto da casa, debruçado sobre a cidade, e fiquei pensando como tudo aquilo funciona, enquanto carros, aviões e o mundo prosseguem no frenesi de sempre. "Panorama magnífico, não?", disse uma voz à minha esquerda. "E como!!", respondi, "Daqui de cima, é mais fácil ver como tudo se encaixa."

O homem – de uns 30 e tantos anos – era um agente da William Morris Endeavor, agência de talentos, que estava "expandindo seu *network*". Conversamos por cerca de cinco minutos, às vezes com mais entusiasmo, sobre a maneira como Hollywood estava mudando e o que provocava tanta transformação. A tecnologia era o principal fator. Lembro-me de dizer-lhe: "O problema é que você tem um público receptivo, em busca de coisas mais rápidas, mais baratas e mais prazerosas. O cinema, cada vez mais, não está correspondendo às expectativas dos consumidores em relação a tudo isso. É óbvio que, em breve, os filmes serão lançados simultaneamente, tornando-se imediatamente disponíveis em todos os canais, porque as poucas salas de projeção públicas e as muitas telas individuais, de computadores, tablets, smartphones e outros dispositivos móveis não deixarão alternativa. O agente, obviamente, reagiu em tom de brincadeira, argumentando que o poder ainda é dos estúdios, no que tinha razão, até certo ponto, mas ele sabia que os números não fechavam – ou seja, um filme jamais conseguiria recuperar o investimento se não "atacasse" em três frentes, nas palavras dele – receita de bilheteria, vendas para entretenimento doméstico e distribuição de cauda longa.

Hoje, sabemos mais. Os estúdios de cinema reduzem o risco e ganham dinheiro de várias fontes, o que facilita o retorno do investimento, apesar da redução do público nos cinemas físicos, em várias áreas importantes. Embora a fórmula continue a mudar, ninguém pode negar que os congêneres de Netflix, iTunes, Apple TV e Amazon estão desestruturando o negócio de filmes e conteúdo. Sean Parker, cofundador do Napster, serviço de compartilhamento de música, acredita que o dia em que os filmes estarão acessíveis em *streaming* no mesmo dia em que forem para as salas de projeção públicas estão mais perto do que os estúdios querem admitir. Pessoalmente, não concordo – certamente não pelos US$ 50 que Parker está propondo. As pessoas odeiam pagar e detestam o "estresse" tão comum nas salas de projeção públicas.

De volta à festa, e com o meu colega ainda em lugar nenhum para ser visto, o sol descambava no horizonte, enquanto muita gente já estava de saída, trocando olhares, na esperança de prolongarem a noite. O agente e eu ainda estávamos meio que discutindo sobre a ascensão e o poder da tecnologia para transformar negócio "sagrado" dele, do lançamento de estrelas à distribuição ilegal de conteúdo. Vez por outra, misturavam-se pessoas e tecnologia, mas, daquela vez, a conversa se voltou para números – o agente ainda não tinha percebido as cifras referentes a ocorrências como pirataria, armazenamento de dados e taxas de transferência de dados. Basicamente, a confiança dele nos velhos métodos e os antolhos do poder o haviam cegado para novas maneiras potenciais e, mais importante, para novos fluxos de receita. A tarde estava fechando as cortinas, e me lembro de ter dito, um tanto incisivo: "Olha, tudo se resume em três coisas: [as pessoas] poderão fazer o que você está pedindo, elas farão o que você está pedindo, bastarão as que puderem fazer, e de fato fizerem, o que você está pedindo?"

Escrevi as palavras "poderão", "farão", "bastarão" num guardanapo que já tinha outras anotações, mas me lembro de grifar as palavras tecnologia, comportamento e dados. E assim nasceu o TCD. Na verdade, vamos dizer que ele foi fertilizado, uma vez que foi desdobrado ao longo dos anos em duas versões: o simples e o avançado.

A versão simples é a do guardanapo, convertida num processo que será descrito em mais detalhes a seguir. Essencialmente, trata-se de um atalho para a compreensão da necessidade de mais pesquisa e de mais ideias sobre a "mudança". A versão avançada é mais robusta e mais demorada, mas fornece aos usuários um plano de negócios, não apenas uma resposta ou curso de ação para um problema imediato. Ambas as versões foram concebidas para serem usadas separadamente ou em conjunto.

Por que duas versões?

Trabalhando em casa no MySpace para grandes agências e para empresas butique, sei que uma coisa une todas essas organizações: o tempo é curto. Mesmo com toda a boa vontade do mundo, o tempo é um recurso finito e está sujeito a inúmeras demandas. Geralmente, "bastante bom" é suficiente, mas, às vezes, é preciso demarcar e focar: o TCD o capacita para essa tarefa. A versão curta é um atalho para o dia a dia, que facilita o exame superficial de problemas incipientes, de mudanças drásticas em plataformas existentes, de atributos inovadores em plataformas emergentes, com rapidez; enquanto a versão longa reforça a análise profunda das perspectivas de uma empresa ou marca. Ambas as abordagens têm limitações, mas, do mesmo modo, ambas oferecem benefícios significativos quando usadas adequadamente.

A versão curta ou simples do TCD é, por natureza, reducionista. Em outras palavras, o resultado é alcançado por meio da coleta cuidadosa de informações, para delinear um bom curso de ação. John Maeda, ex chefe do MIT e agora analista da KPCB, sempre foi fascinante para mim; dedicou a vida ao design e à maneira como afeta os indivíduos, e agora, especificamente, o mundo dos negócios. Assisti a várias palestras de Maeda, e, com base nessas muitas experiências, sei que sempre se aprende alguma coisa valiosa com o estilo de trabalho dele. Em seu livro *The Laws of Simplicity* (2006) [ed. bras. *As Leis da Simplicidade: vida, negócios, tecnologia, design*, tradução Fernando Lopes Dantas, Novas Ideias, 2014], Maeda propõe dez leis independentes que ajudam a tornar tudo mais simples. Apliquei essas leis ao refinar o TCD original no que é hoje.

1. Reduza – a maneira mais simples de alcançar a simplicidade é pela redução equilibrada.

2. Organize – a organização faz um sistema complexo parecer mais simples.

3. Tempo – economias de tempo transmitem simplicidade.

4. Aprenda – o conhecimento torna tudo mais simples.

5. Diferenças – simplicidade e complexidade precisam uma da outra.

6. Contexto – o que se situa na periferia da simplicidade definitivamente não é periférico.

7. Emoção – mais emoções são melhores do que menos emoções.

8. Confiança – na simplicidade, confiamos.

9. Fracasso – algumas coisas jamais podem ser feitas de forma simples.

10. Singularidade – simplicidade consiste em subtrair o óbvio e adicionar o significativo.

Essas leis podem ser usadas à parte do processo TCD, no processo de criação estratégica como um todo. "O diabo está nos detalhes" não é só uma citação que muitos subscrevem quando se trata de tecnologias disruptivas. Em vez disso, geralmente se prefere a abordagem "não seja impiedoso no planejamento; seja impiedoso na execução", e isso é geralmente o que se escuta quando se pergunta a executivos por que eles são mencionados como exemplos de sucesso em fontes como *Fast Company, Entrepreneur, Forbes, Fortune* e *Harvard Business Review*. O velho pensamento de George S. Patton parece ser verdadeiro: "Um bom plano executado com violência, agora, é melhor do que um plano perfeito executado na próxima semana".

De início, o TCD era simplesmente uma lista de perguntas a serem feitas para explorar uma ideia com mais profundidade. No entanto, ele evoluiu à medida que eu o aplicava e mais pessoas o viam em ação.

O TCD "simples" está configurado para fazer o quê?

A Introdução e o Capítulo 1 nos ensinaram que as coisas estão acelerando e que os tipos (e os ritmos) da mudança tecnológica estão mudando mais rapidamente do que nunca. Muitas vezes as pessoas se sentem perdidas e sofrem de paralisia analítica, como que mortas por Powerpoint e blindadas pela burocracia. O TCD "simples" foi constituído para detectar e combater essas afecções, respondendo a uma pergunta simples: "Devemos pesquisar mais sobre...?"

Antes de passar para a aplicação da versão simples do TCD, é importante fazer algumas ressalvas:

1. Perguntar e responder é importante, mas pode desorientar. O TCD depende de formular e esclarecer ampla variedade de dúvidas a fim de avançar com uma posição clara; mas fazer

indagações do tipo "Devo escolher A ou B?" pode ser um dilema falso. A pergunta implica que A e B são mutuamente exclusivos (isto é, você provavelmente não pode ter as duas opções). Embora a simplicidade seja o foco e a chave do TCD, as opções daí decorrentes são essencialmente binárias, e, como todos sabemos, os negócios nem sempre são assim tão simples. Ao usar o TCD "simples", você pode perder opções; por isso é que a estrutura do TCD completo foi desenvolvida. Em outras palavras, simplesmente perguntar e responder é basicamente o método errado, e talvez não seja totalmente útil em todos os cenários e setores; todavia, em muitos casos, pode ajudar a esclarecer alguns bons passos seguintes.

2. O TCD "simples" não leva em conta como a empresa aplica ou considera a mudança. Esse aspecto é muito importante, se você estiver promovendo novas ideias. Achar que deve fazer alguma coisa não significa ser capaz de fazê-la, nem vir a fazê-la. A compreensão disso é fundamental para tornar o TCD realmente eficaz no nível empresarial, não só para tomar decisões de baixo nível.

3. O TCD "simples" assume que os recursos são finitos. Seu objetivo é dar respostas rápidas para problemas geralmente complexos, mas nem sempre. Novamente, os negócios não são sempre assim, mas a bem-sucedida mentalidade *fail fast* (fracasse rápido), do Facebook, Apple e start-ups, é evidência do mundo em que estamos vivendo e avançando. O TCD assume que, se surgem cinco tarefas, todas importantes, a empresa deve e pode executá-las, e as executará. Isso é irrealista, mas o TCD continua sendo uma maneira de minimizar os riscos, desde o início, e ajudar empresas e indivíduos a focar nas condições presentes. Essa questão é abordada na versão avançada, usando uma metodologia de ranqueamento e priorização.

Mesmo com essas ressalvas, até o TCD simples pode ser incrivelmente útil para a priorização, para decisões de pesquisa adicionais, para alocação de recursos e para vitórias rápidas. Todas as empresas estão em busca de estruturas, fórmulas e metodologias a serem usadas para agilizar e otimizar suas estratégias, de modo a economizar dinheiro ou tempo. Como na maioria das situações, em negócios e na vida, o que você faz nem sempre é o que lhe oferece mais valor; pode ser o valor que lhe é oferecido pelo que você faz.

Framework do TCD "simples"

Passo 1: Crie sua própria Matriz de Decisão

Com base no desenho da Matriz de Risco, a primeira parte do *framework* do TCD "simples" é criar uma matriz de resultados ou uma "Matriz de Decisão". Em outras palavras, trata-se de uma lista do que você fará se e quando surgir ou mudar, de alguma maneira, uma ideia, tecnologia, novo produto, atributo ou plataforma. Esses resultados podem ser e serão diferentes para empresas e indústrias, nos mesmos setores, mas o ponto é torná-los exclusivos para a empresa em questão. A Matriz de Decisão é uma maneira de pré-atribuir resultados a números específicos, para que, ao finalizar o escore TCD, seja possível voltar à matriz e ver quais serão os próximos passos. A chave é torná-los tão específicos e acionáveis quanto possível. Não se admitem respostas vagas ou dúbias em nenhuma Matriz de Decisão.

Adotou-se a escala de 0 a 10 porque 10 é fácil de compreender e de comparar, por ser usado com muita frequência em avaliações – alguns clientes preferem usar 0 a 100, mas 0 a 10 tende a ser preferível. Zero nem sempre significa "inação" ou "omissão", mas é, geralmente, a pontuação que se atribui ao mínimo de atividade, importância ou instruções. Comece com uma folha de papel em branco e anote qual seria a decisão se algo recebesse o total de 30 pontos, em escalas de 0 a 10 para cada uma das três perguntas TCD descritas no Passo 3 – em outras palavras, não poderia ser um encaixe mais perfeito para a empresa, com base em suas atuais metas e objetivos. Feito isso, anote-o no alto da folha de papel.

Alguns exemplos de decisões de melhores práticas de clientes são os seguintes:

- Em 24 horas, escreva uma recomendação de 200 palavras a ser aprovada pela equipe (aprovação majoritária significa concessão de verba de $... e plano de teste específico a ser elaborado e executado em 48 horas).
- Em 24 horas, a equipe sênior se reunirá e discutirá a questão. Ao fim da reunião, o grupo votará as três opções do próximo curso de ação: prosseguir e financiar o caso de teste, aprovar mais pesquisas ou rejeitar mais ações, no momento, mas rever a questão em 3/6/12 meses.
- Se o custo do teste for inferior a $..., o [GERENTE] está autorizado a prosseguir com o teste. Caso seja necessário verba superior, o [GERENTE] pedirá aprovação da equipe sênior, mediante nova votação, em 24 horas, depois da apresentação de um caso por e-mail.

O que você faria com um escore zero? Pode não ser nada, mas pode ser a decisão de "esperar e rever em seis meses". Qualquer que seja a escolha, agora você tem o melhor cenário e o pior cenário. Você tem os resultados desejados para o melhor caso e o pior caso. O passo seguinte é começar a preencher os pontos no meio da Matriz de Decisão. Esse passo é fundamental, uma vez que a experiência e a lei das médias sugerem que muitas tecnologias ficarão no meio da Matriz. Passe algum tempo realmente examinando o que você fará no caso de um escore 15 ou 17 – onde você traçará a linha de uma decisão para a outra? Pense nos benefícios para a empresa e em quais seriam os riscos de não fazer nada – essa e outras questões podem ajudar a movimentar as coisas para baixo e para cima.

Agora pense em quando você distinguiria, à parte, o melhor cenário (isto é, 30) que você acabou de anotar. Para algumas pessoas, seria 29; para outras, mais perto de 25. O número em si não importa, mas ter tempo e espaço para compreender a diferença entre 25 e 30 é fundamental para tomar decisões envolvendo milhares de dólares para a empresa. Esse processo cria "faixas" ou áreas em que se tomarão decisões específicas que o capacitarão a determinar com mais rapidez o curso de ação referente a uma tecnologia, atributo ou atualização.

O último passo é preencher outros pontos na Matriz de Decisão. O que acontece em 5, 10, 15 e outros escores? Algumas empresas tomarão uma decisão para cada número, o que não é recomendado, enquanto outras se prendem a três (sistema de semáforo) ou quatro decisões. As empresas que usam melhor o TCD criam algumas faixas de decisões (ou seja, 10-15), com ações específicas simples para as faixas mais baixas e instruções complexas para as faixas mais altas, em vez de muitas decisões complexas para cada número ou muitos números. Ter menos faixas mais específicas lhe permite avançar com mais rapidez e ser mais eficiente, e, geralmente, gera menos mal-entendidos, uma vez que frequentemente se chega ao melhor resultado, mesmo que se questionem os escores T, C ou D.

A Matriz de Decisão se baseia numa típica Matriz de Risco, que é usada para definir a resposta quando acontece algo ruim (ou para evitar estratégias mais arriscadas).

QUADRO 4.1: Matriz de Risco

Probabilidade	Levemente Danoso	Danoso	Altamente Danoso
Provável	Risco Médio	Risco Alto	Risco Extremo
Improvável	Risco Baixo	Risco Médio	Risco Alto
Altamente Improvável	Risco Insignificante	Risco Baixo	Risco Médio

Consequências →

FIGURA 4.2: Matriz de Decisão

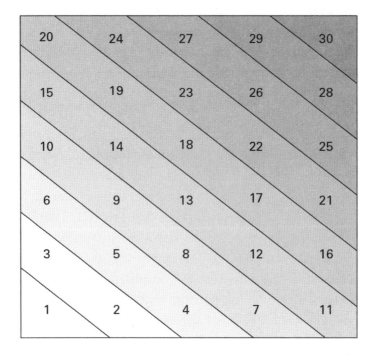

A Matriz de Decisão é ligeiramente diferente, por não lhe atribuirmos probabilidade de ocorrência, nem gravidade da disrupção – é simplesmente um escore para determinar um curso de ação.

> **DICA**
>
> As melhores Matrizes de Decisão não são criadas no vácuo. Reúna uma equipe – quanto mais níveis envolver, melhor será – e converse abertamente sobre os melhores casos, sobre os casos prováveis e como a empresa lidou com situações semelhantes no passado. Seja aberto e honesto sobre orçamentos, requisitos de tempo, e chegue a um acordo quanto às palavras, aos prazos e às ações propostas. Isso contribuirá para vários resultados, como *compliance* e compreensão, para estimular a colaboração no futuro.

Passo 2: Decida sobre perguntas a serem respondidas

Essa etapa pode ser desafiadora, pois as empresas não estão seguras a respeito de tecnologias disruptivas e mudanças rápidas, já que suas estruturas são inflexíveis e a mudança requer muita energia. No entanto, quando o processo é conduzido de maneira correta e prática, a formulação dessas perguntas geralmente pode ser feita com rapidez e eficiência, seja afastando novas investigações, seja iniciando um bom curso de ação. Naturalmente, as perguntas variam e as palavras mudam de empresa para empresa, mas, basicamente, o que se está buscando é responder à seguinte indagação: "O que devemos fazer em relação a...?"

Em geral, as perguntas serão mais ou menos do seguinte tipo:

- O que vamos fazer sobre _____?
- Deveríamos começar usando _____?
- O novo atributo do _____, _____, vai nos ajudar a ganhar mais dinheiro?
- O novo atributo do _____, _____, vai nos ajudar a economizar tempo?

É importante lembrar que o TCD simples não é uma análise custo-benefício, nem algo semelhante, mas uma maneira rápida de decidir o que fazer em seguida. Basicamente, o TCD é um indutor; é preciso avançar agora, para não recuar no tempo amanhã.

Passo 3: Use o TCD para obter o escore TCD

Agora é necessário fazer alguns julgamentos sobre os fatores do TCD (Tecnologia, Comportamento e Dados), para determinar um escore que se relacione com a Matriz de Decisão.

1) Tecnologia (o fator "Eles [os usuários] poderão?")

A pergunta a ser feita é: Com base nas evidências à minha frente, os usuários finais poderão fazer o que quero que façam?

Essa é, frequentemente, a pergunta mais importante, que enquadra, de maneira ampla, a questão. As pessoas podem ser induzidas a fazer alguma coisa (comportamento), com certas características quantitativas (dados), mas, antes de tudo, é preciso saber o que a coisa faz e como funciona; em suma, tanto quanto for possível. Os clientes que usam esse método, na média, passam cerca de 20 a 30 minutos nessa etapa, mas podem gastar até uma hora ou mais se a questão parecer importante ou se as informações forem escassas.

Depois de completar a pesquisa, passe algum tempo refletindo sobre o que descobriu – analise o material, destaque os pontos positivos e negativos, mas forme uma opinião sobre as descobertas; talvez você conclua que precisa de mais tempo para prosseguir na pesquisa, até ficar satisfeito. Às vezes, quando se trata de tecnologia disruptiva, muito pouco estará disponível, mas conscientizar-se dessa dificuldade desde o início geralmente ajuda a criar cenários específicos no Passo 1.

FIGURA 4.3: Eles (os usuários) poderão?

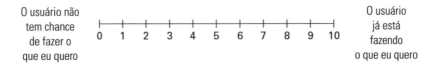

Um escore zero significa que o usuário não será capaz de fazer o que estou pedindo – por exemplo, se você quiser que as pessoas postem vídeos e o site só permite que se postem blogs, para compartilhar receita, o escore seria zero. Se, porém, o site de blog de fato permitir a postagem de vídeos, o escore cinco ou superior parece justo, porque, embora seja possível postar vídeos, essa não é a função básica do site. Seja impiedoso com os escores – refira-se a eles com frequência, questione-se sobre as premissas, e analise as pesquisas realizadas.

DICA

Crie uma conta no Evernote desde o início. O Evernote é um site de anotações e recortes on-line que o capacita a salvar webpages inteiras e depois a fazer buscas nelas. Também lhe permite enviá-las por e-mail – é como seu repositório de conhecimento pessoal e privado, a ser acessado de qualquer lugar pela internet (e off-line, se essa for a sua opção). Recortando e salvando as boas informações, sempre que as encontrar, será fácil localizá-las, atualizá-las e criar notas relevantes para futuras referências. Por exemplo, talvez você queira fazer uma nota sobre impressão 3D e outra nota sobre moda produzida por impressão 3D, ou combinar as duas. As notas podem ser compartilhadas e cocriadas se houver várias pessoas pesquisando um tópico simultaneamente.

Sites que ajudam na pesquisa sobre tecnologia:

Motores de busca acadêmicos. A Wikipedia (em inglês) mantém uma lista atualizada de periódicos importantes que ajudam a encontrar detalhes e aspectos ignorados por muitas outras publicações. (https://en.wikipedia.org/wiki/List_of_academic_databases_and_search_engines)

EpicBeat. Criado por Epictions, esse site fornece análise profunda sobre conteúdo que já foi publicado, e só na web. Com essa ferramenta, é fácil encontrar influenciadores e especialistas em diferentes setores, assim como links para os artigos mais lidos e mais compartilhados sobre tópicos específicos, usando recursos de busca booleanos (isto é, "e", "–", "ou"). A ferramenta oferece assinaturas gratuitas e pagas. (https://epicenter.epictions.com/epicbeat/explore)

Busca avançada do Google. Essa parte do Google frequentemente é ignorada pelas empresas, porque a primeira página de resultados geralmente localiza alguma coisa de interesse que as empurra para um caminho de busca exploratório. Em vez de simplesmente usar o Google.com, use o link abaixo para encontrar uma página que refinará ainda mais a sua busca, para incluir e excluir certas coisas. (https://www.google.co.uk/advanced_search)

***Search engines* setoriais específicos.** Buscas verticais, específicas por setor, podem ser feitas de várias maneiras, mas a mais fácil e, geralmente, a mais atualizada são os *search engines*, ou base de dados segmentadas – o Search Engine Guide é um recurso excelente para começar a sua busca por informações especializadas que nem sempre estão disponíveis por outros meios. (http://www.searchengineguide.com/searchengines.html)

Sites de notícias/comunidades. Essas ferramentas podem ser fontes repletas de *experts*, geralmente pessoas no topo de empresas de tecnologia, que oferecem contribuições anônimas, ou tipos obsessivos que gostam de encontrar e explorar áreas temáticas. Exemplos desses sites são Reddit, Quora, Voat, Snapzu, Stack$ity, Digg, Hacker News, Product Hunt e Slashdot. Boa dica é também olhar dentro desses sites, para descobrir sites exclusivos sobre coisas específicas, como produtos da Microsoft ou comunidades de impressão 3D.

2) Comportamento (o fator "eles [os usuários] farão?")

A pergunta a ser feita é: com base nas evidências à minha frente, os usuários finais farão o que estou pedindo?

Com base em suas pesquisas, ou pesquisando mais, se necessário, você atribuirá um escore ao fator Comportamento do TCD. Nessa seção, é preciso conhecer o seu consumidor (ou o consumidor que está usando a tecnologia) e concluir se ele vai aderir imediatamente ou o fará no futuro.

FIGURA 4.4: Eles (os usuários) farão?

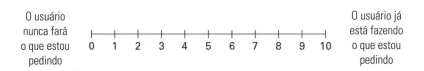

Sites que ajudam na pesquisa sobre comportamento:

GlobalWebindex. O GlobalWebindex é um banco de dados de pesquisa que rastreia como as pessoas usam a web com nível impressionante de detalhes. Atualizado trimestralmente, o serviço abrange 34 países (546 regiões) e oferece às marcas e aos indivíduos informações minuciosas sobre comportamentos, uso de dispositivos, atitudes, estilos de vida, demografia, uso de mídias sociais, preferências comerciais e pontos de contato de marketing. O banco de dados, porém, não é apenas para leitura; a beleza consiste na capacidade de fatiar os dados de muitas maneiras. Alguns dados podem ser usados de graça, mas o serviço pago faz jus ao preço. (https://www.globalwebindex.net)

Cognitive Lode. Criado por Ribot, o Cognitive Lode parte das mais recentes informações sobre comportamento, economia e psicologia do consumidor e as converte em *nuggets* de informação facilmente aplicáveis. Assine a *newsletter* para receber novas informações semanais. (http://coglode.com)

Hitwise. Criado por Experian, Hitwise é uma empresa global, com sede nos Estados Unidos, que tem vastos conjuntos de dados de mais de 10 milhões de pessoas só nesse país. A empresa rastreia comportamentos de mais de 1 milhão de sites e usa um grupo de participantes voluntários e indivíduos de diversas faixas para compor amostras representativas. Os dados assim coletados são usados por marcas importantes que querem conhecer a segmentação por geografia e por estilo de vida, o uso de produtos concorrentes, os termos de busca e os indutores de tráfego, entre outras coisas. (http://www.experian.co.uk/marketing-services)

Melissa Data. Oferece ampla variedade de dados referentes a informações geográficas, socioeconômicas e de identidade a serem acessadas mediante pagamento (algumas são gratuitas, mas limitadas a certa quantidade diária). O site fornece informações úteis e oportunas, sempre atualizadas. (http://www.experian.co.uk/marketing-services)

Fontes governamentais. O governo dos Estados Unidos e do Reino Unido adotam políticas de dados abertos, fornecendo vários conjuntos de dados e ferramentas para descobrir os usos, práticas e crenças do público, em ampla variedade de tópicos. A navegação nos sites pode ser difícil, devido ao grande volume de dados e aos diferentes tipos de informação existentes no site, mas com persistência e buscas menos óbvias é possível encontrar dados e insights valiosos.

DICA

Não se esqueça de olhar os dados do senso como ponto de partida; os dados sobre saúde geralmente são reunidos em site exclusivo, mais amplo e profundo, pela maioria dos governos; portanto, explore esses recursos. (Estados Unidos: www.data.gov; Reino Unido: www.ukdataservice.ac.uk/get-data/themes/health)

Gráficos do Facebook. A maioria dos dados do Facebook é privada, mas muitos não são – quando se considera que o Facebook tem mais de um bilhão de usuários fazendo log-in todos os meses, é possível imaginar a quantidade de dados e insights disponíveis. Esta é a ferramenta a ser usada para pesquisar grandes quantidades de informações que os usuários compartilham de bom grado ou não sabem que estão compartilhando.

DICA

Procure no Facebook IQ mais dicas e análises de dados profundas que foram compiladas e divulgadas pelo Facebook. (insights.fb.com e developers.facebook.com/docs/graph-api)

---

3) Dados (o fator "eles [os usuários] bastarão")

A pergunta a ser feita é: com base nas evidências à minha frente, bastarão os usuários que puderem fazer, e de fato fizerem, o que você está pedindo?

A seção de dados do TCD é a mais útil para determinar o curso de ação, uma vez que, frequentemente, pode propiciar uma decisão, por força das evidências disponíveis. Nessa seção, é preciso atribuir um escore a esta pergunta, considerando as pesquisas já realizadas (ou a serem realizadas, se outras forem necessárias).

> **DICA**
>
> Analise os dados e os usuários ao criar a Matriz de Decisão. O fator "dados" de um TCD simples é onde muitas empresas tropeçam, porque os atuais níveis de uso, de usuários e de aplicações da tecnologia ou serviço são considerados pequenos, não justificando grandes investimentos. A conclusão é válida se os recursos forem limitados e se os critérios forem muito específicos, mas é boa ideia levar em conta essas questões ao desenvolver a sua Matriz de Decisão e ao avaliar as taxas de uso, tendências e outros fatores correlatos.

FIGURA 4.5: Será que eles (os usuários) bastarão?

Sites que ajudam na pesquisa de dados:

Serviços de medição de sites e aplicativos. Sites e serviços como ComScore, Nielsen, Hitwise, L2, Compete e Alexa medem tráfego, demografia e outras métricas que mostram quem está usando sites e aplicativos. Uma busca rápida no Google encontrará qualquer um desses sites e o conteúdo gratuito que eles oferecem. Vários fornecem ampla variedade de dados e relatórios sobre tópicos através de seus blogs, embora quase todos tenham modelos de assinatura paga que proporcionam aos leitores muito mais dados.

App Annie. Os dados obtidos via *mobile* e smartphones são cada vez mais importantes, à medida que se gasta cada vez mais tempo nesses dispositivos e em lugares onde a velha tecnologia era dominante. App Annie é líder nesse campo, com poucos concorrentes capazes de oferecer o mesmo nível de dados sobre as várias apps stores, e sobre como as pessoas estão usando seus dispositivos. Além do conteúdo gratuito útil e regular, App Annie também oferece soluções pagas que capacitam os usuários a obter informações e dados minuciosos sobre insights de mercado, previsões e mudanças nos comportamentos dos consumidores. (https://www.appannie. com/about/home)

Empresas de análises. As quatro maiores são McKinsey, Forrester, Gartner, IDC e IHS, mas uma busca rápida também encontrará outras mais específicas. Essas organizações de trabalhadores do conhecimento, como se sabe, não fornecem de graça nada que esteja totalmente atualizado; o que de fato oferecem são previsões simples ou informações sobre tendências. Em geral, o trabalho é de alta qualidade e suficiente para esse nível de raciocínio, embora seja provável que se precise de mais detalhes caso a Matriz de Decisão considere necessário realizar mais pesquisas. Nesse caso, talvez você tenha de comprar relatórios completos. Também é bom procurar empresas de análises menores, especializadas em suas áreas de interesse, uma vez que também elas podem sugerir ideias interessantes e, geralmente, são mais propensas a oferecer insights gratuitos do que as empresas maiores.

Dados econômicos. FreeLunch é um ótimo site que oferece dados econômicos de alto nível, geralmente de graça. Dirigido pela

Moody's Analytics, FreeLunch fornece dados históricos e previsões, de todos os níveis, e representa mais de 93% do PIB Global, cobrindo mais de 180 países. O banco de dados do FreeLunch contém 200 milhões de pontos de dados financeiros, demográficos e de crédito ao consumidor, e acrescenta cerca de 10 milhões por ano. (https://www.economy.com/freelunch)

Sites de mídia e imprensa. Embora, obviamente, tendam a conter algum tipo de viés, pois são escritos por departamentos de RP e marketing, os sites de mídia e imprensa, em plataformas e em sites da empresa, geralmente oferecem muitas informações que geralmente são armazenadas em áreas específicas, que podem ser acessadas e pesquisadas por meio de índices. Essas áreas variam de posição, mas, geralmente, ficam no botão dos sites, na barra de navegação.

Data USA. Feito em parceria com alguns cérebros sérios que trabalham em MIT, Deloitte e Datawheel, o Data USA é um site relativamente novo, cujo objetivo é ajudar as pessoas a navegar em meio à grande massa de dados públicos dos Estados Unidos. Os dados são visualizados de várias maneiras e são gratuitos. Melhor ainda, o software é de código aberto, o que possibilita desenvolver os próprios produtos usando dados mistos do Data USA. (https://datausa.io)

Gapminder. É um grande conjunto de fontes de dados de todo o mundo, inclusive Banco Mundial, Nações Unidas, Organização Mundial da Saúde, Organização Internacional do Trabalho e Forbes, entre outras. Os dados podem ser regionalizados e são totalmente baixáveis. (https://www.gapminder.org/data)

Google Trends. É uma ferramenta poderosa que possibilita analisar as buscas ao longo do tempo para ver se certas palavras estão aparecendo mais nas buscas populares. Além disso, Google Tools também pode ser usado para fazer perguntas muito específicas, em análises profundas baseadas em regiões e em buscas correlatas. (https://www.google.com/trends/explore)

Passo 4: Calcule o seu escore TCD

Para chegar ao escore TCD final da sua pergunta, é necessário somar os escores das seções de Tecnologia, Comportamento e Dados.

FIGURA 4.6: Escore final

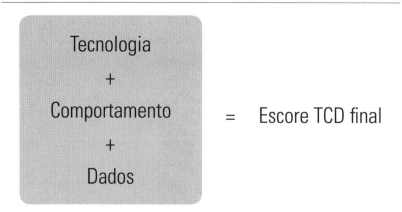

Lembre-se que se você estiver usando a escala de 0 a 10, recomendada, o escore máximo do TCD só pode ser 30. O TCD simples nunca exige operações de subtração, multiplicação ou divisão complementares, além da soma dos escores de cada fator.

DICA

A experiência mostra que o escore 1-10 oferece muito espaço para manobras e é universal, mas talvez você queira adotar outra prática ou usar a escala 1-100, luzes de sinais de trânsito ou outro sistema – o que funcionar melhor para a sua empresa – mas, acima de tudo, o sistema adotado deve ser consistente no tempo e manter a mesma ponderação.

Agora que você chegou a um escore final, é hora de decidir quanto ao tema ou questão em aberto usando a Matriz de Decisão criada no início.

Passo 5: Aplique o escore TCD à Matriz de Decisão

Agora que já se tem um escore TCD, é hora de decidir com base nessa pontuação. Como já dissemos, cada um tem a própria Matriz de Decisão, mas é importante cumprir a decisão correspondente ao escore final, sem manipulações. Alguns clientes já conversaram comigo sobre a tentação de aumentar ou diminuir a pontuação ao sabor das circunstâncias, como hora do dia, níveis de energia e carga de trabalho. Insisto para que você não faça isso, por algumas razões, mas, principalmente, porque você não estará sendo honesto com os objetivos do processo. Todo mundo é ocupado, e nos capítulos anteriores falamos sobre isso, por se tratar de condição necessária para o sucesso do TCD.

Calcule o escore final e o escreva no alto de uma folha de papel (ou num e-mail ou em qualquer outro meio com que você esteja trabalhando). Agora, parta para a execução da decisão. É melhor não adiar – faça-o aqui e agora. Assim, você iniciará a execução com tudo fresco na cabeça, e explorará as melhores ideias e intuições. Você poderá retornar ao processo mais adiante, complementá-lo, e pedir ajuda e ouvir opiniões – o fundamental é manter o impulso.

Você se deu ao trabalho de chegar até aqui; portanto não sabote o próprio esforço – mantenha-se fiel à decisão que tomou. Não simule para se sentir bem no curto prazo e se afligir no longo prazo.

ESTUDO DE CASO

Antes de olharmos para a estrutura do TCD Avançado, no próximo capítulo, vamos ver um exemplo do TCD Simples, do estudo de caso de um cliente.

Susan é Diretora de Marketing de uma rede de varejo de moda bem conhecida, que está pensando em implementar um novo tipo de provador nas lojas. O novo provador é drasticamente diferente do velho estilo de levar as peças a serem experimentadas e deixar o cliente por conta própria.

O novo provador:

- substitui o caixa de pagamento clássico;
- permite aos clientes experimentar mais roupas do que as disponíveis na loja;
- amplia a experiência geral, tornando-a mais divertida e envolvente;
- possibilita que as pessoas experimentem itens sem efetivamente os vestir, usando um projetor;
- capacita os clientes a pedir orientação a estilistas on-line;
- cria condições para que os clientes paguem a compra e programem a entrega no provador (se não quiserem carregá-la consigo).

1. **Tecnologia** (PODERÃO?). Embora todos possam comprar assim, nem todos vão a lojas físicas para adquirir roupas; logo, não pode ser um 10 perfeito (ESCORE = 8).

2. **Comportamento** (FARÃO?). A compra de roupas é algo pessoal. Algumas pessoas não poupam tempo e esforço ao escolher roupas, enquanto outras entram, escolhem, pagam e saem, tudo rápido. Ainda outras compram on-line, tendência cada vez mais comum. Portanto, o escore reflete uma maioria que apoia a ideia, mas não é muito alto, por causa das compras on-line (ESCORE = 7).

3. **Dados** (BASTARÃO?). Com base em exemplos de provadores semelhantes, as pessoas são sensíveis a informações adicionais enquanto experimentam roupas. A Diretora de Marketing formulou algumas perguntas interessantes sobre *scanners* de corpo em provadores e também constatou que o custo final é mais baixo quando se consideram as reduções de pessoal, de distribuição e de estoque daí decorrentes. Além disso, a Diretora de Marketing descobriu dados sobre aumento das compras quando as roupas caem bem (não raro as pessoas compram duas versões) e da satisfação do cliente quando as roupas são entregues em casa, em vez de precisar carregá-las ao circularem por outras lojas (ESCORE = 8).

Escore TCD total: 8 + 7 + 8 = 23

> Com base na Matriz de Decisão que Susan criou antes com a equipe, o escore se enquadra na categoria intermediária da empresa. "Criar pequeno caso de teste", que fica entre "Pesquisar mais" e "Implementar de imediato, amplamente". O escore significa que já há verba para financiar o teste (a verba poderá ser aumentada, mas para tanto deverá haver aprovação prévia, embora esse teste seja principalmente para o redirecionamento da atual funcionalidade). Em consequência, Susan decide fazer o teste numa loja e constitui uma equipe de duas pessoas para executar o projeto, sob a supervisão dela, a ser concluído em duas semanas e, então, implementado no prazo máximo de um a dois meses.

Conclusão

Este capítulo descreve um método fácil de impulsionar o processo e oferece muitos recursos para facilitar e melhorar as decisões. Também ajuda outras áreas da empresa a compreender os métodos e os critérios das decisões e as abordagens às tecnologias disruptivas.

O TCD pode ser um processo simples, mas está sujeito a limites referentes a quando pode ser usado sem os questionamentos necessários e sem as informações esclarecedoras. Os capítulos subsequentes tratarão dessas questões, além de desenvolver casos de empresas e departamentos e de alertar para pontos críticos a serem observados para maximizar as chances de aprovação e sucesso do projeto, inclusive financiamento, em todos os estágios do percurso.

O capítulo seguinte avança do TCD simples para a estrutura mais complexa, capacitando-o a preparar os elementos necessários para concluir o TCD avançado.

CAPÍTULO 5

TCD COMPLEXO

ESTE CAPÍTULO CAPACITARÁ você, a sua empresa ou o seu departamento a:

- seguir as etapas necessárias para completar a estrutura do TCD complexo;
- identificar áreas de interesse centrais e áreas que podem ser relegadas, com base nos objetivos da empresa;
- evitar armadilhas comuns, ao pensar em tecnologias disruptivas e tecnologias emergentes;
- maximizar as chances de sucesso e obter fundos adicionais, se/como necessários.

O capítulo anterior focou mais numa aplicação (ou uso) leve, do *framework* TCD mais ampla. Neste capítulo, exploraremos a versão avançada do TCD ou TCD+, que lhe permitirá criar uma grade de investimentos densa – seja de dinheiro, tempo ou atenção para a sua empresa ou marca. Neste capítulo, você aprenderá a preparar os elementos necessários para completar a sua própria estrutura de TCD avançado.

Por que são necessárias duas versões do TCD?

Como você viu no Capítulo 4, o TCD nasceu de uma longa conversa, e sempre pretendeu ser uma ferramenta de decisão rápida. Com o passar do tempo e à medida que se usava e refinava o *framework*, outros elementos foram adicionados, para reforçar sua utilidade e robustez, para incluir outras pessoas e, acima de tudo, para integrá-lo na organização, em vez de aplicá-lo como ferramenta avulsa. Naturalmente, se a empresa sentir que um sistema mais rígido não funcionará, ou se a cultura organizacional for mais reacionária, tente usar o TCD simples. A versão compacta do TCD, porém, não foi concebida para ser uma solução de longo prazo; o TCD+ é. As empresas geralmente demandam visões específicas, mais duradouras, de tecnologias emergentes e disruptivas (tarefa frequentemente difícil e laboriosa), em vez de apenas desenvolver ou receber uma lista ou um cronograma – o TCD+ foi criado para agilizar esse processo.

O que é o TCD+?

Diferentemente do TCD simples, o TCD+ considera as prioridades e as peculiaridades de cada empresa – afinal, é inútil acompanhar alguma coisa, como nanotecnologia, quando se considera que é pouco provável ou improvável que a inovação venha a impactar a sua empresa. O TCD+ gera uma grade editável de tecnologias e identifica as áreas-chave em que sua empresa pode ser excelente, com base em um sistema que inclui vários critérios exclusivos de cada empresa.

Em suma, o processo TCD+ possibilita a criação de uma grade de tecnologias, em ordem de prioridade, que capacita a empresa a concentrar os recursos disponíveis e a fazer os investimentos certos, de tempo, de dinheiro ou de ambos.

Quando usar o TCD+?

Diversamente do TCD simples, o TCD+ é uma ferramenta mais elaborada, que leva mais tempo para desenvolver e que deve ser atualizada trimestralmente. Esses dois atributos são diferenciadores fundamentais do TCD+, em relação ao TCD simples, mas a configuração inicial é, geralmente, a parte mais demorada. Depois de configurar os vários elementos, os processos de atualização e verificação são geralmente muito simples. Os clientes variam, dependendo dos níveis individuais de conforto com o sistema e das circunstâncias de cada um, mas a maioria dos clientes, depois da criação, tende a atualizar o TCD+ a cada trimestre ou semestre. Ao fazer as atualizações trimestrais, as empresas garantem que o processo não é apenas um recurso disponível, mas também uma estrela-guia e lembrete útil para as decisões estratégicas subsequentes, que talvez precisem ser tomadas.

> **DICA**
>
> Use a agenda para extrair o máximo do TCD+. A inclusão de sucessivos lembretes e anotações na agenda, desde o início do processo, é uma providência inteligente, que facilita todo o processo. Desde incentivar o grupo a identificar novas tecnologias e a coletar dados relevantes até definir marcos mensais, trimestrais e outros, a metodologia TCD+ se enraíza em todo o contexto organizacional. Eu o considero extremamente útil para dedicar algum tempo ao planejamento e à reflexão antes das reuniões. Para mais informações sobre aproveitamento do tempo, volte aos capítulos 2 e 3.

Antes de começar, uma palavra sobre fracasso

Os capítulos anteriores deste livro e os próximos analisam as dificuldades da mudança organizacional. Você enfrentará desafios, desafiantes e percalços ao longo do caminho. Conceda-se, imediatamente, licença para fracassar. Não em todo o processo, mas em certas partes e em alguns momentos do percurso. Liberte-se das pressões da perfeição. Faça isso agora. Diga em voz alta ou anote, em meio físico ou eletrônico. Ninguém é perfeito nos negócios ou na vida, e sem admitir o fracasso raramente se vai longe. Você não é uma dessas pessoas.

Mas isso não significa que o que você produz não pode, nem deve ser perfeito, mas sim que o processo ou a maneira de chegar lá raramente é suave e fácil. Todos detestam fracassar, mas a chave para superar o fracasso é admiti-lo, para que, se ocorrer, você não se sinta completamente derrotado. Lembro-me de muitas citações sobre o fracasso, mas uma que repito com frequência, ao conversar com os clientes quando as coisas dão errado, é adaptada de um dito de Thomas A. Edison: "O fracasso é apenas uma maneira de não fazer algo. Descubra outra maneira que seja eficaz".

Com a "mentalidade de aceitação confiante do fracasso", como a chamo, você constrói certo grau de tolerância construtiva em relação ao fracasso. Em outras palavras, você adota uma perspectiva realista – qual foi última vez em que você ou alguém de suas relações conseguiu realizar alguma coisa complexa e estratégica, com total perfeição, logo de início? Ao admitir de cara a hipótese de fracasso, você introduz uma quebra de padrão revigorante, que leva as pessoas a refletir: "O que está acontecendo aqui?". Não tenho uma resposta pronta para isso; portanto, é melhor ouvir mais. Novamente, você não está aceitando o fracasso total; apenas está admitindo que o rumo para chegar ao destino talvez não seja o que você escolheu.

Agora que você tem o porquê, a mentalidade certa, o foco e o desejo, vamos começar a percorrer as etapas do processo TCD+.

O processo TCD+

Passo 1: Defina os objetivos da empresa

Já tendo trabalhado com ampla variedade de empresas – grandes, pequenas, start-ups e marcas globais –, uma coisa ainda me surpreende quando falo a funcionários de diferentes níveis. Poucos deles têm visão clara dos objetivos da empresa. Pior ainda, muitos dão respostas geralmente negativas sobre pessoas em nível mais elevado, sugerindo divisões dentro da organização que dificultarão ainda mais o trabalho. Poucas empresas têm posições e propósitos nítidos, além, talvez, de alguns relatórios trimestrais e discursos anuais. Muitas vezes, *slogans* e refrãos se convertem em objetivos.

O propósito dessas considerações é despertar a ideia de que visões e objetivos são cruciais quando se trata de futuro. Essas afirmações aparentemente sem sentido acrescentam algo nos âmbitos interno e externo. Quando todos não estão rezando pelo mesmo breviário, você já parte em situação de desvantagem quando não precisa de mais desafios. Se você não for capaz de definir dois ou três objetivos da empresa (não da sua área ou função), nem o que pretende alcançar, comece a refletir e pesquisar.

Como fazer isso: frequentemente, nessas organizações, as informações já existem, mas raramente são analisadas, atualizadas, questionadas ou divulgadas, por inúmeras razões. Nesse caso, quase sempre pergunto quais são as origens das informações, quando foram criadas, se ainda são válidas, e se podem ser ajustadas.

Pessoas e lugares onde se encontram as informações são CEOs, áreas de relações com investidores, salas de imprensa, sites como Wikipedia, e relatórios da empresa. Depois de levantar os objetivos, distribua-os à sua frente, em pedaços de papel separados, e reflita sobre como e até onde eles captam a essência da organização e o que eles significam para você. Esse exercício talvez suscite imediatamente algumas dúvidas a serem discutidas com altos executivos, como as acima – anote-as e as esclareça antes de prosseguir.

Uma vez concluída a lista de objetivos, anote-os em uma folha de papel. Esses são os seus princípios orientadores. A razão de recorrer ao TCD+ é desenvolver uma estratégia robusta para o futuro – a compreensão dos princípios orientadores confere foco a todo o processo. Alguns serão extremamente relevantes para toda a jornada, enquanto outros não serão tão significativos. O aspecto importante é que agora você tem setas de direção apontando para o horizonte. Não se esqueça de que muitos outros fatores determinarão o sucesso do TCD+ e o futuro da empresa. Você está usando o TCD+ para mapear numerosas tecnologias e campos de atuação que o ajudarão a navegar rumo aos seus objetivos. Comprometa-se com o processo e avalie o progresso conforme esses critérios – cada dia você estará um passo mais perto dos objetivos (que mudarão quando você os atingir).

Passo 2: Forme a equipe

Um grupo (às vezes denominado "comitê") geralmente define o foco da empresa ou organização, e como dirigi-la. As pessoas certas nem sempre são aquelas com quem você se dá bem ou com quem trabalhou em projetos bem-sucedidos no passado – os membros devem ser atores importantes, exercendo funções estratégicas na organização.

Embora se possa argumentar que envolver mais pessoas complica a situação, a experiência sugere que o TCD+ produz os melhores resultados quando se incluem mais representantes de diferentes áreas:

- Por se tratar de processo subjetivo, a multiplicidade de pontos de vista propicia o surgimento de ideias mais representativas da situação dos clientes e da empresa.
- O envolvimento de mais pessoas da organização aumenta a probabilidade de que o processo e, mais importante, os resultados impregnem a organização de maneira mais abrangente e eficiente.
- A variedade de participantes com diferentes perspectivas e experiências melhora a sensibilidade quanto a desvios, obstáculos e reversões iminentes, contornando-os ou transpondo-os antes que se tornem problemas.
- Indivíduos menos envolvidos no dia a dia do projeto têm mais facilidade de detectar, criticar e desativar ameaças antes do fato consumado.
- Pessoas oriundas de diferentes áreas oferecerão percepções e opiniões diversas, nos momentos e contextos mais adequados.
- A participação de mais pessoas reduz a probabilidade de fracasso, por oferecerem mais olhos para ver e mais mãos para executar.

Embora seja absolutamente possível que uma só pessoa complete o TCD+, essa não é, de modo algum, a melhor solução. A experiência mostra que diversidade de especializações e a cooperação interdisciplinar tornam o processo mais robusto e menos tendente a vieses idiossincráticos. A maior quantidade e a variedade de participantes também podem reduzir as pressões e as tensões sobre o condutor do TCD+.

> **DICA**
>
> Se você decidir completar o TCD+ por conta própria, dedique mais tempo a cada seção e não se apresse nos primeiros passos, pois eles são vitais para o embasamento do processo.

A equipe

Naturalmente, títulos de cargos e funções variam entre diferentes organizações, mas, geralmente, recomenda-se o seguinte:

- TC (Tecnologia do Consumidor): Gestores de marca, marketing, vendas, comunicação.
- TO (Tecnologia da Organização): CTO, Gerente de TI.
- CC (Comportamento do Consumidor): Gestores de Atendimento ao Cliente e Experiência do Cliente.
- CO (Comportamento da Organização): CEO, diretores.
- DC (Dados do Consumidor): Diretor de Inovação, Consultor, Consultores Externos (Bain, Forrester) ou Agência de Propaganda.
- DO (Dados da Organização): Diretor Financeiro, Contador (quem for responsável pela saúde financeira presente e futura da organização).

Como envolver as pessoas

Uma das melhores maneiras para engajar as pessoas – ou pelo menos levá-las a compreender por que estão sendo chamadas a se envolver – é enviar-lhes uma *killer stat*, isto é, uma estatística *arrasadora*, ou um trecho instigante de um artigo publicado em mídia respeitável.

Muita gente não se interessará, nem compreenderá por que está sendo convocada para essa atividade. Depois de explicar o processo e analisar por que o projeto é importante para o futuro da empresa, muitas dessas dúvidas e resistências desaparecerão – talvez alguns indivíduos ainda se ressintam de terem sido envolvidos, já que a tarefa não está incluída em sua descrição de cargo, mas tente cooptá-los por meios formais ou informais. É importante observar desde o começo que a composição da equipe não é rígida e pode variar em função dos temas e das circunstâncias – na verdade, algumas organizações produzem melhores resultados quando essa prática é encorajada.

Fazer coisas novas e não testadas nas organizações é arriscado. Algumas organizações funcionam melhor quando orientadas de cima para baixo; outras, quando a inovação e a mudança são impulsionadas de baixo para cima. É possível descobrir a alternativa mais indicada para cada caso simplesmente listando as principais inovações e decisões da empresa nos últimos seis a doze meses e identificando aquelas que envolveram processos de cima para baixo e de baixo para cima. Nenhuma das duas modalidades está certa ou errada, mas ambas impactam a maneira como a empresa opera e se comunica com o mercado. O próximo capítulo discute a venda da mudança e do processo com mais detalhes, para ambos os tipos de empresa.

Primeira reunião do grupo

Antes de o grupo se reunir pela primeira vez, defina cuidadosamente a mensagem de abertura, quem deverá ou não estar presente (pode ser que você queira ou não a presença do CEO) e local de realização do evento. Algumas empresas preferem fazer a reunião em suas próprias dependências e outras optam por quebrar a rotina realizando o evento fora do local de trabalho. A melhor opção é a que lhe parecer mais adequada para estimular a participação e promover a interação de todos. É importante para o grupo que os membros se identifiquem uns com os outros e compreendam a importância do projeto. Quando o grupo se reunir pela primeira vez, fale sobre os requisitos de tempo, a importância da exatidão e da profundidade, o apoio que lhes será oferecido, e o propósito mais amplo da tarefa. Além disso, os seguintes detalhes corriqueiros também são importantes, mais pelos incômodos da ausência do que pelos benefícios da presença:

- Iluminação natural.
- Ventilação e temperatura.
- Tempo suficiente para perguntas.
- Conforto das instalações.
- Programação e pontualidade.
- Presença de todos.

DICA

Alguns estudos já demonstraram que palavras como "começar", "dar", "nós", "querer", "escolher" e outras com conotação positiva contribuem para a coesão e para a eficácia do grupo. Além de escolher as palavras mais motivadoras, tente empoderar os indivíduos e ajudar a equipe a encarar o projeto não como mera veleidade, mas como início de um processo de mudança mais amplo que determinará os rumos da empresa nos próximos anos (é bom se estender além desses limites, mas seja realista com o *turnover* do pessoal, com o atual clima da empresa e outros fatores). O objetivo é impactar e ser impactado o mais possível, no menor tempo possível.

Passo 3: Defina seu público-alvo (ou públicos)

As empresas modernas operam em mercados abertos e globais, altamente competitivos (frequentemente, mesmo que se concentrem em um único território), por causa da internet. Como vimos nos primeiros capítulos do livro, o mundo está em fluxo. As pessoas também estão mudando, por causa disso e de outros fatores. Os consumidores hoje são mais exigentes, mais conectados e têm mais opções do que nunca. Aspecto importante do TCD+ é levar a empresa a compreender o público-alvo melhor do que os concorrentes o compreendem. Antes de prosseguir, pare um momento e releia o trecho acima – você pode afirmar agora, com convicção e honestidade, que conhece melhor o público-alvo do que o seu concorrente mais próximo o conhece? E quanto ao desafiante do seu setor? O que eles sabem que você não sabe?

As pessoas hoje estão exigindo mosaicos complexos e contraditórios:

- Demandam mais de tudo, mas querem retribuir com menos.
- Exigem privacidade, mas revelam suas informações pessoais a estranhos.
- Têm mais tempo do que nunca, mas alegam estar mais ocupados.

O único problema com essas afirmações é que elas são generalizações abrangentes e totalizantes; não há como aplicá-las a um jovem de 20 anos nos Estados Unidos e a um idoso de 60 anos em Hong Kong, por exemplo. Além das diferenças de idade, as distâncias sociais e geográficas são vastas. Conhecer os comportamentos, as crenças e os padrões complexos de sua demografia específica é imperativo para o processo TCD+. A primeira tarefa é definir o público-alvo da empresa, a fim de tornar o TCD+ tão específico quanto possível para o negócio.

Ser específico nessa fase é fundamental para focar em diferenças importantes, em semelhanças relevantes e em pontos de interesse para o futuro. Há várias razões para desdobrar o negócio em vários públicos-alvo, mas a principal é que os estereótipos ou faixas etárias não são suficientes – os graduados podem ter diferentes especialidades, os pais podem ser jovens ou idosos; as pessoas podem ser introvertidas na vida doméstica, mas extrovertidas ao usar o seu produto. Não se apressar na focalização, para alcançar exatidão de laser em quem você está mirando (ou deixando, por enquanto, em segundo plano) lhe poupará tempo, dinheiro e esforço no longo prazo.

Passo 4: Identifique um perfil tecnológico e comportamental claro do seu público-alvo (ou públicos)

Depois de definir os objetivos da empresa, formar a equipe e identificar o consumidor almejado, é preciso dar substância ao que você está buscando. Isso pode ser feito de várias maneiras, inclusive contratando uma empresa de assessoria e consultoria, como a HERE/FORTH. Compreender as características demográficas do público-alvo além do ciclo de compra é fundamental em mercados cambiantes e em tempos disruptivos. Criar uma imagem dinâmica e nítida de todos os aspectos do alvo reduzirá o impacto das surpresas ou disrupções, possibilitará que suas características sejam assimiladas com mais fluidez e o capacitará a localizar mais oportunidades que talvez aumentem o lucro ou gerem receita adicional para a empresa.

Abaixo estão algumas ferramentas que, embora não sejam lucrativas, lhe darão boas pistas sobre o que, exatamente, seus públicos-alvo estão pensando e fazendo.

Google Analytics. É talvez a fonte de informação mais importante para você ou para qualquer serviço interno de análise de dados que você use, ao mostrar o que efetivamente está acontecendo quando visitam o seu website. Não importa que seja um portal de vendas ou apenas de informações, conhecer as rotas de navegação percorridas pelos consumidores para procurar e encontrar o seu site é fundamental nesta etapa do processo. (https://analytics.google.com)

Canvas8. Compreender o porquê do comportamento geralmente é mais importante do que o insight em si – e essa é a especialidade do Canvas8. Com base em ampla biblioteca de insights e na rede de conhecimento que construíram ao longo dos anos, inclusive um modelo reativo impressionante, a equipe produz relatórios sob medida para os clientes, que aumentam a compreensão de diferentes comportamentos e características demográficas. (http://www.canvas8.com)

TGI. Da Kantar Media, o TGI é uma ferramenta inteligente que capacita os usuários a estimar a probabilidade de um público-alvo usar outras tecnologias, em áreas diversas. Um banco de dados poderoso de informações atualizadas com regularidade, abrangendo culturas de todo o mundo, o TGI pode ser usado para analisar e testar hipóteses referentes a diferentes características demográficas envolvendo milhares de variáveis. (http://www.kantarmedia.com/global/our-solutions/consumer-and-audience-targeting/tgi-survey-data)

Ipsos MORI. Com sede na Europa, o Ipsos MORI atua em âmbito global com grandes marcas, ajudando-as a compreender vários aspectos do negócio, inclusive pesquisa de comunicação da marca, propaganda e mídia (Ipsos MORI Connect); pesquisa de consumidor, varejo, compradores e assistência médica (Ipsos Mori Marketing); pesquisa de gestão do relacionamento com clientes e funcionários (Ipsos MORI Loyalty); e pesquisa de aspectos sociais, políticos e reputacionais (Ipsos MORI Public Affairs). Muitos dados gratuitos estão disponíveis, mas informações e pesquisas sob medida indicam para onde vai o dinheiro inteligente. (https://www.ipsos-mori.com)

Mosaic. Criado por Experian, com foco no Reino Unido, o Mosaic é um "sistema de classificação multicanal", ou seja, cria perfis de consumidor com base em ampla variedade de dados. Contendo muitos pontos de dados, o banco de dados pode ser segmentado e cruzado para criar perfis sob medida e capacitá-lo a compreender os consumidores com detalhes extraordinários. (http://www.experian.co.uk/marketing-services/products/mosaic-uk.html)

Forrester Consumer Technographics. São painéis dinâmicos que facilitam a compreensão dos caminhos de compra e dos traços comportamentais dos consumidores, além de ajudá-lo a orientar a sua estratégia e a identificar consumidores inexplorados. Dispendioso, mas valioso. (https://go.forrester.com/data/consumer-technographics)

Google Consumer Barometer. De acordo com o Google, "O Consumer Barometer é uma ferramenta que ajuda a compreender como as pessoas usam a internet em todo o mundo". Usando gráficos, mapas de comparação e outras ferramentas interativas, esse serviço gratuito roda em associação com várias indústrias e realmente pode ajudar a dar substância às jornadas dos consumidores. (https://www.consumerbarometer.com/en)

Socialbakers. Com um monte de dados, relatórios e insights gratuitos, o Socialbakers é uma das empresas de mídia social mais procuradas. Além de ferramentas e serviços que o ajudam a compreender os diferentes públicos, em plataformas como Facebook, Google+ e Twitter, o Socialbakers também oferece às marcas insights sobre as comunidades dos concorrentes – acessíveis e vitais para a compreensão plena de seu público-alvo. (https://www.socialbakers.com)

GlobalWebindex. Além dos conjuntos de dados simples, mas robustos, disponíveis, o banco de dados e os grupos de pesquisa do GlobalWebindex em todo o mundo criam condições para que você produza questionários de pesquisa e consulte as informações minuciosas oferecidas pelo GWI, para esmiuçar a pegada digital dos consumidores. Ver Capítulo 4 para mais detalhes. (https://www.globalwebindex.net)

GfK MRI. Gaba-se de ser o "maior e mais atualizado banco de dados sobre comportamento do consumidor, uso de mídias e motivações do consumidor", e é uma fonte de informação séria para qualquer marca. Com foco predominante nos Estados Unidos, alguns insights e pontos de dados podem ser usados, obviamente, fora do território do país. O Survey of the American Consumer® é um documento valioso, a ser acompanhado continuamente, embora o GfK MRI ofereça vasta gama de serviços específicos, como revistas para pesquisas, segmentação dos consumidores e análises transmidiáticas. (http://www.gfkmri.com)

VisualDNA. Fundado mais de uma década atrás, o VisualDNA combinou várias abordagens científicas (ciência de dados, psicologia, engenharia, entre outras) e as fundiu com nuances imaginosas, para criar um produto singular, que ajuda as marcas a compreender seus clientes. Por meio de questionários interativos, que logo viralizam, o VisualDNA possibilita que as marcas realmente compreendam o consumidor almejado, e, igualmente importante, suas comunidades circundantes, de maneira singular, para que compreendam as motivações, os interesses e a personalidade de qualquer público-alvo. (https://www.visualdna.com/profiling)

DICA

Use o Facebook Ads para produzir um termômetro pequeno e rápido, capaz de medir a temperatura da sua marca e a probabilidade de a sua marca fazer ou não fazer alguma coisa. Recorremos ao Facebook Ads, contendo um questionário, para atender a clientes que precisavam compreender melhor a sua comunidade do Facebook. Utilizando a plataforma de anúncios paga do Facebook, você pode mirar na sua própria comunidade e produzir anúncios com um link para um site de questionário, como Survey Monkey, ou usar um Formulário Google. Basicamente, é possível fazer qualquer pergunta, mas o método é mais eficaz quando aplicado com rapidez. Geralmente, não se precisa de prêmios e incentivos, mas talvez você queira coletar e utilizar os dados, de modo que algum tipo de recompensa talvez se justifique e seja recomendável.

Se você está procurando extrair mais insights dos seus próprios dados, Adobe Marketing Cloud, Oracle Marketing Cloud, Umbel (*big data* e visualização gráfica) e AgilOne (análise preditiva) são ótimos provedores de análise de dados e de insights para empresas de todos os tamanhos. Além disso, pense em empresas especializadas que também poderiam fornecer-lhe informações mais amplas, como tendências (Foresight Factory, Trendwatching, The Future Laboratory, Protein), UI/UX – User Interface/User eXperience (Webcredible, Punchcut, Rossul, Tuitive Group) e rastreamento de olhar (Tobii).

Depois de coletar e avaliar os seus dados oriundos de várias fontes de sua escolha, é importante compartilhar suas descobertas e chegar a um acordo como equipe. Abaixo, estão dois exercícios que a HERE/FORTH usa com clientes, ao ajudá-los a completar o processo TCD+.

1 – Scrapbooking *Workshop*

É um workshop simples que permite aos participantes demonstrar conhecimento e propor questões ao grupo mais amplo.

Você precisará de:

- Mesas (de preferência, redondas).
- Revistas sobre ampla variedade de temas.
- Mídia adicional (folhetos, impressos de websites, livros, logos).
- Tesouras, cola, papel em branco, marcadores, réguas, borracha, lousas brancas, cavaletes.
- Muito espaço.
- Computadores e impressoras (opcional).
- Tempo necessário: 45 a 60 minutos.

DICA

Deixe muito espaço entre as mesas e os grupos; induza as pessoas a se levantarem e a circularem, em vez de ficarem sentadas, uma vez que essa movimentação libera energia e estimula a criatividade.

Divida o grupo em subgrupos de cinco a sete participantes e peça-lhes para criar uma descrição visual do seu cliente-alvo, usando imagens, palavras e qualquer outra coisa que possam criar com as ferramentas que lhes foram fornecidas. Certifique-se de que todos os participantes compreenderam com clareza o que devem produzir e o resultado almejado. Pode ser feito para o mesmo público-alvo ou para outros, mas deve haver alguma relação – ou seja, cada público-alvo é tratado por mais de uma equipe. Você está buscando uma imagem completa das características demográficas do público-alvo: o que comem, o que usam, do que gostam e desgostam, que marcas os representam, e assim por diante. Instrua as equipes a se aprofundar tanto quanto possível no conhecimento e a descrever a imagem que estão buscando, se não conseguirem encontrá-la.

Além disso, peça às equipes para formular três perguntas sobre seu público-alvo, cujas respostas sejam desconhecidas. As perguntas podem ser qualquer uma, desde: "O que sentem a respeito da impressão 3D?", até: "A que horas vão dormir nos fins de semana?" Colete as respostas anonimamente, se você acha que isso ajudará o grupo a obter melhores resultados. Ao comparar e analisar essas perguntas, detecte mudanças e tendências, e induza a equipe a discuti-las e a definir como respondê-las. Se o processo exigir mais tempo, não deixe de fornecer feedback ao grupo e, por fim, responder às perguntas, por e-mail ou pessoalmente. Embora não haja necessidade de premiação, a oferta de algum tipo de troféu geralmente é uma maneira divertida de estimular a competição saudável e o foco em pessoas.

O resultado final será uma gama diversificada de imagens e *mood boards*, isto é, pranchas de temperamento ou painéis semânticos, que ilustram o mesmo alvo. Como equipe, analise os resultados e crie um painel único que seja uma síntese do público-alvo, a ser usada como ponto de partida para avanços sucessivos.

Faça perguntas abertas como:

- O que o surpreendeu nesse *mood board*?
- Quais são os principais pontos? Por quê?
- O que você acha que poderia ser acrescentado para tornar a imagem mais exata?
- Há nele alguma coisa que, um ano atrás, você não esperava ver?
- Como esse quadro poderia mudar daqui a um ano? E nos próximos cinco anos?
- O que esse quadro sugere com relação a como conversar com o eles?

Quanto mais perguntas, melhor – mantenha o curso da conversa e continue perguntando às pessoas por que pensam assim, para obter insights mais profundos e descobrir por que elas veem as coisas dessa maneira. O processo pode ser incômodo para algumas pessoas; portanto, não deixe de tranquilizar as mais inquietas e incluir todos os indivíduos.

Se você não estiver seguro sobre um elemento, conteste-o construtivamente e concorde em mudá-lo, ou descubra algum argumento para fundamentar a objeção antes de confirmá-la. Ao fim da sessão, você terá quase que uma versão final das características demográficas do público-alvo. Essa imagem deve, então, ser arrematada e formatada, para ser distribuída. Você também terá uma lista de perguntas a serem respondidas para consolidar as informações corretas sobre o público-alvo para os participantes do workshop. Vale repetir o workshop pelo menos uma vez por ano ou por ocasião do lançamento de um novo produto.

2 – Mapeamento do cliente ou da jornada do cliente

Mapeamento do cliente ou da jornada do cliente é o processo de criar uma visão ou representação gráfica da experiência do seu cliente com a sua empresa. Essa tarefa é uma versão complexa do acima exposto que leva em conta diferentes pontos de dados para criar um mapa claro do consumidor, ou público-alvo, da empresa.

Você precisará de:

- Dados (internos e externos).
- Post-its.
- Quadros brancos.
- Muito espaço.

Tempo necessário: 45 a 60 minutos.

Este exercício em grupo é excelente para salientar os relacionamentos entre a marca e os clientes, além da primeira compra ou do lampejo de interesse. O objetivo da tarefa é identificar as áreas de fraqueza, de oportunidades e de possíveis perdas para os consumidores, a serem sondadas e exploradas para identificar áreas com potencial de investimento. O mapeamento da jornada do consumidor também pode ser usado para prospectar novas áreas de investimento, à medida que novas necessidades, experiências e oportunidades também são localizadas durante o processo.

> **DICA**
>
> Esses dois exercícios podem ser completados por uma única entidade, mas geralmente se alcançam os melhores resultados quando se reúnem diversas equipes. Talvez seja o caso de trazer mais pessoas da organização, de áreas como marketing, TI, especialistas em SEO (Search Engine Optimization) e outros *experts*, para ajudá-lo a produzir o melhor mapa possível para este exercício em especial.

O primeiro passo de qualquer processo de mapeamento é a coleta de dados. No caso do consumidor almejado, comece pedindo aos grupos (quatro a cinco pessoas por grupo é melhor) para apontar fontes de informação que poderiam ser usadas para prospectar clientes e suas experiências. O ideal é que os membros das equipes sejam oriundos de toda a empresa e tragam consigo ampla gama de comportamentos, insights e informações. Os principais indivíduos a incluir aqui são o CTO, o CIO e o CFO, além de um representante de vendas e serviços ao cliente – os profissionais dessas áreas geralmente têm diferentes insights sobre as mesmas pessoas; compreendendo como todas podem contribuir e trabalhar juntas para desvendar como os clientes encaram o processo de comprar o que você está vendendo.

Use seus próprios dados como ponto de partida. Conversar com desenvolvedores de websites e especialistas em SEO, além de analisar os gastos com mídias, são ações cruciais para compreender como os clientes veem e procuram a sua empresa e os seus produtos. O exercício de mapeamento da jornada do cliente também envolve clientes potenciais com as características demográficas do público-alvo.

Talvez seja o caso de incluir esses dados em três categorias:

1. O que conhecemos.
2. O que achamos que conhecemos.
3. O que não conhecemos ou não sabemos que não conhecemos.

DICA

Teste as suas premissas. Geralmente as pessoas se prendem a velhos insight*s*, dados, informações e ideias ultrapassadas, sem se darem conta do que estão fazendo. Uma dica para ter a certeza de que seus dados estão atualizados e são os melhores possíveis é perguntar-se, depois de cada novo lampejo e de cada palpite: "Como eu sei disso?/ Como você sabe disso?" Questionar-se dessa maneira ajuda a separar o que é fato, o que é interpretação e o que é mal-entendido como fato; esse exercício pode evitar equívocos, agora e mais adiante. Cada categoria precisa ser avaliada com cuidado e ponderada em consonância, para garantir que você não está desprezando nada importante, nem está enviesando o processo.

O segundo passo é reunir esses insight*s* em um único lugar e compartilhar as descobertas com todo o grupo, para consolidar as ideias e garantir que todos compreendem o consumidor almejado ou o público-alvo. Geralmente, isso é feito no estilo de um *vision board*, ou quadro de visão, mas também é útil ter o trabalho de dar vida ao cliente, por meio de *vox pops*, ou seja, breves entrevistas ou encenações que mostrem preferências e hábitos dos clientes em relação à tecnologia. Certa vez, uma empresa a que presto serviços preparou uma sala para representar o perfil de seus clientes para ajudar os funcionários a visualizar um dia na vida do consumidor almejado.

O terceiro passo é ir além dos próprios dados e pensar no que mais os clientes potenciais, com as características demográficas do público-alvo, provavelmente estariam fazendo em diferentes horas do dia. Essa camada de informação acrescenta um contexto importante ao mapa, o que a torna indispensável. Portanto, não a negligencie em hipótese alguma. Consulte relatórios externos e conduza enquetes com os clientes; estudos qualitativos e quantitativos podem ser inestimáveis nessa fase. A compreensão das razões por trás dessas atividades é fundamental – empresas como Canvas8 podem ser usadas para realmente compreender a psicologia e a mentalidade subjacentes aos comportamentos e atitudes de compra dos consumidores em relação a outros aspectos da vida.

Depois de ter coletado todos os dados do público-alvo e os ter avaliado quanto à validade e à aplicabilidade, é hora de organizá-los e visualizá-los, de modo a possibilitar a prospecção de lacunas, oportunidades e áreas de melhoria.

A melhor maneira de fazê-lo é numa grande área, como uma parede, com uma linha do tempo de 24 horas se estendendo de um canto a outro do teto, acompanhando uma das paredes, na qual se distribuem os dados coletados para preencher um dia típico na vida do público-alvo ou de apenas um indivíduo representativo. Pense na vida desse consumidor, a partir do momento em que acorda até o momento em que vai para a cama. Esse processo demora algum tempo e deve ser tão realista quanto possível. Pense nas necessidades, percepções e processos associados à sua empresa e à jornada de compra.

Algumas perguntas instigantes:

- O que fazem logo antes de irem para a cama?
- Que tipo de despertador usam?
- Recebem algum jornal em casa?
- Eles são membros do Amazon Prime?
- Qual é o tipo de smartphone deles?
- Quantas horas dormem por noite? Por quê?
- Que tipos de aplicativos usam todos os dias? De vez em quando?
- Como descobriram a sua empresa?

- São membros de algum esquema de fidelidade? O que isso sugere sobre eles?
- Que produtos compram com regularidade? Como os compram?
- Como têm acesso a computadores?
- Qual é o estilo de vida deles?
- Quais são os relacionamentos deles?

Não há maneira correta de visualizar o resultado final – há quem prefira um olhar linear sobre o cliente; outros preferem histórias; enquanto outros o utilizam como ponto de partida para mais pesquisas. A Lego adotou uma abordagem impressionante sobre isso, com o LegoWheel (experiencematters.files.wordpress.com/2009/03/legowheel.png), que mostra como a marca pode impactar o cliente antes, durante e depois de irem à Legoland. Um toque legal foram os "Ícones de Experiência", que a Lego usou para denotar pontos de "felicidade", "dados" e "momentos vai ou racha", para definir que papéis poderiam e deveriam desempenhar em diferentes pontos do percurso. Maneira muito natural de encarar o relacionamento com o cliente.

Esse exercício ajuda a empresa a adotar uma abordagem formal para descrever, projetar e compreender as experiências dos clientes – não somente os caminhos de compra. Refletir sobre quem controla a atenção do consumidor almejado em diferentes momentos e em diversas áreas é fundamental para compreender como, quando, e se você deve desestruturar ou impactar a jornada. A simplicidade do processo se baseia nos dados que usa e no compromisso ao criá-lo. Todavia, ele não se sustenta no vácuo. As descobertas desse exercício devem ser compartilhadas em toda a empresa, para ter a certeza de que os insights e as oportunidades são comuns – não apenas vitórias rápidas.

Nos capítulos subsequentes, vamos discutir como levar adiante recursos como esse e conquistar a adesão dos altos executivos e a aprovação dos níveis competentes sobre coisas que podem ter resultados desconhecidos.

> **DICA**
>
> Para manter os mapas atualizados e evitar extrapolações inexatas (o que você produziu é apenas uma foto rápida), convém criar uma equipe pequena e rápida para identificar e atualizar o mapa, usando indicadores específicos que o grupo considere os mais prováveis de mudar com o tempo. Aí se incluiriam feedback do cliente, P&D e perfis tecnológicos, entre outras opções.

Há um atalho...

Esses dois exercícios, e outros semelhantes, assim como trabalhar com diferentes organizações, criou condições para que eu criasse o Quadro Demográfico do Consumidor (encontre-o em www.hereforth.com). Trata-se de um exercício de uma folha, em que as empresas podem especificar rapidamente o consumidor, para identificar áreas de fraquezas e forças. Embora a folha seja um documento de captação útil, ela não substitui, nem muito menos dispensa os workshops, porquanto apenas nesse processo grupal e interativo é possível identificar nuances sutis e detalhes complexos.

> **DICA**
>
> Separe algum tempo para construir o seu Quadro Demográfico do Consumidor, específico para atender às suas necessidades e se ajustar às características setoriais. Faça *brainstorm* com líderes setoriais e com diferentes especialistas de diversas áreas da própria empresa e de outras organizações, inclusive autônomos. Vá além de seu próprio departamento, pense grande e obtenha todos os dados possíveis, e até os aparentemente impossíveis — talvez você não os use todos, mas é bom saber mais do que o mínimo.

O Passo 4 é uma das mais longas etapas do TCD+, e, embora todas as empresas com que trabalhei sejam diferentes, esta parte demora, em média, de 5 a 10 horas no total.

Passo 5: Crie sua Matriz de Investimento

A Matriz de Investimento é semelhante à Matriz de Decisão, do Capítulo 4, no sentido de que se definem de início as bandas ou faixas a serem implementadas, mas as diferenças surgem nos resultados. Enquanto, na Matriz de Decisão, tomam-se vários tipos de decisão, como "pesquisar mais" ou "não fazer nada", na Matriz de Investimento há apenas um tipo de decisão (tempo e dinheiro ou nada), com vários níveis de investimento já definidos, depois de discussões cuidadosas. Algumas empresas com que trabalhei decidiram implementar pequenos planos de investimento, e ambas as decisões são válidas e úteis para diferentes tipos de negócios. Para simplificar, veremos aqui como implementar a primeira alternativa.

Como na Matriz de Decisão, há um escore máximo; no entanto, como agora há seis escores, o máximo a ser atribuído a qualquer tecnologia é 60. O primeiro passo é criar o cenário de investimento, o resultado ou a decisão a ser tomada, se a tecnologia receber escore 10, "perfeito", de todos os participantes. Definido o escore, o passo seguinte é olhar para a outra ponta do espectro e determinar qual seria a consequência do escore zero. O fato em si de a tecnologia ter recebido escore zero não significa que não venha a ser útil no futuro; portanto, pense bem antes de descartá-la.

Mais uma vez, como vimos na Matriz de Decisão, não se admitem respostas vagas ou dúbias na Matriz de Investimento. O processo para determinar as diferentes bandas ou números específicos é o mesmo, mas os resultados de cada uma devem ser específicos. Pode haver e haverá diferentes empresas e indústrias nos mesmos setores, mas o ponto é tornar o processo exclusivo para a sua empresa. Antes de mergulharmos, lembre-se de alguns fatores críticos, expostos no Capítulo 4, ou talvez relembre todo o processo.

Principais pontos:

- O TCD é para decisões rápidas; o TCD+ é para investimentos.
- O resultado deve ser específico, factível e realista.
- Não se apresse e seja cuidadoso ao definir as diferentes faixas da Matriz de Investimento – investimento é decisão mais importante que apenas resolver pesquisar mais.

Exemplos de algumas das melhores práticas em investimento adotadas por nossos clientes no passado incluem:

- Em 12 meses depois de definir os requisitos de investimento, [NOME DA EMPRESA] desenvolverá, rodará e avaliará um teste-piloto [ESCALA] para [TECNOLOGIA]. Se bem-sucedida depois de [PRAZO], o projeto será executado. O nível/escala será determinado por [PESSOA 1, 2, 3] da [EMPRESA/DEPARTAMENTO].
- A decisão sobre o investimento exige mais tempo nesta fase para determinar a viabilidade de [PROCESSO DE TESTE DO NEGÓCIO] para [TECNOLOGIA]. Portanto, em 72 horas, outra rodada de pesquisas será conduzida por [PESSOA 1, 2, 3], para esclarecer as seguintes questões para [EMPRESA]. Caso as novas pesquisas não se concluam em 72 horas, deve-se solicitar prorrogação do prazo (mas sem garantia de que seja concedida). Vencido o prazo, o escore final do TCD+ será calculado para se tomar a decisão final [PESSOA 1, 2, 3].
- É preciso agir. Se o custo da [IMPLEMENTAÇÃO DO NEGÓCIO] for inferior a [QUANTIA], você está autorizado a prosseguir e prestar informações a [EQUIPE/ INDIVÍDUO] a cada [PERIODICIDADE]. Esgotada a verba, deve-se designar o líder do projeto, que redigirá o

caso de negócio sucinto, com os fundos solicitados para aprovação inicial.

Essas melhores práticas serão diferentes em cada empresa; a ideia básica de descrevê-las antecipadamente é semelhante à do raciocínio referente à Matriz de Decisão:

- Reforça a responsabilidade e a prestação de conta.
- Promove a conscientização quanto aos resultados potenciais.
- A participação no processo de criação diminui a probabilidade de resistência.
- O que está definido e descrito tem maior probabilidade de ser alcançado.

Depois de prever os melhores e piores resultados, decida sobre outros números, zonas ou bandas a incluir na Matriz de Investimento – lembre-se que não há respostas certas. Algumas empresas querem muitos resultados, outras só querem um sistema de semáforo. O melhor conselho é garantir a disponibilidade de resultados suficientes para atender às demandas da cultura organizacional e facilitar os primeiros passos práticos.

Lembre-se: as empresas que aplicam o TCD com mais sucesso criam menos bandas para decisões (cinco ou sete pontos entre bandas), com ações específicas simples para as bandas mais baixas e instruções complexas para as bandas mais altas, em vez de muitas decisões complexas para cada número ou muitos números. Menos bandas possibilita movimentos mais rápidos ao longo do processo, mas, geralmente, acarreta o surgimento de muitas perguntas depois. Defina o mais cedo possível o que funciona melhor para os participantes do processo e para quem precisa endossar os resultados.

Como na Matriz de Decisão, mais mãos tornam o trabalho mais leve; portanto, peça sugestões a outras pessoas antes de fechar as bandas. Lembre-se de conversar abertamente sobre os melhores casos, casos prováveis, e como a empresa manejou questões semelhantes no passado. Às vezes, em consequência das quantias envolvidas no TCD+, os indivíduos responsáveis por aprovações são mais cuidadosos ao atribuir quantias mais elevadas a tecnologias – considere esse aspecto ao criar bandas e discutir resultados.

FIGURA 5.1: Matriz de Investimento

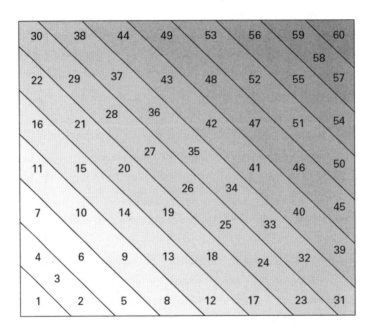

Passo 6: Identifique as áreas de interesse tecnológico

O passo seguinte é identificar na Matriz de Investimento as principais áreas de investimento e de interesse em tecnologias existentes. Essas áreas já devem ser relevantes para a empresa – nessa etapa, nada no futuro deve ser considerado no processo TCD+. Naturalmente, essas tecnologias existentes variarão de empresa para empresa (e, talvez, dentro da mesma indústria), mas considere todo o processo empreendido pela empresa e pelo consumidor. Pense no que é crítico para a empresa e no que é tecnologia marginal, que talvez seja usada, mas não inspira muita confiança – ambas devem ser levadas em conta, mas não serão incluídas nas mesmas áreas da Matriz de Investimento. Para dar um exemplo, pense num varejista de moda; ele usa tecnologia de ponto de venda (de importância crítica para o negócio); também usa sensores nas lojas para oferecer cupons personalizados aos compradores (não fundamental, mas útil) e pode usar postos de *check-out* (também menos importante, mas, sem dúvida, importante, para ajudar a empresa a ganhar dinheiro). Cada uma dessas tecnologias entraria em várias áreas da Matriz de Investimento, conforme a quantia investida até agora.

Ao elaborar essa lista – e ela pode ser longa ou breve, como você preferir (e sempre pode ser alterada) – pense nas seguintes áreas, como fonte de inspiração:

- Plataformas existentes, de que você já participe.
- Tecnologias existentes, que você já use.
- Parceiros existentes, com que você trabalhe.

Na lista, é possível incluir redes sociais (Facebook, Instagram, Flickr), aplicativos de mensagens para *mobile* (Snapchat, Slack, Whatsapp, iMessage), empresas de busca (Google, Microsoft), empresas de propaganda (Yahoo!, Facebook), empresas de dados de localização (Yext), e tecnologias de marketing (pagamentos *contactless*, empresas de pesquisa ao vivo).

A chave é pensar no alto nível da tecnologia em questão – em vez de Periscope (Twitter) ou Facebook Live, pense em vídeos *live-streaming*. Isso lhe possibilitará ver mais oportunidades para tecnologias emergentes e potencialmente disruptoras desses *players*, em vez de apenas incluir os dois nomes na grade.

Lembre-se: não há respostas erradas para essa pergunta – você pode priorizar e peneirar tecnologias menos importantes depois.

Passo 7: Inclua-as na Matriz de Investimento

Tendo a lista, o passo seguinte é pôr as tecnologias existentes na Grade de Investimentos. A maneira mais simples de fazê-lo, com base em meu trabalho com empresas grandes e pequenas, é dispor todas as tecnologias à sua frente e, então, movimentá-las por ordem de importância. A razão de não estarmos adotando critérios e fórmulas ou cálculos mais rigorosos é que as tecnologias já estão em operação, e o que você precisa saber é onde estão agora, não onde poderão ou deverão estar no futuro. Use o exercício seguinte para observar o negócio do alto – se alguma coisa o sobressaltar (como ser fraco em robótica), anote-o para uso mais tarde.

> **DICA**
>
> Usar Post-its ou pedaços de papel em um varal improvisado é uma ótima maneira de tornar essa tarefa mais interativa e realmente comparar itens diferentes em relação uns aos outros.

Passo 8: Identifique novas áreas de possível interesse tecnológico

Esta é, em geral, a parte mais difícil do TCD+, já que você pode saber imediatamente quais são as áreas de interesse.

Pense nas tendências de que já ouviu falar, em palestras a que assistiu, use o Google Analytics para ter uma ideia de outras opiniões referentes a tecnologias com que já está familiarizado, leia relatórios de analistas (e postagens em blogs – que, às vezes, são atualizados com mais frequência), procure curadores de área ou tópicos em plataformas como Twitter e LinkedIn, faça uma pergunta usando um site de perguntas e respostas, como o Quora (quora.com) ou encontre um especialista nesse campo e leve-o para almoçar, a fim de discutir áreas que imbricam ou colidem com aquela em que você está interessado.

A Escada de Referências de Experts

Aprendi esse sistema com um mentor, quando morei em Los Angeles, no começo da minha carreira. Eu não conhecia bem as mentiras da terra, e ele me ensinou a descobrir informações relevantes de maneira segura, mas não garantida.

O sistema funciona da seguinte maneira: você começa com uma ideia de quem talvez seja capaz de ajudá-lo a compreender melhor alguma coisa (a quem chamaremos de "Expert 1"). Você conversa com o Expert 1 e dele obtém as informações possíveis, mas o importante aqui é fazer uma pergunta simples no fim do encontro. Essa pergunta pode mudar, mas a ideia é a mesma – você está procurando o expert "dele".

A pergunta pode ser:

- "A quem você recorre para obter informações e tendências nesta área?"
- "Nesta área, quem é o melhor, na sua opinião?"
- "A quem você procuraria se tivesse uma dúvida a esse respeito?"

A próxima pessoa ou fonte é o Expert 2; depois de obter essa informação, você o procura, e o ciclo se repete, até você se convencer de ter a melhor resposta ou até concluir ter outro tópico a pesquisar em outra área. A ideia é que, ao pedir informações a alguém, você sobe um degrau da escada de referências e obtém informações cada vez melhores. Ao longo do processo, você sempre obtém novas informações e frequentemente encontra novas áreas de informação a explorar. Além disso, você também cria para si mesmo um painel ou plêiade de pessoas inteligentes a ser cultivado como *think tank* ou como algum tipo de manancial de conhecimento para a empresa.

DICAS

Antes de começar esse processo de questionamento, certifique-se de ter anotado corretamente o que você está procurando descobrir – descarte todas as informações irrelevantes e foque no tema central que você está prospectando. Por exemplo, você está em busca de soluções revolucionárias ou você realmente precisa de orientação prática? Outra dica pertinente é não se limitar a procurar pessoas com inteligência acadêmica – busque pessoas consideradas pensadores criativos. Finalmente, mantenha o processo descontraído e, idealmente, livre de preconceitos ou de outras restrições, de modo a obter as melhores ideias dos experts, em vez de o que primeiro lhes ocorrer ou simplesmente qualquer solução que considerem apropriada (ou que você queira ouvir). O processo é demorado e é uma arte.

Há várias outras maneiras de encontrar essa informação dentro e fora da empresa – a melhor é ser aberto, realizar *brainstorms* concisos e fazer muitas e muitas pesquisas e mapeamentos.

A boa notícia é que você já tem cinco tecnologias a incluir na grade:

- Nanotecnologia.
- Impressão 3D.
- *Blockchain*/Bitcoin.
- Inteligência artificial (e aprendizado de máquina).
- Holografia.

Ouros exemplos são realidade virtual, realidade aumentada, *chatbots*, tecnologias de ponto de venda, Uber, Netflix, economia compartilhada, Facebook, veículos autônomos, robótica, genômica de teste caseiro, energia solar... e a lista prossegue. O essencial aqui é focar somente em áreas que já são do interesse da empresa, não em outras que atualmente não estão impactando nem são críticas para a empresa. A ideia não é criar uma lista exaustiva, mas sim uma lista compacta e relevante.

Passo 9: Use a bússola do TCD+ para avaliar novas áreas de interesse tecnológico

Agora que você já identificou as áreas de possível interesse futuro para a empresa, é preciso avaliá-las para elaborar uma lista de ação por ordem de prioridade. Talvez você já tenha percebido, como ocorre com a maioria das pessoas, que o rol que você tem em mãos é extenso e parece intratável – não se preocupe, nem se precipite em podá-lo às pressas. O processo se acelera depois do preenchimento da primeira Grade de Investimentos.

A Bússola TCD+

A bússola TCD+ é um diagrama de medição que, depois de concluído, mostra como a tecnologia que está sendo avaliada se encaixa no futuro da empresa. O diagrama se baseia vagamente em um diagrama de rede e, depois de preenchido, poderá assumir várias formas (iceberg, iceberg invertido, raposa, *pacman*, entre outros) que denotam diferentes potenciais para o negócio, conforme as possibilidades de vantagem competitiva, de vantagem do pioneiro e de diversos outros fatores.

Eis a aparência da bússola TCD+ em branco:

FIGURA 5.2: Bússola TCD+ em branco

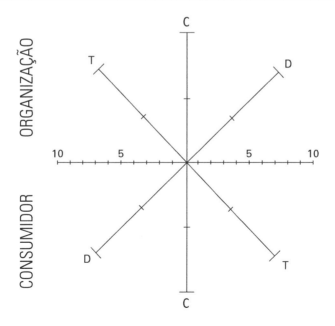

Depois de ter feito esse primeiro desenho, é preciso preenchê-lo. Aqui está uma Bússola TCD+ preenchida.

FIGURA 5.3: Bússola TCD+ preenchida

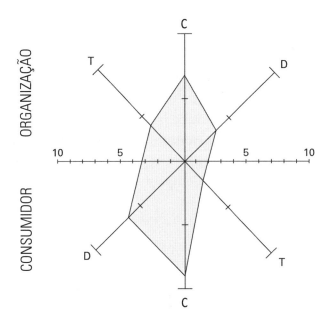

Preenchendo a Bússola TCD+

O processo é um pouco demorado para engrenar e pegar velocidade, mas, depois de você e o grupo repeti-lo algumas vezes, vê-se com clareza o poder do TCD+ para definir e impulsionar os rumos da empresa.

Como pontuar: cada seção da Bússola TCD+ é atribuída a um membro específico do comitê já composto.

O Grupo T, ou grupo de tecnologia, olha para a tecnologia em si, suas propriedades e usos, e foca na pergunta: "[As pessoas] poderão fazer o que você está pedindo?", conforme os seus objetivos empresariais:

- TC (Tecnologia do Consumidor): Gestores de Propaganda, Marketing, Consumidor.
- TO (Tecnologia da Organização): CTO, Gerente de TI.

O Grupo C, ou grupo de comportamento, pensa no comportamento induzido pela tecnologia, no porquê subjacente à tecnologia e nas reações das pessoas à tecnologia, e foca na pergunta: "[As pessoas] farão o que você está pedindo?", conforme os seus objetivos empresariais:

- CC (Comportamento do Consumidor): Gestores de Atendimento ao Cliente, Experiência do Cliente.
- CO (Comportamento da Organização): Gestores e Diretor de Vendas.

O Grupo D, ou grupo de dados, considera os dados por trás da tecnologia, o "quanto", "quando" e "com que frequência", e foca na pergunta "Bastarão as [pessoas] que puderem fazer, e de fato fizerem, o que você está pedindo?"

- DC (Dados do Consumidor): Analista de Dados, Consultor, Consultor Externo.
- DO (Dados da Organização): Gestores e Diretores de Análise de Dados, Finanças, Dados.

Todos os membros do grupo têm 10 pontos para distribuir ou guardar, com base nas pesquisas que fizerem sobre certo assunto. Obviamente, você tem liberdade para modificar as descrições da escala de 10 pontos, conforme a situação da empresa, mas ela deve manter a consistência para permitir comparações justas.

Nota importante: Embora o dinheiro seja importante, a resposta certa para a empresa é primordial quando se trata de TCD+. Daí decorre que, embora a tecnologia seja dispendiosa, esse aspecto em si não a exclui de considerações mais profundas. A tecnologia que é descartada por ser onerosa pode ser o diferencial da sua empresa em relação aos concorrentes. Para tanto, saliente esse aspecto exaustivamente, para todos os participantes, durante todo o processo. O propósito não é negligenciar o ônus, mas liberar as pessoas para pensar grande, imaginar o bônus, e superar todos os limites, em vez de se limitar ao imediatamente factível.

A escala de 10 pontos é determinada por cada membro (ou miniequipe), respondendo à pergunta que lhes foi designada:

- TC (Tecnologia do Consumidor): Numa escala de 0 a 10, em que 0 significa "A tecnologia não existe" e 10 significa "Todos usam a tecnologia", qual é a parcela do mercado que tem a tecnologia?
  - Quantos por cento das pessoas, aproximadamente, têm hardware, software ou aplicativos para acessar a tecnologia imediatamente?
- TO (Tecnologia da Organização): Numa escala de 0 a 10, em que 0 significa "A organização não tem nada do que precisa para adotar a tecnologia" e 10 significa "A organização tem tudo de que precisa para adotar a tecnologia", até que ponto você é capaz de implantar a tecnologia?
  - Quais são as atuais capacidades de desenvolvimento da tecnologia pela empresa?
  - Que recursos humanos que ainda não temos serão necessários para o desenvolvimento da tecnologia?
- CC (Comportamento do Consumidor): Numa escala de 0 a 10, em que 0 significa "O comportamento ainda não é observado" e 10 significa "O comportamento já é cotidiano", qual é a porcentagem de consumidores que já está fazendo o que você precisa que façam?
  - Além do comportamento em si, há alguma atitude semelhante ou complementar que deva ser desenvolvida ou modificada com facilidade para promover o comportamento desejado?

- CO (Comportamento da Organização): Numa escala de 0 a 10, em que 0 significa "Nem um pouco interessado" e 10 significa "Extremamente interessado", até que ponto você está disposto a estimular ou propiciar o comportamento?
  - A indução desse comportamento gera grande vantagem comercial, a ponto de, caso contrário, envolver o risco de extinção da empresa?
- DC (Dados do Consumidor): Numa escala de 0 a 10, em que 0 significa "Sem interesse" e 10 significa "Todos demonstram interesse", quantos por cento das pessoas, aproximadamente, expressaram interesse em fazer o que você precisa que façam?
- DO (Dados da Organização): Numa escala de 0 a 10, em que 0 significa "Não será de modo algum disruptiva" e 10 significa "Será intensamente disruptiva", quão disruptiva será essa tecnologia?
  - Em quanto tempo é provável que a tecnologia venha a ser adotada pelo mercado de massa?
  - Qual é o grau provável de pervasividade, propagação ou impregnação da tecnologia?

Essa é uma etapa crítica do processo; portanto, empenhe-se para que todos compreendam plenamente a questão e sejam capazes de fundamentar seus escores. Depois que a pessoa ou equipe concluir a pontuação de que foi incumbida, peça-lhe que a envie para você.

Passo 10: Calcule o escore TCD+ final para novas áreas e os inclua na Matriz de Investimento

Depois de concluídos os seis escores, é necessário totalizá-los em um único escore:

$$TC + TO + CC + CO + DC + DO = escore\,TCD+$$

Nessa etapa, pode haver alguma discussão sobre os escores finais, quando são comparados uns com os outros. Essa é uma reação natural e é aspecto importante do processo. A chave aqui é promover uma discussão aberta e honesta sobre as razões de se chegar a esses resultados. O melhor conselho, com base em anos de experiência, é não se apressar nesse contraditório e empenhar-se para que as dúvidas e controvérsias sejam debatidas à exaustão e minoradas tanto quanto possível, antes de prosseguir. O escore é o ponto de partida, não o ponto de destino, até que chegue a um acordo – sem consenso, corre-se o risco de perder o entusiasmo e o apoio em relação ao futuro do investimento e do programa.

ESTUDO DE CASO

Eis um exemplo de uma Bússola TCD+ final para uma cadeia de supermercados que está pensando em explorar a venda de alimentos produzidos por impressão 3D em suas lojas.

FIGURA 5.4: Bússola TCD+ completa para uma cadeia de supermercados

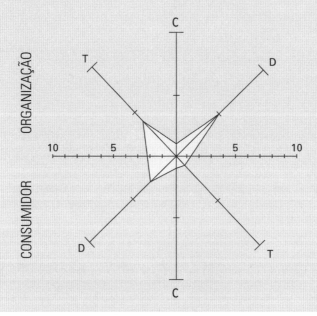

> Atualmente, é improvável que o supermercado invista nessa tecnologia, porque, embora já existente, ela ainda está nos primórdios (TO está em meio curso) e as preferências e os comportamentos dos consumidores em relação a esse tipo de alimento ainda precisam ser desenvolvidos (os escores de CC e DC ainda são baixos). Nesse caso, conforme a Matriz de Investimento do supermercado, um escore TCD+ de 15 significa não investir imediatamente, mas justifica prosseguir com as pesquisas; o teste imediato do potencial foi negado, mas, com base em novas descobertas de pesquisas, o financiamento no futuro talvez seja possível. A reavaliação deve ser reiniciada em seis meses.

Concluído o processo e calculados todos os escores TCD+ finais, inclua todas as tecnologias na Matriz de Investimentos e certifique-se de que todos os participantes têm uma cópia, para manter a coesão, a transparência e o foco.

Agora, dê um passo atrás e observe a Matriz de Investimento:

- Alguma coisa se destaca?
- Quais são os resultados surpreendentes?
- Constata-se algo iminente?
- Há possibilidade de vitórias rápidas?
- Alguma coisa pode tirá-lo do caminho se você não agir aqui e agora?
- O que está faltando?

Refletir e responder a essas perguntas o ajudará a priorizar seus próximos passos práticos. Passe algum tempo avaliando a grade ou lista à sua frente e avalie diferentes cenários – será que há alguma combinação? Como será possível fazer o máximo de mudança no mínimo de tempo? Será esse o jogo certo?

Passo 11: Identifique as principais áreas de oportunidade

Naturalmente, os números mais altos despertarão mais interesse, mas esse não é, em geral, o método mais fácil ou rápido, e, frequentemente, leva a decisões que acarretam próximos passos mais longos (o que é bom). Não se deixe iludir, porém, e não se concentre apenas no quadrante superior direito (se você os distribuiu numa grade) ou nas linhas superiores (se você os ranqueou numa lista). A priorização aqui é fundamental – procure dados superindexados, pontos de alto crescimento, dados referentes a intenções de compra e pontos de dados com maior potencial, e marque essas ocorrências como pontos interessantes.

Passo 12: Defina o plano de ação com base em nova Matriz de Investimento

Os planos de ação podem assumir diferentes aspectos e formatos. Prefiro mantê-los simples e breves, com ações e responsáveis bem definidos, mas tenha a liberdade de adotar o estilo da sua organização.

Qualquer que seja o estilo escolhido, não deixe de incluir os seguintes pontos:

- Que ações ou mudanças ocorrerão?
- Quem será incumbido de promover essas mudanças?
- Quando ocorrerão, e quanto perdurarão?
- Que recursos (dinheiro, pessoal) são necessários para realizar essas mudanças?
- Quem deve saber o quê, quando?

Passo 13: Feedback para o grupo

O feedback inicial deve ser breve, decisivo e contagiante. Para melhores resultados, recomendo completar o TCD+ a cada seis meses (trimestralmente é melhor), a fim de: a) acompanhar as novas tecnologias disruptivas e emergentes; b) preservar a sua responsabilidade e a dos demais participantes. O processo deve ser rápido e decisivo nos primeiros 12 meses. Tony Robbins é famoso por sua analogia com o tempo: é melhor definir o curso e depois corrigi-lo, porque o tempo pode mudar.

DICA

Inclua, desde o início, lembretes em sua agenda, referentes à atualização do TCD+, para que as pessoas se lembrem de manter o curso e ficar focadas no processo. Dois a cinco lembretes geralmente são suficientes; mais do que isso pode gerar apatia – você está querendo dar pequenos empurrões, não safanões.

Conclusão

Em síntese, o processo TCD+ é uma maneira testada e comprovada de abraçar a incerteza, aplicando um método para abordar e incorporar a mudança em sua organização. Nos próximos capítulos, examinaremos outros fatores que contribuirão para aumentar a probabilidade de sucesso desse e de outros processos.

O Capítulo 6, a seguir, analisa uma área importante – vender o plano de ação e contagiar a alta administração, para que também ela apoie e impulsione a mudança.

CAPÍTULO 6

—

COMO OBTER APROVAÇÃO

DEPOIS DE CONCLUIR O TCD+ (ou o TCD simples, se essa foi a sua escolha), você provavelmente terá de esperar uma decisão, que exige algum tipo de processo de aprovação, ou assinatura. As tecnologias disruptivas quase sempre envolvem problemas mais amplos e exclusivos, sob o aspecto de necessidades de investimento, em razão de sua natureza e das incertezas que lhe são inerentes. Neste capítulo, exploraremos vários temas e exercícios que o ajudarão e o prepararão para dar maiores chances de sucesso a suas propostas e orçamentos.

Por que as pessoas resistem a ideias e soluções

Ideias radicais e convencionais podem ter dificuldade em obter aprovação por várias razões. Compreender essas razões pode aumentar sua taxa de sucesso e melhorar a sua argumentação. A falha mais grave é a deficiência de compreensão da ideia em si; ou a apresentação é muito ruim ou a ideia é complexa demais, e a empresa prefere protelar a aprovação ou rejeitar a proposta imediatamente, em vez de questionar a apresentação e exigir justificativas mais convincentes. A segunda falha é não entender como aplicar a ideia ou a mudança necessária. Geralmente, esse problema pode ser superado pelo diálogo, mas, dependendo da complexidade, o processo pode ser árduo.

Apesar dos numerosos esquemas (atalhos mentais que usamos para tomar decisões), as pessoas não estão programadas para dizer "não" a novas ideias, mas somos configurados para, primeiro, pôr o nosso mundo em ordem. Não conseguiríamos sobreviver na vida diária sem um sistema para organizar o mundo em diferentes escaninhos – mental ou social, por exemplo. Gillian Tett, antropóloga e autora de *The Silo Effect: The Peril of Expertise and the Promise of Breaking Down Barriers* (2015), acredita que pessoas inteligentes tomam decisões burras por várias razões, mas as principais são, geralmente, a armadilha dos estereótipos, a mentalidade tribal e a aversão ao risco. Combater esses e outros vieses arraigados pode ser difícil, mas há maneiras de mudar e alterar a mentalidade e a cultura, para ter consciência do risco em vez de aversão ao risco. A consciência do risco é a capacidade de assumir riscos calculados e dispor-se a avançar em vez de simplesmente ficar onde está por não ter encontrado uma posição segura para onde ir. Ao conversar com altos executivos, geralmente é proveitoso falar sobre consciência do risco, porquanto demonstra que você considera o panorama mais amplo, o que deixa os interlocutores à vontade. Nos próximos capítulos, trataremos do desenvolvimento de empresas e de departamentos abertos – uma vez que a capacidade de diagnosticar e prognosticar pode prevenir muita decepção, estresse e insucesso.

Meu trabalho em empresas e em consultorias ajudou-me a compreender com mais clareza os dois lados da mesa, durante e depois das negociações. Essas experiências muito contribuíram para a maneira como lido com tomadores de decisões, agilizo negociações e apresento informações a diferentes partes. Toda empresa tem peculiaridades – apesar das semelhanças e interesses comuns – mas cada uma terá sua própria maneira de dizer "sim" ou aprovar projetos. Identificar e explorar essas complexidades o ajudará a pedir recursos e orçamento.

Em geral, duas áreas se destacam: risco e viés. A compreensão dessas duas áreas e de como combater preconceitos aumenta em muito as suas chances de sucesso.

Entendendo o risco e por que ele não é um palavrão

As tecnologias disruptivas são inovadoras e incipientes, ainda não estão plenamente testadas, e se baseiam em conceitos tecnológicos revolucionários, que exigem um salto de fé. Em consequência, são, por natureza, arriscadas. A mentalidade saudável, consciente do risco, é fundamental ao vender ideias e planos aos altos executivos, tomadores de decisões.

A diferença entre consciência do risco e aversão ao risco é simples; consciência do risco é a exploração *ativa* do risco, por acreditar que risco mais alto significa retorno mais alto; enquanto aversão ao risco é a opção por evitar riscos e rejeitar deliberadamente oportunidades e cenários de risco. Ter consciência do risco não significa aceitar ativamente todas as novas ideias arriscadas, mas sim explorá-las em profundidade, antes de adotá-las. Diferentes estratégias são adequadas para diferentes empresas, em épocas e em circunstâncias diversas. A ideia não é prevenir o risco, o que é impossível, mas minimizá-lo — e eis o ponto importante de se lembrar: é impossível livrar-se de todo o risco.

Qualquer empresa ou organização depara com situações de risco diariamente — o tamanho, a estrutura e as políticas da organização ajudam a definir a cultura em relação ao risco. Olhando adiante e retrocedendo na história recente, grandes ganhos e produtos históricos resultaram do foco no risco, em vez da cegueira seletiva. Empresas como Apple, Uber, Facebook e Netflix, para citar somente algumas, incorporaram a gestão de riscos nas políticas e procedimentos de toda a organização — umas de cima para baixo e outras de baixo para cima. Essa incorporação da gestão de riscos — em qualquer nível — implica que a cultura da organização valoriza e considera o risco, em vez de se deixar bloquear. Em essência, o risco se torna ingrediente normal do mix, não um corpo estranho a ser rejeitado.

Algumas são as maneiras de incorporar o risco — trata-se de tática de vendas de longo prazo, que exige ajuda em diferentes níveis:

- Minimizar a cultura de "culpa", recompensando os riscos que foram assumidos da maneira certa.
- Alinhar os objetivos individuais com os objetivos da organização.

- Incluir termos e tarefas de risco nas descrições de cargo.
- Divulgar histórias de risco – como estudos de casos específicos sobre riscos e decisões certas.
- Adaptação dos materiais de recebimento e ambientação de novos funcionários, de modo a incluir trechos e exemplos de risco.

Ponto interessante de um relatório produzido pela CEB Global, empresa de gestão de riscos, trata do futuro do risco e da origem provável dos grandes impactos financeiros. Tradicionalmente, a gestão de riscos foca principalmente em questões legais, observância da regulação e relatórios financeiros, mas, entre 2005 e 2015, a maioria dos grandes impactos sobre o valor para os acionistas efetivamente resultou de riscos estratégicos e operacionais, como falhas em processos internos, problemas de pessoal e acontecimentos externos (CEB, 2016).

Em outras palavras, os dias do risco como coisa simples estão acabando para a maioria das empresas, velhas e novas, grandes e pequenas. Em seu lugar, entra em cena uma nova era de consciência do risco, que está introduzindo novo foco em questões estratégicas de aversão ao risco, em substituição à tradicional abordagem de múltipla escolha de outras áreas. Chegou a hora de promover mudanças reais, para que as jornadas futuras dos indivíduos e das organizações sejam muito mais suaves.

Em geral, supõe-se que as empresas sejam muito mais avessas ao risco do que são na realidade, com base na percepção corrente de decisões históricas, dos estereótipos e do fato de que geralmente é mais fácil ver por que alguém *não quer* fazer isto ou aquilo do que ver por quê, ao contrário, alguém *quer* fazer isto ou aquilo. Compreender as motivações de alguém capaz de interferir em suas pretensões é importante para maximizar suas chances de sucesso.

Os vieses estão em todos os lugares e em nenhum lugar

O mundo empresarial está apinhado de vieses cognitivos que bloqueiam boas ideias e promovem más ideias. Em termos tanto de defesa do interesse próprio quanto de tomada de boas decisões, é um mundo perigoso lá fora, e identificar problemas à medida que surgem é fundamental para garantir o "sim" a investimentos em tecnologias disruptivas. Eis alguns dos vieses mais comuns que economistas e psicólogos comportamentais já analisaram:

- *Viés de confirmação*: as pessoas acreditam mais em situações compatíveis com suas ideias e crenças, apesar das evidências em contrário.
- *Ancoragem*: as pessoas baseiam as decisões nos primeiros sentimentos, e não vão além, nem exploram outras hipóteses.
- *Pensamento de grupo*: as pessoas procuram o consenso, mais do que a avaliação crítica.
- *Aversão a perdas*: as pessoas temem as perdas mais do que anseiam por ganhos comparáveis.
- *Viés da clareza*: as pessoas focam menos em dados mal apresentados e prestam mais atenção em informações claras.
- *Falácia dos custos sem retorno*: as pessoas focam em custos que já foram gastos e que não são recuperáveis, e não adotam cursos de ação diferentes, apesar dos maus resultados do caminho atual.
- *Viés do compromisso*: as pessoas investem recursos adicionais em decisões equivocadas, por causa do dinheiro, do tempo e de outros recursos já investidos.
- *Viés do presente*: as pessoas valorizam os ganhos imediatos em prejuízo dos ganhos futuros.
- *Viés da mera exposição*: as pessoas têm preferência pelo que é familiar, em detrimento do que é estranho ou diferente.
- *Viés do* status quo: as pessoas preferem deixar as coisas como estão, sem as pressões da mudança.
- *Viés do excesso de confiança*: as pessoas superestimam as próprias competências e habilidades presentes para afetar resultados futuros, por mais longe que estejam.

Os vieses têm raízes profundas e são difíceis de mudar – lembre-se que o objetivo não é mudar as pessoas, mas orientá-las no processo de dizer "sim" para o seu plano. Cada um dos vieses pode ser revertido e usado em seu favor – lembre-se de ajudá-los a tomar a decisão, e não os force a decidir.

- Descarte as planilhas de dados – torne-os claros, dê-lhes vida para que as pessoas vibrem (clareza).

- Fale das dificuldades logo de início, para superá-las em seguida (*status quo*).

- Use os ganhos de curto prazo como meio para vender os ganhos de longo prazo (presente).

- Foque nos custos do projeto em andamento para conseguir recursos financeiros (custos sem retorno).

- Mostre as perdas antes de destacar os ganhos (aversão a perdas).

- A exposição das tecnologias disruptivas e emergentes, de várias maneiras, aumentará a aceitação e a preferência por ideias semelhantes (mera exposição).

O último ponto é fundamental; a exposição reduz o medo e também abre as mentes para o possível. Mostrar e falar são, de longe, os momentos em que ocorrem os mais intensos momentos de "anrã", durante conversas sobre tecnologias disruptivas e emergentes com os indivíduos e organizações que têm mais dificuldade com a tecnologia. Antes da reunião, talvez convenha preparar o contexto (*priming*) com um *Trend Safari*. O exercício consiste em passar um dia fora do escritório, com um grupo de tomadores de decisões, para experimentar e absorver algumas tecnologias e conceitos inovadores, para depois dar o feedback à equipe mais ampla.

ATIVIDADE: *TREND SAFARI*

Tempo necessário: 4 a 8 horas
Você precisará de:
- Três coordenadores.
- Cinco a dez participantes (no máximo).
- Cadernos e canetas para os participantes.
- Espaço para o fim do dia, onde consolidar o aprendizado, enquanto relaxa e aproveita.

Como o nome sugere, o *Trend Safari* é uma atividade de imersão e experiência, que vai além das percepções de visão e audição. Os locais são muito diferentes (daí a necessidade de planejamento cuidadoso do tempo) e neles se realizarão várias atividades. Algumas serão de mão na massa com as novas tecnologias; outras serão de perguntas e respostas, e ainda haverá as sessões de observação, em que simplesmente se observa o consumidor à toa, à vontade. O importante no *Trend Safari*, como já foi dito, é promover uma experiência intensa, que vivifique a tecnologia e a mudança no comportamento do consumidor. O papel do *Trend Safari* pode ser totalmente inspirador, tanto quanto pode ser usado para propiciar o "sim". Em termos de tamanho do grupo, dez é geralmente o maior número de participantes. Acima disso, começa-se a perder tempo com idas ao banheiro e com outras interrupções. Também é importante considerar que muitos espaços não poderão acomodar mais de dez pessoas, por causa do estágio em que se encontra o negócio. O *Safari* deve parecer hiperativo (com distância suficiente entre os espaços), mas a ideia é deixar as pessoas querendo mais depois de cada evento em um local diferente. A pontuação de atividades e até de exercícios é uma maneira ótima de manter o impulso – o que também encoraja os participantes a refletir sobre os insights e as ações a levar para casa. Materiais personalizados, como folhetos com informações sobre os locais, e espaço suficiente para anotações, também acentuará o sentimento geral de uma experiência cuidadosamente confeccionada sob medida.

Lugares e fornecedores: Descobrir os lugares e fornecedores certos a visitar é fundamental. Várias são as maneiras de fazê-lo, dependendo de onde você está no mundo e de quão avançada é a tecnologia que você está buscando. Startup-Blink (startupblink.com) é um mapa global de start-ups em todo o mundo, a ser usado para aumentar o zoom sobre as start-ups interessantes de sua área.

Ao escolher locais adequados para o itinerário, deve-se analisar em profundidade cada alternativa e sua contribuição para o objetivo mais amplo, seja o de organizar um safari longe do cotidiano ou em outro mercado, seja o de operar em território mais familiar. Depois de identificar alguns locais interessantes, explore os arredores a pé para identificar outras opções – inovação e disrupção tendem a ser território fértil para mais disrupção e inovação. Não se esqueça de que *webinars* ao vivo podem ser outra opção, se a empresa com que você quiser conversar não estiver em sua área – embora essa deva ser uma opção de último recurso.

Outros lugares onde buscar inspiração sobre a quem visitar incluem a revista *Wired*, Nesta.org, MIT, Techcrunch (a palestra "Disrupt" é especialmente interessante), XPRIZE, TED, Investopedia, e o bom e velho Google.

DICA: Para complementar sua escolha de recintos, pense em incluir entrevista com palestrantes relevantes no itinerário; por exemplo, durante um almoço ou um intervalo para café, de modo que o local da reunião seja compatível com o propósito geral do dia (p. ex., um restaurante que se gabe de tecnologias de pagamento interessantes ou que tenha garçons robotizados), como pano de fundo envolvente.

Orçamento: Dependendo das instalações, transporte, almoço e palestrantes, você deve dispor de algo da ordem de US$ 2.000 a US$ 10.000. Alguns clientes usam um micro-ônibus para o deslocamento entre os locais, enquanto outros optam por Uber ou simplesmente caminhadas, caso possível.

Nota: Os *Trend Safaris* não se confundem com os chamados *agency days*, ou dias de reunião dos parceiros internos e externos de uma organização. Esses eventos geralmente se inclinam para situações específicas e nem sempre tratarão de tecnologias disruptivas. A beleza dos *Trend Safaris* é a capacidade de romper o viés de confirmação e o pensamento de grupo, para adotar perspectivas revigorantes e empolgantes, além de imaginar as tecnologias mais recentes e próximas.

A Foresight Factory (agência global de prospecção de tendências dos consumidores) promove com regularidade *Trend Safaris*, para BCRs (bens de consumo rápido), viagens e marcas de varejo. A coproprietária e CEO, Meabh Quoirin, tem uma série de dicas para a realização do melhor *Trend Safari* possível – qualquer que seja o seu orçamento:

- *Comece e termine com o negócio.* "Ligue o itinerário do safari aos projetos, problemas ou tendências em foco, para impulsionar mais ações. Essa associação também oferece mais valor contínuo, lampejando novas ideias e disparando insights a serem seguidos, além de resultados mais inspiradores."

- *Olhe além do nariz.* "Selecionamos experiências que agora tendem a ser marginais/emergentes, mas que se transformarão em oportunidades mais convencionais. Queremos pessoas que sintam o futuro antes de acontecer. Queremos que elas cheguem ao futuro antes dos concorrentes."

- *Desde o início transmita o valor aos participantes de alto nível.* "Geralmente, a equipe sênior, pressionada pelo tempo, fica pensando se o safari realmente lhes apresentará alguma coisa nova ou útil. Destaque, logo no começo, o valor do safari, e programe o dia no contexto de objetivos e iniciativas comerciais, além dos benefícios adicionais, como experiência prática ("Talvez você já conheça essas inovações, mas será que você já as testou?") e a oportunidade de reunir diferentes departamentos da empresa, que, geralmente, operam em feudos."

- *Planeje o tempo para planejar o tempo.* "É difícil programar safaris - mesmo em face dos relacionamentos existentes. Garantir a disponibilidade das pessoas almejadas e reunir-se com indivíduos importantes, em diferentes lugares, pode demorar, facilmente, várias semanas."

- *Confirme e reconfirme.* "Nos dias imediatamente anteriores ao safari, em que se finalizam os aspectos práticos de última hora, confirme duas vezes a efetiva disponibilidade dos locais. O período agendado está mesmo disponível? A pessoa a ser procurada ainda é a mesma e haveria outros aspectos a serem verificados antes do evento? A equipe organizadora também deve repassar o 'roteiro' e identificar possíveis pontos 'críticos'."

- *Planeje o futuro.* "Manter um banco de dados atualizado de possíveis lugares e start-ups interessantes, à medida que os identifica ou explora a experiência de organizações especializadas, também contribuirá para a eficiência da programação de outros safaris. Em geral, os consumidores em si são fontes inestimáveis de locais para eventos. A Future Foundation tem uma rede global de Trendspotters (sensores de tendências) que nos mantêm preparados para novas localidades e instalações, em mais de 70 países. As pessoas em nossa rede têm conhecimento sem igual de nossos locais – as lojas de varejo mais legais, os bares mais animados, os mais novos points de lazer."

DICA: Reflita sobre a possibilidade de programar alguma "surpresa", isto é, não revelar todo o itinerário e programação para todo o grupo até o dia D, usando *teasers* para despertar interesse e estimular o apetite.

Os *outsiders* geralmente são necessários para criar movimento

Às vezes, você precisa de ajuda externa, para a implementação, concepção ou identificação de possíveis soluções. Esta última pode ser o melhor caminho para um "sim", na medida em que os *experts* externos têm mais credibilidade junto ao Conselho de Administração, com base em sua *expertise* presumida e efetiva. Embora *expertise* comprovada e experiência direta sempre sejam úteis, nova tendência está surgindo, denominada *analogous-field thinking*, ou raciocínio por analogia de campo, que ajuda as empresas a avançar com novas tecnologias, baseadas em raciocínios e experiências de outros campos. Essa ideia é explorada com mais detalhes no próximo capítulo, pois ajuda a abrir as organizações e os padrões de raciocínio.

Outro método para ajudar a se movimentar com mais rapidez é remover ou reduzir o atrito no processo de obtenção do "sim". A maioria das organizações com que trabalhei passava por pelo menos três etapas, antes da aprovação final, que poderiam ser eliminadas ou reduzidas – e essa podia ser a diferença entre sufocar ideias criativas ou angariar recursos para explorar novas oportunidades. Agilizar o processo de obtenção do "sim", antes de reivindicar investimentos, talvez seja a medida mais inteligente antes de contratar um consultor externo.

Vendendo poder... dolorosamente

Todos estamos, cada vez mais, vendendo a diferentes públicos, não importa que estejamos negociando com um novato, um *barman* ou um alto executivo, membro do Conselho de Administração – cada um exige diferentes abordagens e focos. "As pessoas compram emocionalmente, mas decidem racionalmente", de acordo com Lisette Howlett, *Senior Sales Trainer* da Sandler (programa para profissionais de vendas). "Para realmente efetuar a mudança e conseguir que alguém decida, a pessoa deve sentir algum tipo de 'dor' emocional. Em outras palavras, o indivíduo deve compreender o que a decisão significará para si mesmo." Agindo assim, você reformula a decisão, de "O que é melhor para se proteger algo" para "O que é melhor para se alcançar algo" – tornando a motivação muito mais poderosa.

Esse método é conhecido na Sandler como *The Pain Funnel*, ou O Funil da Dor, e propõe uma série de perguntas mais ou menos focadas que remetem o tomador de decisões ao mundo dele, não à função para cujo exercício está sendo remunerado. Para ser claro, não se trata jamais de dor física – mas sim de gatilhos emocionais que o ajudam a compreender as motivações das pessoas ao tomar decisões que podem afetá-las. Em outras palavras, a decisão não é "A empresa deve investir em impressão 3D?", mas sim "O que investir em impressão 3D significa para o meu desejo de sair do trabalho uma hora mais cedo, todos os dias, a tempo de colocar as crianças na cama?"

Howlett sugere cinco dicas ao vender a grandes projetos de tecnologias disruptivas:

1. Venda hoje, eduque amanhã

Produzir grande quantidade de materiais logo de cara talvez não atenda às necessidades do tomador de decisões. O sucesso geralmente consiste não em criar alguma coisa ou muitas coisas, mas sim em questionar o compromisso em relação ao projeto. Foque em qualificar o compromisso do tomador de decisões, fazendo perguntas abertas do tipo:

- Como foi o último projeto, nesses moldes, que você gerenciou?
- Já falamos sobre [TEMA]; a questão ainda está em aberto? Desistimos de tentar resolvê-la?
- De que você precisa para apoiar este projeto?
- O que mais seria necessário para deixá-lo satisfeito?
- Se você tivesse uma varinha mágica, o que você faria?
- Projetos semelhantes custaram entre [QUANTIA 1] e [QUANTIA 2]; em que extremo você se sentiria satisfeito?

2. Faça-se de idiota

Este exercício é ótimo para deixar os outros falarem. Em vez de atuar como *expert* e dar uma aula ao tomador de decisões, contenha-se e faça perguntas inteligentes, para avaliar o interesse e o compromisso da pessoa. Os amadores falam demais sobre o que não conhecem. Os profissionais sabem o que conhecem e como conhecer mais. Embora atuar como amador possa parecer contraintuitivo, essa é em geral uma técnica de venda útil, que ajuda as pessoas a se sentirem empoderadas e ir além de só falar.

Use frases como:

- "Você está dizendo que...?"
- "Deixe-me ver se entendi bem..."
- "Fale mais sobre isso..."
- "Não acho que..."
- "Estou confuso..."

3. *Evite o arrependimento do comprador antes de comprar*

Grandes projetos podem retroceder no último minuto, quando se reflete sobre eles; é importante evitar que isso aconteça, tomando algumas medidas preventivas. Confirmar que o tomador de decisões está plenamente satisfeito é bom começo, mas dar um passo adiante e conversar sobre seus maiores temores, nessa etapa, geralmente traz à tona problemas que podem ser atenuados com rapidez. Ótima maneira de agir assim é recorrer a um termômetro imaginário. "Numa escala de 0 a 10, em que 0 é estar 'extremamente infeliz' e 10 é estar 'extremamente feliz', onde você se situa em relação ao seu plano?" Agora, é provável que você tenha algum espaço para conversar; procure-os e tente melhorar tal situação.

4. *Pata de Macaco*

Termo náutico, "pata de macaco" designa uma pequena bola de corda que se prende a uma linha maior, para puxá-la – sem isso, puxar a linha maior seria perigoso e quase impossível. Essa técnica é útil quando os tomadores de decisões são capazes de dizer "sim", mas não estão totalmente comprometidos. Nesse cenário, uma abordagem tudo ou nada não funciona; por isso, você precisa concluir duas "vendas" (ou decisões) separadas. A primeira venda é um programa piloto ou primeiro passo, e a segunda venda é o resto do programa, baseada no sucesso da primeira. A conclusão do projeto inicial dará maior confiança ao tomador de decisões e facilitará a segunda venda.

5. *Detone logo a bomba*

A melhor dica de Howlett é ser dono do elefante na sala ou, nas palavras dela, "detonar logo a bomba". As tecnologias disruptivas podem deixar as pessoas pouco à vontade e levá-las a fazer muitas ressalvas, alegar lacunas e discutir custos. Tomando a iniciativa e expondo de imediato suas preocupações, assim como as oportunidades, é possível superar os temores e as preocupações e realmente explorar resultados possíveis e prováveis.

"Isso é caro"

Como já mencionamos, o investimento inicial não deve estar sujeito a limitações e, até agora, tanto o TCD simples quanto o TCD+ desprezaram os aspectos financeiros de qualquer mudança, para que fossem abordados nas fases de exploração e refinamento.

O dinheiro geralmente exerce efeito polarizador e negativo sobre a pesquisa e os resultados, por força da percepção de vieses, estereótipos e histórias pessoais.

Outra razão para desse bloqueio inicial decorre da experiência e do histórico de implementação da mudança em organizações de vários tamanhos; a melhor solução continua sendo a melhor solução, mesmo que você não tenha condições de adotá-la. Além disso, naturalmente, sempre se encontra dinheiro para financiar boas ideias. Agora que você compôs o seu plano, é importante pensar nos diferentes custos envolvidos, financeiros, humanos, sociais e outros.

As tecnologias disruptivas geralmente são consideradas caras. Todas as organizações e indivíduos são singulares, e os números que você tem na cabeça podem ser drasticamente diferentes dos que estão ao alcance do tomador de decisões. De início, não presuma nada; mas formule a posição ou posições a serem propostas.

A boa notícia quando se fala em dinheiro é que muitas são as opções, desde a abordagem abrupta do problema, logo de cara (ver acima) – "É fato que envolverá muito dinheiro..." – até a aproximação gradual – "O que você consideraria razoável investir nessa área?" – ou a reformulação completa da questão – "Dinheiro dificilmente será o verdadeiro obstáculo aqui, o que me preocupa mais é prazo...".

DICA

Mude os padrões de pensamento usando palavras diferentes. Em vez de usar certas palavras e frases, tente usar algumas alternativas e observe os diferentes tipos de perguntas e respostas de acompanhamento daí resultantes.

QUADRO 6.1: O que dizer e o que não dizer

Use	Não use	Exemplo
Dinheiro, investimento	Orçamento, verba, finanças	"Será que esse é o momento oportuno para discutir o investimento para o projeto?"
Razoável	Significativo, expressivo, grande	"É uma importância razoável, como seria de esperar"
Confortável	Disposto, capaz	"Quanto você estaria confortável em investir à vontade neste projeto?"
Deve, deveria	Poderia	"Teríamos condições de fazer isso de várias maneiras, mas eu gostaria de ouvir a sua opinião sobre como devemos agir"
Até quanto	Quanto custa, o custo	"E a sua expectativa era chegar até quanto?"

A conclusão dessa parte do processo é simples e única; você não pode perder o que não tem. Seja ousado, mantenha-se calmo, não abuse do jargão, nem use muitos números de uma vez, e comece a trazê-los a bordo, mostrando-lhes o potencial e os riscos com moderação, comedimento e compostura. Afinal, estamos todos juntos nisso. Vá em frente.

Sigo três regras ao propor alguma coisa ou quando alguém me apresenta uma proposta:

1. Ajude-me a conhecer o seu produto (mesmo que você ainda não o conheça totalmente)

A dica surgiu no contexto de start-ups e, geralmente, aparece em *hackathons*, workshops e competições de investimento. As melhores conversas de vendas têm algumas características importantes, destacadas por outros *experts* e livros, mas, sem dúvida, os discursos mais eficazes em que estive envolvido tinham uma coisa em comum:

o apresentador levou o destinatário a compreender o produto – como ele funciona, por que é necessário, e o que o impulsiona.

DICA

Faça uma apresentação a um amigo, menos sofisticado e familiarizado com tecnologia, e pergunte-lhe se ele compreendeu o que você disse, os motivos da exposição, e qual era o pedido. Se as respostas não corresponderem às suas expectativas, faça os ajustes necessários.

---

2. *Menos é mais (certifique-se, porém, de que você tem mais a entregar)*

Ao me lembrar dos tempos em que eu era o alvo, e assistia àquelas apresentações de *slides* incrivelmente longas (meu recorde foi de 203 *slides*), sinto-me triste. Não só por serem tempos que nunca recuperarei, mas também porque devia ser diferente. A maioria das coisas não é assim tão complexa – então, por que complicá-las? Muita gente acredita que "mais longo" e "maior" significa "mais dinheiro" – e não é bem assim. Geralmente, complexidade, em vez de simplicidade, só serve para confundir o destinatário da informação ou simplesmente para acarretar incapacidade de tomar decisões claras. Nenhum desses dois cenários é desejável; portanto, pense no que você *precisa* que o público saiba, em vez de o que você *quer* que as pessoas saibam. Geralmente, a proporção é de 1/10. Pergunte-se: Se eu estivesse na ponta receptora dessa apresentação, será que eu lhes agradeceria pela informação, nessa etapa?

DICA

Reveja a apresentação e questione se cada *slide* está contribuindo e por que foi incluído. Se um *slide* não estiver acrescentando alguma coisa vital, remova-o; mantendo a informação num apêndice ou numa seção de

> notas. A informação não é ruim, nem inútil, mas agora ela está prejudicando as suas chances de sucesso, porque o está distraindo.

3. Faça um "pre-mortem" da mudança

Essa é uma técnica que uso quando sei que o cliente prefere o panorama geral ou quer ver os objetivos, antes dos procedimentos. Eu me incluo nessa categoria, e muitos tomadores de decisões e diretores também apresentam essa característica. A ideia de um *pre-mortem* é o reverso de um *post-mortem*, em que você tenta compreender o que aconteceu. Em vez disso, com o *pre-mortem*, você foca num possível fracasso e trabalha de trás para frente, para prever problemas potenciais.

Não raro ficamos tão condicionados pelo que estamos tentando alcançar, que nos esquecemos das coisas mais simples e sutis que nos ajudam a vender e a conseguir o que queremos. Dos tempos em que eu estudava psicologia e me interessava por economia comportamental, sei que algumas descobertas recentes se aplicam ao esforço de vender ideias e projetos.

DICA

Comece com a descrição de cenário, cobrindo de cinco a dez anos, mais ou menos nos seguintes termos: "É 2020 e nossos custos de distribuição aumentaram em 50% – Por que o aumento foi tão grande?". Agir dessa maneira permite que você se antecipe a problemas e a possíveis perguntas dos tomadores de decisões. Além disso, a técnica também o capacita a jogar com o ego dos tomadores de decisões e a prever o futuro, enquanto sugere alguns roteiros possíveis.

Açúcar no sangue facilita a obtenção do "sim"

Estudos demonstram que os juízes dão sentenças mais leves depois das refeições, e a mesma tendência se constata com a maioria dos tomadores de decisões. Os resultados e as respostas mais favoráveis resultam de um estômago cheio. Marque a reunião para depois do almoço, ou de um lanche no meio da manhã ou no meio da tarde, para que os níveis de açúcar e energia estejam altos.

Feche a boca antes de uma resposta inteligente

Caroline Goyder, palestrante TED e autora de *Gravitas*, é mestre em ajudar as pessoas a se tornarem mais confiantes e mais vitoriosas. Em sua agora infame TED Talk (GOYDER, 2014), ela discute o poder de "respirar discreta e lentamente" como a chave para falar com confiança e clareza. É essa "inspiração" com a boca fechada que nos ajuda a pensar antes de falar, e também nos concentra no que diremos em seguida.

Conclusão

Este capítulo é um curso rápido sobre a venda de conceitos difíceis, de novas ideias e de entidades desconhecidas. A lista de técnicas e recursos disponíveis, além dos aqui expostos, é enorme. Se você não se sentir totalmente confiante em vendas, insisto para que explore e desenvolva essa competência, antes de se atirar no abismo das grandes decisões que podem mudar completamente o futuro da sua empresa.

No próximo capítulo, você descobrirá como criar um negócio aberto, além do processo TCD.

CAPÍTULO 7

—

NEGÓCIO ABERTO E INOVAÇÃO

NESTE CAPÍTULO, VOCÊ VERÁ como criar um negócio aberto, indo além do processo TCD. Ao promover e estimular empresas e contextos sob a abordagem de negócio aberto, as futuras incursões e iniciativas em tecnologias disruptivas não serão apenas fáceis; também serão rápidas.

Este capítulo mostrará por que o conceito de negócio aberto é o futuro, e como:

- promover um negócio/departamento aberto;
- desenvolver uma cultura de pensadores originais/abertos;
- descobrir os benefícios de uma perspectiva aberta/original.

As tecnologias disruptivas exigem mentalidade diferente da que hoje é cultivada por muitas empresas e preservada no âmago de suas estruturas de crenças. Além de ser exercício insigne, ser mais aberto e transparente não se resume em parecer diferente – é condição necessária para o sucesso externo e interno da empresa. Como negócio aberto, a empresa começa a ter insights inovadores e abordagens originais para empreender projetos, resolver problemas e explorar oportunidades de avanços revolucionários.

"Negócio aberto" é termo muito badalado, evocando imagens de escritórios panorâmicos, ou de plano aberto, com divisórias de vidro; grafite por toda parte, ou inscrições em paredes e painéis; muitas lousas e cavaletes; além dos indefectíveis profissionais em trajes casuais, debruçados sobre laptops, tablets e smartphones, com a fisionomia sorridente iluminada pelas telas. Essa é, de fato, a realidade de poucos e o objetivo de muitos. É o ideal de numerosos trabalhadores, que o imaginam como a solução para seus problemas. A experiência e a história indicam que esse modelo está longe de ser aquilo de que realmente a maioria das empresas precisa para mudar, sobreviver e prosperar ante a ameaça de disrupção. Em vez de escritórios maravilhosos e trabalhos flexíveis, muitos executivos com que converso efetivamente almejam comunicação mais fluente e estilo gerencial mais motivador. Em outras palavras, o ambiente exterior dos escritórios deve refletir o estado de espírito das pessoas, para maximizar o desempenho e os resultados dos recursos humanos.

O que é negócio aberto?

Basicamente, "negócio aberto" se caracteriza, no âmago, pela transparência e responsabilidade, pela dedicação de toda a equipe à empresa e pela abertura da cultura organizacional a novas ideias. Com base no conceito de código aberto, em computação, Alexander Stigsen inventou o conceito de "negócio aberto", em março de 2009, com a sua empresa E Text Editor, à qual se seguiu a muito citada Gittip (hoje, Gratipay), na qual descreveu seus três principais objetivos, numa postagem de blog:

- Compartilhar o máximo.
- Cobrar o mínimo.
- Não compensar diretamente os funcionários.

Esses princípios parecem mais duros do que são na realidade – os funcionários têm acesso a ganhos e recebem benefícios que não têm valor monetário. A ideia é contribuir para o bem da sociedade como um todo, não apenas para um pequeno grupo de indivíduos.

O conceito é aterrorizante para muita gente, porque não corresponde ao que aprenderam e conceberam como eficaz... e, contudo, está funcionando para empresas em todo o mundo, e não apenas para start-ups. Todavia, quando se mergulha em negócios que pretendem ser abertos, verifica-se que a maioria deles se dá conta de que estão no caminho certo, já demonstrando muitos comportamentos abertos.

Várias são as áreas importantes a serem consideradas em negócio aberto:

- *Princípios*. Empenho e consenso em trocar insights, conhecimento e descobertas, usando códigos abertos, padrões abertos e outros métodos tecnológicos abertos, tanto quanto possível.

- *Compartilhamento de conhecimento*. Esse é o fundamento do negócio aberto – foco agudo na partilha de conhecimento e de aprendizado, em todos os níveis e locais. Esse elemento foi a força motriz da maneira como o TCD+ foi concebido, para incluir todas as pistas e dicas. Simon Sinek, autor best-seller, concorda, e quando lhe perguntei o que ele recomenda às empresas para evitar disrupções, não hesitou na resposta, e focou nessa área:

  > As empresas que superarão os concorrentes nos próximos anos serão as que desenvolverem treinamento de liderança abrangente. Essa é uma lacuna escancarada nas empresas de hoje. O aprimoramento da liderança, no todo, melhorará a qualidade das competências pessoais dos líderes para quem trabalhamos e todos sentiremos que a empresa se importa com o nosso desenvolvimento pessoal (SINEK, 2017).

- *Finanças*. Toda a equipe deve ter acesso aos registros contábeis e trabalhistas dos colegas. Esta é, em geral, a característica mais controversa do movimento.

- *Participação*. Atributo importante do negócio aberto é a participação de todos.

- *Indivíduo aberto.* Cada membro da equipe é encorajado a buscar seu desenvolvimento pessoal – técnico ou espiritual.
- *Comunidade.* Atividades não relacionadas com o negócio (eventos religiosos, compromissos familiares) são consideradas importantes para o sucesso da empresa, porque deixam os indivíduos satisfeitos.
- *Acesso.* Cada membro deve ter acesso a meios de contato com todos os outros membros – qualquer que seja a sua localização (com aprovação prévia da pessoa).

À primeira leitura, a lista talvez pareça anticapitalista, e esse argumento tem sido disparado, várias vezes, contra o movimento de negócio aberto (e com boas razões). Falta de transparência e excesso de confidencialidade, a pretexto de segredo comercial, são causas importantes de conflitos com funcionários e terceiros interessados; entretanto, ambas as justificativas há décadas são típicas do ambiente de negócios. O movimento de negócio aberto não é lei, não ignora a propriedade intelectual, e realmente almeja aumentar a confiança – nos âmbitos interno e externo. Se você o abordar – como fazem muitas empresas – como tendência a ser temida e evitada, os resultados serão ruins. A velocidade com que se adota a abertura será diferente para cada empresa – mas, à medida que, cada vez mais, os trabalhadores incluem "abertura" e "confiança" entre os fatores críticos que buscam numa empresa, você talvez se veja em desvantagem, no curto e no longo prazo, por não ser mais aberto. Para mais informações e recursos sobre negócio aberto, visite o Open Business Council (www.openbusinesscouncil.org).

Negócio aberto não significa (nem exige) holacracia

Muita gente confunde negócio aberto com holacracia – estilo de gestão que horizontaliza (não totalmente) a estrutura organizacional e converte as pessoas em funções e grupos.

Consequência, em parte, dos esforços de relações públicas das empresas que a estão adotando (Medium, Zappos – da

Amazon – e departamentos de governo de Austrália, Nova Zelândia e outros), a holacracia é um novo conceito de organização, mas é um estilo gerencial, não um movimento mais amplo, como é o caso de negócio aberto. Com fortes prós e contras, holacracia é uma ideia interessante que funcionará bem em algumas empresas, mas que também pode destruir completamente outras empresas. Enquanto o negócio aberto envolve conhecimento e compreensão, a holacracia adota um conjunto claro de regras e processos, referentes à maneira como as equipes executam o trabalho, com funções e atribuições claras, e sem microgestão. Na prática, ela se parece muito com a maioria dos escritórios em que você já esteve – "legais", ou nem tanto. Holacracia são apenas pequenos grupos, no mesmo espaço, interagindo ou não uns com os outros, para executar tarefas específicas e agilizar o processo de fazer o que fazem, consista isso em prestar serviços ou em produzir bens. Se você estiver interessado em mais exemplos de holacracia, veja empresas como Zappos, Medium, Decathlon, Starwood Hotels e Resorts and Kingfisher, entre outras. Algumas delas adotaram a holacracia em toda a organização, enquanto outras a limitaram a departamentos específicos, uma vez que não é necessário implementá-la na íntegra, para que o sistema seja eficaz.

Os céticos alegam que a holacracia é difícil de implantar em empresas já estabelecidas, mas, embora seja improvável ver casos de adoção em massa, há ideias importantes em seu cerne. A maioria das empresas não é capaz de promover mudanças tão drásticas (embora talvez sejam exatamente o que precisam) e muitos estilos ou ideias gerenciais, para não falar em modismos, nunca passam do entusiasmo passageiro (como a famosa política "20% time" do Google). Em vez disso, simplificação da estrutura organizacional e descrições de cargos mais completas, envolvendo atribuições e responsabilidades, podem ser suficientes para obter os mesmos benefícios atribuídos à holacracia. Por isso é que o negócio aberto geralmente é mais fácil de vender às empresas.

E então, até que ponto um negócio aberto deve ser aberto?

Ser negócio aberto talvez seja opção irrealista para muitas empresas, por causa do tamanho das ondas financeiras e operacionais que podem ser desencadeadas no curto prazo. Como alternativa, os antecedentes recomendam uma abordagem mais fluida para a maioria das empresas. Negócio aberto nem sempre significa que todos tenham acesso ilimitado a informações sobre salários e outras, embora esse seja o objetivo da Open Company Initiative (www.opencompany.org), um grupo de empresas que está genuinamente empenhada em abrir o negócio e em criar confiança.

O site da OCI afirma:

> Imaginamos um mundo em que as empresas sejam geralmente confiáveis. Acreditamos que, no futuro, as empresas vencedoras serão aquelas que tomarem a iniciativa, proativamente, de maximizar a confiança, indo acima e além da letra da lei, para cultivar relacionamentos de credibilidade com os clientes, *stakeholders* e a sociedade como um todo.

As empresas que adotam práticas abertas têm a liberdade de tomar decisões, de assumir riscos e de mudar estratégias sem medo de retrocessos, mas com o percurso e a organização certos. Esse é um bom sentimento, mas a maioria das empresas arrasta um legado quando se trata de recompensas financeiras, em especial. Portanto, recomenda-se uma abordagem escalonada, se a alternativa de "arrancar o band-aid" não for possível na sua empresa. Este capítulo trata das realidades do negócio aberto e lhe oferece orientações práticas e um conjunto de pontos a serem considerados quando se empreende o esforço de tornar a empresa mais responsável e transparente. A mudança começa com você.

Por que ser aberto é tão importante?

Como veremos nos próximos capítulos, os indivíduos mais jovens da força de trabalho e os trabalhadores do futuro valorizam e valorizarão ainda mais a abertura e a transparência. Portanto, para reduzir os custos de recrutamento e para contratar os melhores talentos, faz sentido para o negócio levar a sério a ideia de abertura.

Além do talento, no entanto, quais são os outros benefícios para a empresa?

- *Identificar e eliminar problemas.* Em vez de manter a confidencialidade, escondendo falhas e lacunas com medo da culpa e das acusações, os problemas e dificuldades são expostos e debatidos, em vez de encobertos e censurados.

- *O total é maior do que a soma das partes.* O trabalho aberto amplia e melhora os resultados, porquanto as pessoas estão trabalhando em algo maior do que poderiam fazer sozinhas.

- *Melhor relacionamento com os clientes.* Reforçar a confiança é razão fundamental para mais empresas "tornarem-se abertas". Oferecer aos clientes mais acesso a dados e documentos reduz a ambiguidade, que leva as pessoas a se sentirem inseguras. Esse aumento da segurança permitiu que as empresas desenvolvessem comunidades de experimentadores pioneiros, de melhor qualidade, mais leais e mais honestos (IBM, Zappos, Microsoft).

- *Menor risco.* Abertura significa funcionários com a informação certa, a qualquer hora, reduzindo os riscos de produtos e de pessoas.

- *Cocriação.* O *pool* de ideias sempre será maior fora da empresa do que dentro da empresa, em razão da quantidade de pessoas envolvidas. O aproveitamento inteligente dessas ideias maximiza os recursos internos, mas também extrai o melhor das fontes externas.

- *Custos mais baixos e pedidos mais rápidos.* A abordagem centralizada e a capacidade de tomar sucessivas decisões com facilidade reduzem os custos de desenvolvimento e de lançamento de produtos em mercados novos ou tradicionais. Além disso, é possível acessar *experts* e usuários com rapidez, graças à estrutura organizacional, às ferramentas de comunicação e à participação comunitária; ademais, o processamento dos pedidos é mais rápido porque a empresa centralizou a inteligência de cada pedido.

ESTUDO DE CASO

CONNECT AND DEVELOP, DA PROCTER & GAMBLE

O quê
Um projeto de inovação que licencia e adquire produtos de outras empresas, para levá-los ao mercado como marcas P&G. O sucesso rápido foi atribuído a colaborações proveitosas com o creme para pele Olay, marcas de cremes dentais e produtos de limpeza da marca Swiffer.

Como
Um site específico permite que qualquer pessoa proponha ideias inovadoras ou sugira melhorias de produtos. As propostas e sugestões são recebidas por equipes exclusivas da P&G, que as analisam e avaliam, mantendo os remetentes atualizados sobre o andamento do processo. Além disso, a P&G usa uma rede extensa de observadores para identificar e avaliar ideias e tecnologias externas que poderiam ser aplicadas ou aproveitadas nas marcas P&G. A empresa oferece prêmios anuais aos observadores e formou parcerias com várias universidades para que atuem como observadoras prioritárias, proponham problemas específicos e associem-se a novos designers.

Resultados
Mais de 2.000 acordos produtivos com designers e inovadores nos primeiros dez anos. Ao adotar abordagem mais aberta e receptiva à inovação e às tecnologias disruptivas, a P&G desenvolveu um sistema acessível e eficaz para ouvir pessoas inventivas e criativas, atuando rapidamente sobre as ideias recebidas. Além da receita adicional oriunda de novas marcas e do crescimento sustentado ou acelerado dos mercados de marcas tradicionais, a P&G desenvolveu um sistema de fácil manutenção (com mais de 7.000 parceiros virtuais e "ampliados") que está impactando seus resultados financeiros e que se destaca como recurso poderoso para o futuro.
Para mais informações, procure os estudos de casos do site Open Innovation, da P&G (pgconnectdevelop.com).

O meio-termo é possível... mas arriscado

A P&G não é um negócio aberto, no mais verdadeiro sentido do termo, mas tampouco está sozinha em sua abordagem aberta, quando se trata de tecnologias disruptivas e emergentes. IBM, Xerox, Ford, Domino's, Lego, Samsung, Dell, Starbucks, Cisco, SAP, Microsoft, Google, HP, General Mills, John Lewis, Barclays, Fujifilm, Unilever, Nestlé, Marks & Spencer, LinkedIn, Ericsson e centenas de outras empresas estão recorrendo a forças externas para ajudá-las a inovar e a resistir às novas tecnologias disruptivas. Agências especializadas estão lançando *labs* e *hubs* para ajudar os clientes a navegar em novas arenas, embora se trate, geralmente, de projetos ostentatórios. Expliquei ao jornal *The Guardian* por que os *F-labs*, ou *fake labs*, não são eficazes, e ofereci alguns conselhos úteis às marcas que pretendem seguir esse curso (theguardian.com/media-network/2015/jun/18/agencies-innovation-lead-labs-incubators).

A chave está na aplicação – a maioria das iniciativas fracassa porque a realidade dos laboratórios ou dos departamentos não pode ser levada de volta à base para funcionar na prática. Por isso é que o negócio aberto, na plenitude, embora seja a melhor política, nem sempre é factível, tornando-se ainda mais difícil no caso de grandes empresas.

E então, se a abertura é difícil e o meio-termo não é bom, por onde começo?

Na primeira visita a um cliente, observo, de início, alguns indicadores – não só para avaliar a situação, mas também para orientar a abordagem de diferentes aspectos da entrevista e da negociação. Um dos elementos mais importantes que observo ou pesquiso é o grau de liberdade dos funcionários ao falar sobre a empresa e até que ponto realmente se manifestam a esse respeito. A maioria das empresas com que trabalho adota políticas de "portas abertas", mas, na realidade, as portas, não raro, estão bastante fechadas.

Essa questão é simples; se os funcionários não se sentem capazes de conversar com liberdade sobre tópicos de maior ou menor relevância para o negócio, a empresa está perdendo oportunidades que realmente poderiam impulsioná-la para a frente. Por certo, é provável que você ouça muitos detalhes irrelevantes, mas também é possível que você garimpe grandes pepitas capazes de mudar os rumos do negócio.

O problema é que as pessoas geralmente ficam caladas, em vez de falar alto e interpelar os interlocutores – essas condições inibem os circunstantes, e insisto para que você arranque essa praga da organização, com todas as suas energias. Os estudos demonstram que, quando os funcionários se sentem empoderados para expressar preocupação e se manifestar com liberdade, não só aumentam a retenção de pessoal, mas também ocorre aumento substancial na produtividade.

Conseguir que a empresa se manifeste com mais liberdade não é tarefa a ser executada da noite para o dia, mas é tarefa importante. Aqui estão algumas ideias estratégicas, que funcionam no curto e no longo prazo, capazes de ajudá-lo a transitar de um ambiente fechado para um ambiente aberto.

1. Livre-se da caixa de sugestões

O anonimato pode ser útil em muitas situações para obter feedback maravilhoso, mas tem um defeito grave – sugere, quase confirma, que os funcionários, para início de conversa, não podem falar com liberdade. Nada impede que se usem caixas de sugestões, mas se obtêm melhores resultados quando as pessoas falam abertamente e veem os resultados de seus esforços. Além disso, há alguns motivos para que as caixas de sugestões sejam mais prejudiciais do que benéficas. A solução de alguns problemas exige mais detalhes – talvez algum gerente seja mau gestor ou esteja envolvido com problemas ainda mais sérios. Não saber o nome da pessoa é contraproducente para o processo e, como não é possível identificar o indivíduo, é necessário treinar todos, com implicações negativas óbvias. Além disso, a necessidade de identificar os informantes é igualmente contraproducente.

2. Não dificulte o feedback

Às vezes, o feedback e as conversas "informais" podem parecer forçados, interesseiros e intratáveis para os funcionários e gestores. A hierarquia é indisfarçável, e muitas vezes colegas de trabalho não são amigos – sempre há antecedentes entre as pessoas e, mesmo que sejam neutros, têm implicações. Se você encarar o feedback como tarefa rotineira e seguir o roteiro convencional, você estará prejudicando a si próprio, o funcionário e a empresa. Tente, isto sim, tornar o feedback mais fluente e flexível, em bate-papos mais espontâneos, e sempre face a face. Essas táticas reforçam a confiança e a franqueza entre as pessoas e tornam o intercâmbio menos estressante e opressivo, com o desenvolvimento de uma relação sincera ao longo do tempo.

3. Não se mostre ansioso; seja espontâneo

Os escritórios panorâmicos, ou de plano aberto, são apenas grandes espaços centrais com salas nas laterais. Algumas construções mais novas estão realmente desafiando esse conceito, mas a maioria ainda tem, basicamente, a mesma estrutura e *layout*. Lembre-se de que trabalhar em escritórios e discutir questões – até as mais delicadas – ergue barreiras e implica hierarquia. Essa é uma realidade para a maioria das empresas, mas as percepções – ou sinais – podem ser atenuados, bastando reformar o escritório, ir para outro escritório ou mudar de atitude.

O psicólogo J. Richard Hackman chamou esses sinais de "estímulos ambientais", e eles podem ser locais e físicos (HACKMAN, 1973). Um exemplo típico é o custo dos móveis: quanto mais alta for a posição de alguém na organização, na cadeia alimentar, mais alto será o preço dos móveis e utensílios em seu ambiente de trabalho. Para mostrar que você está no mesmo nível das outras pessoas no escritório ou que esses detalhes não são importantes, mantenha o mesmo padrão de móveis e utensílios, inclusive para você. Além disso, cuidado com a postura – aproximar-se demais dos interlocutores, ao conversar em pé, ou sentar-se atrás de uma mesa, com as mãos cruzadas atrás da cabeça, pode ser confortável, mas se esforce para observar a pessoa com quem está falando e verificar a linguagem corporal dela. Não raro, percepções de agressividade ou de arrogância podem decorrer de simples pistas corporais, transmitidas e captadas inconscientemente – fique atento e mude de atitude, conforme as ações e as reações, para obter melhores resultados.

4. Faça brainstorm *primeiro de perguntas, não de ideias*

As empresas, em geral, são ruins em *brainstorm* de alto nível, por vários motivos: processos falhos, participantes inadequados, otimismo forçado, momento inoportuno, para citar uns poucos. MIT e Microsoft compreenderam que raramente se chega a grandes saltos e rupturas; daí a necessidade de adoção de um novo sistema. Em consequência, ambas optaram por um processo mais iterativo, ou repetitivo, em que se questionam as premissas antes de os participantes agregarem novas ideias e tentarem empurrá-las para a frente. Esse processo permite que os funcionários questionem suas suposições e aprofundem a compreensão dos problemas, antes de fazer o *brainstorm* de soluções.

5. Seja claro sobre os resultados ou próximos passos

A chave é ser específico em relação ao que você está perguntando. Sem ser claro em relação ao que precisa ou quer da outra pessoa, você corre o risco de desfazer a interação, disparando a mensagem de que as ideias do interlocutor foram inúteis e de que todo o processo não passou de perda de tempo. Em vez disso, pense na pergunta a ser respondida e em como abordá-la numa conversa ou – se as circunstâncias o exigirem – como é possível obter uma resposta rápida, sem parecer apressado.

A chave é focar no que é necessário e importante, porque, sem foco, você pode gerar mais malefícios do que benefícios, se ideias, comentários e sugestões forem ignorados. A melhor maneira de conduzir esse processo é através de um documento, promessa ou procedimento formal de que todos os funcionários tenham conhecimento e consciência (geralmente a ser distribuído e afixado em lugar de destaque). Uma das empresas com que trabalhei efetivamente instalou um bloco de pedra no saguão do prédio, e nele entalhou o processo. Ao fim do período inicial de alguns meses, a pedra foi instalada, sucessivamente, em diferentes áreas, para que todos se conscientizassem dos princípios e cultivassem mentalidade semelhante.

DICA

Ser claro quanto aos processos e resultados é absolutamente vital no começo do desenvolvimento de novas iniciativas e de grandes ideias; do contrário, os funcionários simplesmente não se empenham em expor preocupações, problemas e sugestões. Quando se trata de implementar tecnologias emergentes e disruptivas, uma boa maneira de evitar essa fadiga é criar um comitê que inclua participantes de todos os níveis e de todas as áreas da organização (e, possivelmente, de pessoal externo – ver mais detalhes adiante). Esse método funcionou bem com vários clientes que queriam desenvolver culturas não só abertas, mas também eficazes.

Para promover a mudança eficaz, é preciso criar alguma desarmonia

Lembre-se da equação da mudança:

Mudança = insatisfação com o presente x percepção clara do futuro x primeiros passos práticos

Parte importante desse processo é zangar-se com o presente. A questão é que a maioria das empresas, na verdade, só tenta impor normas e procedimentos aos funcionários. Os clientes se queixam de que os funcionários não são inovadores e nunca propõem ideias, mas, de fato, quando me aprofundo na cultura e nas práticas de negócios, fica claro que elas estão cobrando exatamente os mesmos comportamentos para os quais nunca capacitaram os funcionários. As organizações, em vez disso, optam por capacitar poucos indivíduos ou a treinar grupos restritos, na esperança de que os resultados se infundam na organização, de cima para baixo, ou atuem sem muita ajuda e refinamento. Os relatos, reais e fictícios, que vemos na mídia, parecem confirmar que essa abordagem não funciona.

Recomendo firmemente que os clientes escancarem essa abordagem e, em vez de focar nos "superstars" ou nos apadrinhados, selecionem uma amostra representativa da organização ou, idealmente, "liberem" todos os funcionários, depois de explicar que, se a empresa não lhes dá liberdade, ela só pode esperar a mesmice de sempre, resultante do bloqueio da criatividade. Dar a todos os funcionários a oportunidade de propor ideias e soluções propicia a identificação de problemas e o desenvolvimento de novas competências e lacunas a serem preenchidas. A chave é ter um bom processo de verificação e triagem (ver também as recomendações acima, de próximos passos).

O processo de julgamento deve basear-se nos seguintes critérios para maximizar os resultados e a eficiência:

- *Transparência*: todos precisam conhecer o processo em curso.
- *Atualização*: os participantes devem saber da situação vigente e do progresso feito.
- *Honestidade*: nem todas as ideias são boas, oportunas ou eficazes. A chave é adotar critérios honestos e oferecer feedback constante para divulgar boas e más notícias.
- *Criterioso*: os mesmos critérios não se aplicam a todas as ideias. Cada ideia deve ser avaliada por critérios diferentes e adequados.
- *Comemorativo*: o processo deve ser público para reforçar a geração de ideias no presente e no futuro.

ATIVIDADE: MATE A EMPRESA

Ótima maneira de criar desarmonia é soltar totalmente os funcionários e pedir-lhes para fazer o impensável... quebrar a empresa. Neste exercício, adaptado de um e-book de Lisa Bodell (2012), da Futurethink (empresa de treinamento em inovação), os funcionários são incumbidos de uma tarefa muito específica que os obriga a ser ousados, pensar fora do quadrado, expandir o *brainstorm* regular do tipo problema/solução e ajudar a empresa a ver novas áreas de oportunidade, ameaça e prosperidade. Esse exercício é eficaz não porque as pessoas são negativas e odeiam a empresa, mas sim porque as induz realmente a se abrir e olhar para o que não está funcionando. A elaboração da estratégia raramente segue esse roteiro nas empresas convencionais. Em vez disso, o planejamento geralmente implica novas maneiras de fazer alguma coisa, novos elementos, e mais dos mesmos elementos. Este exercício inverte essa abordagem e ajuda as pessoas a identificar o que não está funcionando agora, de modo a abrir espaço para novos conceitos e ideias.

Tempo necessário: 2,5 horas.

O quê: *brainstorm* (em equipe)

Você precisará de:

- Sala de tamanho razoável.
- Cinco a dez participantes.
- Um ou dois facilitadores.
- Espaço na parede.
- Post-its / quadro branco e pincéis.

Passo 1: Defina a tarefa (10 minutos). Constitua equipes de três a quatro membros cada, arrume a sala com mesas e espaço para circulação. Explique o processo de *brainstorm* ao grupo e discuta como serão processadas as ideias propostas. Agradeça aos participantes pela presença e diga-lhes para se divertirem, levarem a sério a tarefa e serem brutais.

Passo 2: Descreva a Missão Assassina (5 minutos). A tarefa central gira em torno de uma questão que os grupos devem discutir e a que devem responder. A ideia do *brainstorm* de 45 minutos é para ajudar as pessoas a refletir sobre maneiras novas e diferentes de matar a empresa. Esse é o momento de reiterar sua recomendação de que os grupos sejam brutais. Ser "brutal" é palavra-chave aqui. Frases inexpressivas nesse exercício não produzirão grandes resultados. Não deixe de dizer aos participantes para tirar as luvas de pelica.

Missão Assassina: "Supondo que você seja [insira o nome de seu principal concorrente], descreva todas as maneiras imagináveis de destruir a nossa empresa. Não há respostas erradas."

Passo 3: *Brainstorm* (30-40 minutos). Exponha a descrição da missão em algum lugar de destaque e deixe as equipes à vontade para identificar todos os pontos fracos da empresa a serem explorados pelo concorrente. Depois de ler alto a Missão Assassina – cuja descrição pode ser alterada (mas quanto mais curta, melhor) – é importante não dar exemplos, nem estruturar soluções, de modo algum, para receber as ideias mais honestas e abrangentes.

DICA: Uma nota sobre polidez e tato – isso não tem lugar neste exercício! Ao contrário, deixe claro para os participantes que você espera receber propostas e feedback cruéis. Dê-lhes permissão para "sangrar a empresa". O processo é não só catártico, mas também catalisador para os participantes – além de estimular ideias mais intensas e passionais, em vez de apenas as banalidades de sempre.

O recinto deve ser ruidoso e as ideias devem jorrar sem contenção – este exercício é menos uma competição e mais uma chance de apresentar ideias e ostentar conhecimento. A intervalos regulares, anuncie o tempo decorrido e, nos últimos cinco minutos, recomende às equipes que revejam suas ideias e verifiquem se tudo foi incluído e pode ser explicado.

Ideias/opções adicionais: Nada impede de organizar as pessoas por cargo, departamento ou função, se isso contribuir para melhores resultados ou se houver razões específicas para agir assim.

Nota: Evite enquadramentos. Não se refira às ideias como "ótimas", nem pense em premiar a melhor ideia – todas as ideias são válidas e nenhuma deve ser "a melhor". Em vez disso, reconheça as participações individuais e aborde temas abrangentes; isso demonstra a coesão do grupo no fim da tarefa. Naturalmente, talvez seja necessário dar algum exemplo; portanto, pense em algum antes do início do exercício, caso seja necessário. Você talvez se surpreenda com a quantidade e a qualidade das ideias propostas pelos grupos.

Passo 4: Reúna e coteje as ideias (20-30 minutos). Concluído o *brainstorm*, as equipes devem discutir as ideias com os demais grupos. As ideias devem ser afixadas e agrupadas, se houver imbricação ou correlação (ou seja, mesmo departamento, mesmo tema). Deve haver várias áreas de interseção.

Passo 5: Analise as ideias (20-30 minutos). Primeiro, estude mentalmente os *clusters* ou aglomerados. Há temas em comum? O que isso lhe diz ou indica sobre a empresa e a cultura organizacional neste momento? Agora é hora de pensar sobre possíveis soluções; portanto, como grupo, defina a prioridade das ideias. Gravidade, custo e prazo do impacto devem ser levados em conta (certifique-se de que as pessoas estão conscientes do critério final que você escolheu – todas as empresas são diferentes). Você agora tem uma escolha sobre como proceder, para identificar que ideia (ou, mais provavelmente, que ideias) devem ser focadas. Usando Post-it ou um Formulário Google a ser criado na hora (o que evita o pensamento de grupo ou o comportamento de manada, com as pessoas votando conforme a tendência da maioria), todos os participantes escolhem as três melhores ideias que, em sua opinião, são as que devem ser exploradas primeiramente pela empresa. Como alternativa, você pode ser mais científico e seguir o método proposto por Bodell, em *Kill the Company* (2012), e use uma matriz para priorizar as ideias.

FIGURA 7.1: Matriz impacto *versus* probabilidade

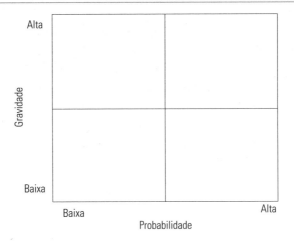

Adotando dois critérios – gravidade do impacto e probabilidade de ocorrência – desenhe um eixo com "alta" na ponta superior do eixo vertical e na ponta direita do eixo horizontal, e "baixa" na ponta inferior do eixo vertical e na ponta esquerda do eixo horizontal. Agora coloque cada tema em um quadrante. As questões mais prementes devem ser incluídas no quadrante superior direito, já que são as mais impactantes e as mais prováveis. Pense cuidadosamente sobre o enquadramento de cada ideia e por que devem ser incluídas no quadrante escolhido. Caso tenha dificuldade nessa classificação, use uma escala como a da Matriz de Decisão (ver Capítulo 4, se precisar rememorar).

Nota: O fato de ter sido classificada no quadrante inferior direito não significa que uma ideia não precise ser considerada – esse processo simplesmente ordena as propostas. Certifique-se de ter compreendido plenamente cada ideia e desenvolva uma solução de atenuação ou monitoramento, para avaliar se as ideias ou temas mudam com o tempo. Lembre-se: TCD é análise a longo prazo, não apenas localização de icebergs ameaçadores. Agora que você mapeou os quadrantes, dê um passo atrás e observe as ideias ou temas que mais afetarão a empresa no curto prazo e longo prazo.

DICA: Pare um minuto e pense no que tudo isso diz sobre a empresa, sobre a cultura organizacional e sobre o futuro do negócio – seus rumos, seu etos e a confiança que inspira nos clientes e consumidores. Como a mudança nos temas destacados neste exercício afetará essas e outras questões? Como assegurar que só ocorram resultados positivos?

FIGURA 7.2: Matriz implementação *versus* impacto

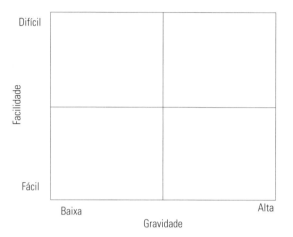

Passo 6: Contexto (20 minutos). Finalmente, suas missões assassinas precisam de algum contexto. Com que facilidade os concorrentes poderão executar essas missões? Desenhe outra matriz para avaliar a facilidade de implementação (fácil-difícil) no eixo vertical e a gravidade do impacto sobre a empresa, se acontecer (alta-baixa) no eixo horizontal.

Passo 7: Agora, mate o concorrente (30 minutos). Depois de identificar as ideias mais populares, use o tempo restante para fazer o *brainstorm* das maneiras de neutralizar, atenuar ou mitigar essas missões assassinas. Em outras palavras, como rechaçar os concorrentes, agora que eles sabem o que não está funcionando e quais são as áreas vulneráveis da nossa empresa? Talvez seja o caso de preparar o grupo usando palavras e frases como:

- Que estratégias podemos...
- Como usar...

- O que você recomenda que nós...
- Para conter o ataque...
- Para nos diferenciar...
- Como nos proteger de...

Essas palavras e frases focam as pessoas nas tarefas e nos grupos ao mesmo tempo – momento importante de concentração, capaz de integrar as pessoas na consecução do objetivo comum.

Redija cada solução ao lado da disfuncionalidade ou vulnerabilidade correspondente. Não as ranqueie, nem peça esclarecimentos, a menos que a deficiência e a correção estejam incompreensíveis – é o consenso de não incluir detalhes nesta etapa.

Passo 8: Divulgue as descobertas e mostre com clareza os próximos passos (10 minutos). Depois de exaurir todas as ideias e de sentir a disposição dos participantes para concluir o exercício, reveja todo o processo. Agradeça a todos, mais uma vez, por seu tempo e esforço. Conscientize-os dos próximos passos do processo, que serão diferentes para cada empresa, mas sempre é possível delineá-los e analisá-los. Este é um bom momento para perguntar se uma ou duas pessoas se disporiam a manter o grupo informado e coeso, com a sua ajuda de qualquer pessoa que se apresente. Não é indispensável, mas é uma boa maneira de preservar o envolvimento e de evitar a hierarquia. Dedique tanto tempo quanto for necessário a essa etapa, com base em sua experiência da cultura organizacional – é o melhor momento para "vender" a mudança do negócio mais amplo.

DICA: O momento também é adequado para congratulações; agradeça e identifique os bons comportamentos. Às vezes, pode ser alguma coisa mais informal e divertida, como premiar a "ideia menos quadrada" ou coisa parecida.

Os benefícios desse exercício são de longo alcance – não só libera os funcionários para pensar sobre grandes e pequenas ideias, capazes de sacudir a empresa, mas também as tarefas subsequentes instilam senso de orgulho e compromisso, quando se identificam e reconhecem as ideias.

Às vezes, só é preciso uma coisa... outra pessoa

Quando os clientes me pedem para falar sobre temas como mudança, disrupção e tecnologias emergentes, geralmente sou recebido esperançosamente pela alta administração, com a observação de que a organização não é transparente, e os executivos se queixam de como isso é frustrante, ao que contraponho: "Vocês não estão sozinhos – muitas empresas enfrentam a mesma situação... nem sempre é ruim", ou algo parecido. A empresa, principalmente os tomadores de decisão de alto nível, simplesmente precisam ouvir alguma outra pessoa falar sobre problemas que já foram levantados ou documentados, de modo a se consolarem e a constatarem que não estão sozinhos. Se esse cenário lhe parecer familiar, os próximos capítulos o ajudarão a desenvolver as estratégias futuras.

Frequentemente, mas por certo nem sempre, os melhores resultados são alcançados quando as empresas recorrem às competências de especialistas externos, a luminares da indústria, a líderes empresariais ou a outros consultores. O uso desses profissionais não só indica a seriedade dos propósitos, mas também propicia a integração de diferentes perspectivas. Alguns CEOs me dizem que se sentem pouco à vontade para trazer ajuda externa. Ao captar esse desconforto, sempre tento reconfortá-los com a famosa observação de Bill Joy, CEO da Sun Microsystems: "Não importa quem você seja, a maioria das pessoas inteligentes trabalha em outro lugar".

Recorrer a conselhos externos quando se trata de tecnologias disruptivas

Você já tem um bom sistema com o TCD+, mas é possível obter outros insights ou substituir generalistas por especialistas, se necessário. Nesse caso, uma boa ideia é focar os esforços no *outsider*, de modo a maximizar os benefícios para a empresa. Eis algumas dicas para trabalhar com *experts* e consultores externos:

- *Foque na sinopse*: seja claro sobre o que quer dos indivíduos e das equipes. Pode ser coaching abrangente, planejamento ou, talvez, a visão geral de um observador externo – cada caso exigirá uma sinopse muito diferente.

- *Pense em referências e apresentações*: usando a metodologia Escada de Referências de Experts (ver Capítulo 5), você pode extrair ainda mais valor dos *outsiders*, explorando suas redes, mediante indicações e apresentações. (Nota: o processo funciona melhor quando é espontâneo, e cuidado com quem não cumpre as promessas nessa área.)
- *Considere o treinamento*: muitas empresas usam especialistas e consultores na elaboração do projeto em si e se esquecem dos indivíduos que executarão e tocarão o projeto. Os melhores resultados que tenho visto são de equipes que definem um objetivo claro e criam oportunidades para desenvolvimentos subsequentes e recomendações práticas sobre como implementar o que delas se espera.

Conclusão

Como já vimos, as tecnologias e inovações disruptivas são assustadoras, por causa da velocidade com que atuam e do impacto que exercem sobre as empresas. Mudar essa mentalidade é difícil, por força das evidências históricas, das motivações pessoais para manter o *status quo* e/ou da falta de conhecimento das ameaças iminentes. A mudança, porém, não é impossível.

Os clientes me dizem que a mudança é cada vez mais difícil, à medida que o ritmo da mudança se acelera dentro e fora das organizações. Nada é fácil na mudança, mas uma coisa é fácil mudar: sua atitude perante a mudança. Muitas vezes, as empresas que vão além de somente se desviar de icebergs e deparam com grandes oportunidades. Pergunte-se: numa escala de 0 a 10, 0 sendo "nenhum sucesso" e 10 sendo "muito sucesso", até que ponto você foi bem-sucedido, nos últimos anos ao promover novas ideias? Ou, em outros termos, quanto você se sentiu admirado e reconhecido, no ano passado, por ter empreendido mudanças significativas? Se você não se atribuiu 6 ou mais pontos, os próximos capítulos o ajudarão a melhorar na promoção de mudanças, orientando-o sobre como identificar problemas potenciais e a aumentar suas chances de sucesso.

Este capítulo explorou alguns extremos de um movimento em curso – o impulso para ser mais aberto, transparente e responsável, a fim de criar os melhores produtos e serviços e contribuir para o bem-estar da força de trabalho. No próximo capítulo, trataremos especificamente dos problemas a serem enfrentados e superados.

CAPÍTULO 8

—

O QUE PROCURAR

ESTE CAPÍTULO É SOBRE BLOQUEIOS em rodovias, controladores de velocidade e quaisquer obstáculos ou restrições que ocorram no percurso.

Especificamente, você aprenderá a:

- analisar por que estratégias disruptivas podem fracassar, e o que fazer a respeito;
- descobrir o que fazer quando a disrupção ameaça a sua empresa;
- compreender os icebergs e ser capaz de *circum-navegar* os diferentes tipos;
- convencer sua empresa a aceitar a mudança;
- explorar algumas maneiras testadas e comprovadas de encorajar a disrupção, a inovação e o pensamento renovador.

Como mostramos nos capítulos anteriores, as disrupções acontecem por muitas razões, mas, geralmente, ocorrem quando as coisas não andam muito bem ou a empresa tornou-se complacente em relação ao *status quo*. Numerosas empresas resistem à mudança por ampla variedade de motivos: "Grandes navios precisam de tempo para mudar o rumo", a empresa se recusa a ver a ameaça iminente, "nosso pessoal não conseguirá", e outras respostas são comuns. O TCD é ótima maneira de evitar esses cenários, mas, mesmo quando se aplica o TCD, as surpresas e dificuldades são inevitáveis. Este capítulo trata do que fazer diante desses e de outros problemas.

Espere o inesperado – ele acontecerá

Entretenimento, transporte, música, mídia e manufatura – todas essas áreas passaram ou estão passando por transformações massivas, devido à tecnologia e a mudanças nas expectativas dos consumidores. Tendo conversado com representantes de empresas que saíram do mercado ou que estão sendo alijadas por tecnologias diversas, como impressão 3D, descobri que muitas simplesmente não detectaram o mítico "vulto" ameaçador. Eu disse mítico porque o "vulto" raramente é uma coisa isolada, mas sim um conjunto de ocorrências ou fatores que "conspiram" contra o *status quo* e a estabilidade. Certa ou errada, essa interpretação não ajuda ninguém, e, como as empresas não esperavam a disrupção, seus efeitos, ao ocorrer, foram desastrosos.

A disrupção geralmente se desenvolve à margem ou na periferia das indústrias – o forasteiro, o empreendedor, o cara que foi rejeitado. Ao olhar para esses disruptores, constato que todos têm algumas coisas em comum: esperam a mudança, fazem acontecer e buscam a diferença. A maioria das empresas faz exatamente o contrário – não é assim com a sua empresa? Quem, em vez disso, espera a disrupção, pode preparar-se para recebê-la e atenuar o seu impacto, talvez até rechaçando-a completamente ou até revertendo-a em seu favor. Alguns clientes com quem trabalhei levaram essas ideias para um nível ainda mais elevado – assumindo, de fato, que novos modelos suplantarão o atual modelo de negócio e desenvolvem planos de contingência para essa eventualidade. Essa atitude propicia não só a criação de novas ideias e a identificação de pontos críticos, como também o mapeamento de diferentes cursos de ação, ou roteiros alternativos. Em vez de temer a mudança, essas empresas optam por ser proativas e enfrentar as ameaças, antes de se tornarem destrutivas. Elas veem a disrupção como parte do negócio, não como ocorrências fortuitas. Essa mentalidade não é alarmismo, nem ingenuidade; é estratégia deliberada para reenquadrar a situação e explorá-la em proveito próprio. A chave aqui é a maneira de encarar a disrupção, não necessariamente o que se faz quando ela ocorre; a preparação para a disrupção geralmente determina o sucesso ou o fracasso da força disruptiva.

Dematurity, ou desmaturação, é um neologismo, oportuno e relevante, que se aplica a velhas indústrias que estão maduras para sofrer disrupção, por força de novas tecnologias, como inteligência artificial, impressão 3D e nanotecnologia. Esteja você numa indústria nova ou antiga, as maneiras de atrair os consumidores estão mudando, as plataformas tecnológicas estão em fluxo constante, e novos comportamentos estão aumentando a demanda por novos produtos e impondo a inovação dos produtos existentes, em ritmo e com intensidade sem precedentes. O TCD mostrou como identificar, prever e aproveitar em benefício próprio algumas dessas mudanças; se, porém, a história nos ensina alguma coisa, é que nem tudo é previsível. Por isso é que uma abordagem flexível, como o TCD, é a melhor estratégia e também é por isso que as empresas permeáveis e maleáveis são geralmente os mais resilientes às forças externas.

Lembre-se, sempre há várias escolhas e nem sempre a disrupção é ruim e destrutiva. É possível descobrir novos parceiros, maneiras mais inteligentes de fazer as coisas, novos produtos que contribuem para o aumento da receita, ou simplesmente replicar novas ideias à sua maneira. À medida que as empresas se tornam mais diversificadas e menos previsíveis, a capacidade de se esquivar dos murros ou atenuar os golpes, e até alavancá-los contra o adversário, pode ser a habilidade mais importante a ser desenvolvida.

Corra ao ouvir altos executivos dizerem "não acontecerá conosco"

Prever sempre é difícil, como mostram os exemplos dos capítulos anteriores, mas prever em negócios é ainda mais difícil, porque, no contexto de negócios, estamos sujeitos a ainda mais vieses e pressões. Avaliar o impacto da impressão 3D para os processos de produção convencionais é bem mais complexo do que imaginar suas consequências no nosso dia a dia, como indivíduos. O *framework* TCD consiste em confrontar o que você sabe com o que você acha que pode acontecer; no entanto, a disrupção ainda pode cegar as empresas. É importante ficar atento aos *outliers*, aos pontos fora da curva, aos fora de série, às aberrações, às atipicidades, e às disparidades, enfim, às empresas dissidentes, usando a metodologia TCD, além de executar varreduras trimestrais abrangentes, o monitoramento robusto e a estratégia de prontidão constante. Infelizmente, algumas indústrias sentirão os efeitos e as ferroadas da disrupção com mais rapidez e intensidade do que outras, em razão de sua interdependência ou de suas estruturas tradicionais. Segue-se uma lista dessas indústrias, com exemplos entre parênteses de tecnologias, plataformas e pessoas que estão tentando tirar-lhes o sono à noite.

Indústrias que já sentiram os efeitos da disrupção:

- Automobilística (novos concorrentes, rejeição da propriedade, carro compartilhado, Uber).
- Varejo (Amazon, tomada de preços on-line).
- TV/mídia (internet, Netflix, Facebook, Google News, realidade amentada, realidade virtual, Snapchat).
- Telecom (VOIP, *messengers*, marcas desafiadoras, Google).
- Seguro (automação, padronização, redes *peer-to-peer*, telemática, sites de comparação de preços).

Indústrias que estão sentindo os efeitos da disrupção neste momento:

- Finanças (novas marcas desafiadoras, tecnologias de pagamento, tecnologia *blockchain*, remoção dos centros de lucro).
- Manufatura (impressão 3D, distribuição, sob demanda, novos materiais duradouros).
- Telecom (*messengers*, Google Fiber, VOIP).
- Supermercados (Amazon, Deliveroo, *food box delivery*).
- Construção civil (impressão 3D, grafeno, nanotecnologia).

Indústrias que estão na iminência de sentirem os efeitos da disrupção:

- Assistência médica (impressão 3D, conectividade, *networking* social, *big data*, IA).
- Educação (redes sociais, Lynda, MOOCs).
- Leis (redes *peer-to-peer*, economia sob demanda, IA).
- RH (IA, aprendizado de máquina, processamento automatizado).
- Gestão de fortunas (IA, aprendizado de máquina, criptomoedas).

Convém perguntar-se o seguinte: A sua indústria está incluída nas listas acima? Ela se encontra onde você acha que deveria estar? Se não foi incluída, em que categoria você a incluiria? O que isso significa para você?

Lembre-se: ter medo de iceberg é errado

Geralmente resultantes de formação espontânea ou de rupturas em geleiras maiores, os icebergs podem ser belos, perigosos, ou prenúncios de ameaças muito maiores. O perigo está nos 80% a 90% submerso, da massa total – por isso é que, provavelmente, o iceberg é a metáfora mais comum nas apresentações sobre disrupção e sobre tecnologias disruptivas ou emergentes.

Em vez de metáfora de medo ou alerta, acho melhor usar o iceberg como analogia dos "campeões" de inovação ou disrupção. Qualquer que seja o termo de sua preferência, o importante é compreender o desafio à frente e o que será necessário para mudar a mentalidade e os rumos da empresa.

Desenhe um iceberg na cabeça. Agora, imagine que você o fatiou no sentido vertical, de modo a gerar uma seção transversal. Você verá 10% a 20% do total acima da superfície e 80% a 90% abaixo da superfície. Acima da água está a cara do sucesso. É o que as pessoas admiram. Pense no que comporia esse pedaço do iceberg. Pode ser o aumento do lucro, a ampliação do quadro de pessoal ou um novo produto. Não importa o que seja, visualize-o acima da superfície.

Agora, pense nos 80% a 90% abaixo da superfície. Aqui se encontra o seu trabalho, é o que as pessoas não veem. É a labuta, o segmento que reflete a sua dedicação e compromisso. Exige bons hábitos e gera frustrações. Agora, numa folha de papel, faça uma lista do que compõe a parte submersa – o que o frustrará no percurso, durante o processo? Seja específico, seja nominal, seja impiedoso. Agora, guarde essa folha de papel em algum lugar seguro. Em seguida, pense nas decepções que você talvez tenha tido ao longo do caminho e nos sacrifícios que precisará fazer. Reflita no que dará errado. Quais serão os fracassos e as vitórias? Em que será necessário persistir? Também anote tudo isso em outra folha de papel.

Agora, você tem duas listas de coisas negativas. Elas são intransponíveis? Elas parecem pequenas agora que você as identificou? Você tem o sentimento de que são como aquelas listas de ações esperando para acontecer? Você conseguiria atenuar alguma coisa, mesmo que apenas um pouco? Conviria?

Esse exercício é bom para visualizar problemas antes que aconteçam – pode ser parte de uma sessão de atenuação, ou simplesmente uma estrela a orientar o curso e a ser consultada a qualquer momento. Nem tudo na lista acontecerá, mas o simples reconhecimento das possibilidades o induzirá a pensar em seus efeitos e no que fazer, se ocorrerem. Infelizmente, quando se trata de grandes mudanças, raramente se tem bônus sem ônus, dificilmente se ganha fama sem perder entranha. Compreender essa realidade é a chave na luta pela conquista de corações e mentes – dos outros e de você próprio. Mantenha o curso, sabendo que valerá a pena.

O que fazer e o que não fazer

A experiência mostra que três coisas essenciais acontecem quando as empresas esperam a disrupção e começam a se preparar para enfrentá-la. Algumas são boas, outras nem tanto – eis algumas recomendações importantes do que fazer e não fazer.

1. Trazer alguém transformador para "salvar o dia"

Não importa que seja um diretor de transformação, um diretor de transformação digital, um diretor de mudança, um diretor de inovação, um especialista em disrupção, um diretor de crescimento, um hacker de inovação ou um hackologista de tecnologia – o título é irrelevante; contrata-se ou promove-se alguém para resolver o problema e para atuar como a efígie da luta. Não há nada de errado nessa abordagem – já funcionou antes. Alguns indivíduos incumbidos desse trabalho difícil já alcançaram grande sucesso, mas a maioria só colheu frustrações e desistiu, um ou dois anos depois, com muito poucos registros de sucesso.

SIM: Foque só depois de uma análise inicial robusta

Antes de focar num indivíduo, analise cuidadosamente o que esperar dele. Em geral, deixa-se a expectativa muito alta, antes de a pessoa ou a empresa considerar todas as questões relevantes para a definição dos objetivos.

NÃO ignore o resto da equipe

Contratar um figurão, um consultor externo, ou alguém de alta visibilidade é maneira testada e comprovada de recrutar talento, que não vai embora da noite para o dia. Tome cuidado, porém, com quem, de imediato, não valoriza a equipe interna como poderosa fonte de ajuda para si mesmo e para a empresa. Algumas culturas organizacionais conseguem resistir a essa "paulada", mas outras podem ser extenuadas ou, pior, estropiadas pelo salvador das causas perdidas. Sonde a equipe, identifique as forças e as fraquezas, e crie oportunidades regulares para aumentar as competências – a maioria demonstrará interesse e se sentirá motivada.

NÃO se esconda atrás do cargo

Compreender o cargo é fundamental para a maneira como as pessoas se aproximarão e se abrirão para o indivíduo. Ter um cargo compreensível e expressivo é ponto de partida inteligente para convergir a atenção de todos em como essa situação é parte da rotina das empresas, embora você esteja tentando inovar. Comunicação, não títulos, é fundamental.

2. A empresa não está comprometida

A falta de compromisso é uma das principais causas do fracasso de iniciativas, grandes ou pequenas. A capacidade de ir além da linha de chegada, de superar as expectativas, de fazer mais do que o indispensável ou de apenas cumprir o prometido é a diferença entre a empresa que avança e a empresa que estagna, ou, pior ainda, a que retrocede e despenca no abismo. O dom de fomentar o compromisso é incomum e leva tempo para ser desenvolvido. Depois de angariar corações e mentes, a tarefa mais difícil é manter aceso o entusiasmo.

SIM: Fale sobre o que acontecerá se o compromisso esmorecer

O conselho que dou aos clientes é questionar o compromisso em todas as etapas do processo e certificar-se de que os outros participantes (em geral, tomadores de decisão importantes, mas nem sempre) sabem o que você fará se eles falharem, por já terem discutido a questão. Ramificações, efeitos colaterais e consequências inesperadas são bons fatores motivadores. Definir expectativas antecipadamente, além de previsões adequadas, o fazem parecer preparado, experiente e no controle. Além disso, você também se sentirá mais no controle e será capaz de detectar problemas mais cedo.

NÃO fique frustrado, nem desmotivado

Este é o caminho mais fácil, mas o menos correto. Em vez disso, investigue o porquê, onde, quando, como e quem da situação, e veja o que é possível consertar. Lembre-se de que você é responsável por pelo menos 80% a 90% do sucesso de qualquer coisa – diminua e aumente o zoom, volte a focar, e avance.

3. A empresa simplesmente não está preparada para a mudança

Atitude, compreensão, mentalidade, conhecimento e experiência são condições necessárias para promover a mudança. Em conjunto, além de outros, esses atributos compõem a cultura organizacional ou o ambiente interno da organização. As empresas hoje têm dificuldade em motivar a equipe, por numerosas razões, mas a capacidade de mudar é um requisito importante, já que sua falta pode gerar incerteza e medo em indivíduos de todas as idades. Não obstante o clima de insegurança, muita gente não está plenamente satisfeita no cargo, e, por isso, as atividades voltadas para o reforço da cultura organizacional deixam-nas ainda mais insatisfeitas e carentes. Cultura é difícil de mudar, mas pode ser mudada – e essa transformação exige mais do que 80% a 90% do seu tempo.

SIM: Faça um discurso breve e assuma um compromisso duradouro

Grande ou pequeno, anuncie e explique. Muitas empresas são frugais na comunicação de iniciativas, mas a concisão às vezes dificulta a compreensão e diminui o impacto. A maneira de anunciar alguma coisa afeta em muito a maneira como a iniciativa é percebida e executada. Além disso, o reforço de conceitos e propostas pode ser precário e superficial, prejudicando a assimilação. Portanto, planeje uma campanha longa, persistente e reiterada, que não se limite a uma semana de atividades e cartazes, caso se trate de algo fundamental para a empresa. Não poupe recursos materiais e, muito menos, atenção, para garantir que os benefícios de curto e longo prazo sejam mais visíveis.

NÃO ignore indivíduos influentes

Embora espetáculos grandiosos sejam bons e necessários, grande parte das mudanças culturais advirá de pessoas influentes, capazes de demonstrar e reforçar comportamentos que os outros aprendem e adotam. Nem todas as pessoas e empresas se enquadram na metáfora do pastor e do rebanho, mas todas as empresas têm indivíduos que são observados pelos demais, de modo a saber para onde ir e o que fazer. Aproveite essa tendência, em proveito da organização, e identifique e elabore sutilmente uma lista de pessoas que são influenciadores e solucionadores de problemas, que inspiram confiança nas demais, que reforçam e manejam os relacionamentos cuidadosamente, que avaliam o panorama político com astúcia, que guardam as confidências alheias, e que, frequentemente, são funcionários antigos e estáveis.

DICA

Aproveite as áreas físicas importantes – transforme entradas principais em plataformas de lançamentos e eventos, reúna todas as pessoas, tire fotos, venda ideias, torne-as individualmente responsáveis por associar o nome e o rosto a ideias relevantes. Uma empresa a que prestei serviços instalou um *video wall* que mostrava o progresso dos projetos, todos os dias, e usava etiquetas RFID (*radio-frequency identification*) nos crachás dos funcionários, para personalizar as mensagens, quando alguém passava o cartão nos dispositivos de identificação fora dos horários de pico. Essa iniciativa foi associada a um aumento significativo na responsabilidade, na conscientização e na realização de objetivos, por indivíduos e grupos na organização.

Espere que as coisas também deem errado

Mas agora é provável que você esteja um pouco mais otimista quanto ao futuro incerto que se estende à sua frente. Você tem consciência e compreensão de várias tecnologias que desestruturarão vários mercados (impressão 3D, nanotecnologia, inteligência artificial); você tem um *framework* decisório que o ajuda a avaliar problemas (TCD) e uma metodologia para iniciativas proativas (TCD+). As coisas podiam ser piores, certo? Mesmo com todas essas ferramentas, porém, certos problemas comuns podem surgir quando se adota o processo TCD, que eu já observei ao longo dos anos ou que os clientes me relataram ao implementarem os projetos. Eis uma lista dos problemas mais comuns, e o que fazer a respeito.

Problema 1: Você não repete o TCD depois da sessão inicial

O TCD demanda muito tempo na primeira vez em que é aplicado; depois, o processo fica bem mais rápido, e as pessoas configuram alertas e lembretes para ajudá-las numa abordagem contínua.

Solução

Exploda a granada antes que ela estoure nas suas mãos. Se você acredita em compromisso, é preciso relembrá-lo às partes relevantes, antes que surja o problema. Testar compromissos é difícil, mas algumas frases úteis podem ajudá-lo e a outras partes interessadas:

- Alguma coisa o impedirá de...?
- O que eu poderia fazer se isso acontecer?
- A experiência me diz que...
- Será que teremos problema aqui? Você quer conversar a respeito?

DICA

Usar um *freela* para concluir uma atualização trimestral não é crime. Todos ficam ocupados e os recursos são finitos. Embora dar-se ao trabalho de executar a tarefa por conta própria tenda a produzir melhores resultados no curto e no longo prazo, um processo eficaz de análise e redação pode alertá-lo de possíveis ameaças, não o deixando esquecer e ignorar o processo durante um trimestre.

Problema 2: Os altos executivos simplesmente não veem, nem compreendem

As tecnologias disruptivas exigem adesão e, muitas vezes, o processo pode parecer arbitrário, se você não sentir nada pegando no seu pé. Esta é a melhor hora de completar o processo; como

Finley Peter Dunne disse certa vez sobre a função da imprensa (SHEDDEN, 2014), seu trabalho é "tranquilizar os aflitos e afligir os tranquilos". Não espere que a empresa sinta dores, previna-as.

Solução

Isso pode ser difícil. Mudar as pessoas de negativas para positivas pode ser fácil, mas a neutralidade ou indiferença talvez seja o ponto de partida mais difícil para gerar movimento. Antes de desanimar, traga-as a bordo o mais cedo possível, e pergunte-lhes quanto custaria resolver o problema, como o manejaram em outras ocasiões, e o que a situação significa para elas pessoalmente (mais horas de trabalho, estresse, doenças, infelicidade).

Problema 3: Você é deletado por uma tecnologia que ninguém viu chegar

A disrupção ataca de várias formas e muitas vezes não segue um caminho direto – empresas como Uber, Deliveroo, Tesla, Airbnb e Snapchat são ótimos exemplos dessa situação. Quase todas, de início, foram consideradas meros contratempos pelos atores e pelas forças tradicionais, antes de dominarem as manchetes e transtornarem vários mercados. Muitos CEOs e concorrentes fazem a retrospectiva das forças disruptivas e concluem que menosprezaram a inovação cedo demais. Por isso é que o TCD constrói uma camada de análise e atenuação para que a empresa se mantenha atenta a tecnologias à primeira vista inócuas, que, mais tarde, podem representar ameaças ou oportunidades. A chave é estar preparado.

Solução

Faça ou repita o exercício Mate a Empresa, do capítulo anterior – foque em tecnologias específicas, para identificar problemas potenciais e pesquisar outras áreas, de modo a evitar, neutralizar ou atenuar impactos semelhantes. Nenhuma empresa é imune à disrupção – aceitar essa hipótese permite que a disrupção aconteça com mais rapidez, se eventualmente ocorrer, por não haver preparação, nem flexibilidade contra as forças iminentes.

Problema 4: Você perde impulso depois de concluir o processo TCD inicial

Essa é uma ocorrência comum em projetos de tecnologia disruptiva, porque, com frequência, depois dos primeiros momentos de "uau" e da fase esperançosa de planejamento, pouco acontece de imediato que seja impactante e surpreendente. Há por aí muitas pesquisas e recomendações. Você já viu como garantir tempo suficiente para concluir o processo TCD; mas, além disso, alimentar o entusiasmo e manter as pessoas atualizadas pode ser difícil, exigindo mais tempo e força de vontade. Ainda por cima, as pessoas assumem outras tarefas e o tempo não é elástico.

Solução

Prepare-se para a calmaria. Geralmente, os clientes me dizem que esse problema é uma questão de percepção, não de realidade. Você tem muitas opções: executar um mini TCD, convocar uma reunião rápida, promover sessões de bate-papo, desenvolver um processo de atualização robusto para toda a empresa, em algum local de grande visibilidade (não nas caixas de entrada de cada um!). A escolha é sua.

Problema 5: A empresa não é bastante inovadora e não pode contratar grandes agências

O TCD é executado por agências externas e pelas próprias empresas. Ambas as alternativas têm altos e baixos, e diferentes níveis de *expertise*, mas nenhuma é melhor ou pior do que a outra no processo – algumas são apenas mais abertas. Nem agências, nem marcas têm verbas infinitas nem tempo a perder; as mais eficazes, porém, extraem o máximo do exercício e compreendem o valor do TCD e os objetivos a alcançar. Muitas das empresas com que trabalhei ou para as quais trabalhei sufocam a inovação, ao exigirem a circulação das ideias pelos vários níveis da administração antes de conseguirem algum investimento – às vezes o processo é intencional, outras vezes, inconsciente. É importante refletir se é uma prática comum da empresa, antes de iniciar atividades semelhantes ou se é necessário abordar a situação de maneira um pouco diferente.

Solução

Criatividade não é dom especial de indivíduos, nem de organizações. Até as agências de criação dizem isso ao mundo em festivais como Cannes ou em palestras como TED. Em vez disso, o trabalho consiste em moldar, dirigir e liderar. Boas ideias podem surgir em qualquer lugar. A Adobe sabe disso e capacitou seus funcionários, criando a Kickbox, um kit que a empresa oferece aos funcionários que querem expor uma ideia, conforme explicado abaixo. A empresa talvez queira criar um kit semelhante.

Kit de inovação

O capítulo anterior se referiu à promoção de novas mentalidades e comportamentos organizacionais – o processo não é fácil e os resultados podem ser lentos. Às vezes, precisa-se de uma iniciativa ampla, que, se bem executada, pode realmente deflagrar novos comportamentos e desencadear uma onda de entusiasmo, difícil de dissipar. Um dos melhores exemplos é a Kickbox, que a Adobe criou para a sua equipe. A Kickbox é uma caixa física, com uma grande ideia na retaguarda; um alto executivo da Adobe me explicou que teve o insight porque não gostava do risco de fazer grandes apostas. Em vez de investir (ou arriscar) US$ 1 milhão numa ideia, ao distribuir 1.000 Kickboxes, a Adobe pode fazer 1.000 apostas menores, que talvez ofereçam ótimos retornos no curto ou no longo prazo – com muito mais chances. De acordo com o site Kickbox, da Adobe (kickbox.adobe.com), o kit foi "desenhado para aumentar a eficácia do inovador, acelerar a inovação e melhorar quantitativamente os resultados da inovação".

A caixa física contém vários itens:

- Cartões de instrução (conhecidos como "Levels").
- Caneta.
- Cronômetro.
- Dois blocos de Post-it.
- Dois blocos de anotações.
- Uma barra de chocolate.
- Cartão Starbucks de US$ 10.
- Cartão de crédito pré-pago de US$ 1.000.

Você leu corretamente, US$ 1.000 em cada cartão de crédito, que o titular pode usar como preferir, sem precisar justificar, pedir permissão ou se preocupar com repercussões. Ao escolher esse curso, em vez de o usual "basta lançar como despesa", a Adobe evita a papelada irritante e o desgaste da aprovação, e demonstra alto nível de confiança – quase despertando sentimento de culpa, há quem diga. Ninguém quer desperdiçar dinheiro, certo? Ao se esgotar, o cartão envia um sinal ao usuário para apresentar a ideia à equipe sênior.

Nota: A promessa de dinheiro em troca de ideias a serem testadas é outro rumo, mas o fator "confiança", implícito no método do cartão de crédito, é o principal ingrediente aqui. Ao oferecer alguma coisa imediatamente, a Adobe fomenta o que os psicólogos denominam Norma ou Princípio da Reciprocidade – se alguém nos dá alguma coisa, sentimo-nos na obrigação de retribuir com algo de valor igual ou maior.

O processo é um procedimento detalhado para o pensamento inovador e para o desenvolvimento de produtos e serviços; há seis "níveis", e cada um deve ser concluído antes de passar para o seguinte. Antes de explorarmos os seis níveis, é importante observar alguns aspectos:

- Um funcionário de qualquer nível pode pedir uma caixa e o gerente não pode negar.

- O cartão pode ser usado em qualquer coisa de que o funcionário precise ou que gostaria de ter, sem necessidade de justificar ou de preencher qualquer relatório de despesa.
- A ideia dá ao indivíduo permissão, não aprovação.

Os níveis são parte importante do processo, e não pretendem sufocar a criatividade, mas sim orientar os usuários ao longo do processo, para maximizar as chances de sucesso:

- *Nível 1: Iniciação.* Este nível trata de propósitos, motivações e roteiros para o sucesso.
- *Nível 2: Ideação.* Ajuda o usuário a aprender métodos que estimulam o fluxo de criatividade, focando em como o mundo deve ser, não em como é.
- *Nível 3: Aprimoração.* Ajuda o usuário a compreender que nem todas as ideias são boas e o que contribui para uma boa ideia.
- *Nível 4: Investigação.* Ajuda o usuário a avaliar uma ideia com experimentos simples.
- *Nível 5: Iteração.* Ajuda o usuário a compreender os dados do Nível 4 e a impulsionar a ideia ou ideias para descobrir "o verdadeiro significado da ideia".
- *Nível 6: Infiltração.* É sobre "combate empresarial", em que o usuário é ajudado a desenvolver argumentos convincentes usando dados que interessam à organização.

Como observam os executivos ao serem entrevistados sobre o produto, a Adobe só precisa de uma aposta vencedora para pagar todo o projeto. Depois de distribuir mais de mil caixas, a Adobe relata que mais de 20 caixas completas foram "vendidas" à alta administração – representando mais de 20 ideias que até então estavam bloqueadas e jamais haviam sido imaginadas. Uma das ideias até levou a uma aquisição de valor superior a US$ 800 milhões em ações da empresa de fotografia Fotolia, que consolidou uma posição mais ampla no mercado de produtos

(Adobe Creative Cloud) e acesso a um grupo diferente do mercado mundial de designers.

DICA

Crie a sua própria versão do kit – a Adobe lhe permite fazê-lo e o estimula a usar a Kickbox em sua organização. Para mais informações ou para baixar sua própria versão da Kickbox, visite: kickbox.adobe.com.

Conclusão

Este capítulo focou na mudança da percepção de que a disrupção, em vez de improvável, é inevitável, e que faz sentido em negócios estar preparado tanto quanto possível para essa ocorrência, de modo que o impacto seja o menor possível. Envolver as pessoas certas é fundamental; eliminar preconceitos e promover a abertura é imperativo para empresas que realmente estão querendo destacar-se da multidão, em vez de apenas sobreviver. O próximo capítulo foca em fatores adicionais a serem considerados pela empresa, de modo a chegar em 2020, e além, com a menor probabilidade possível de ser desestruturada pela disrupção.

CAPÍTULO 9

—

DES-INOVAÇÃO

ESTE CAPÍTULO FOCA EM TÓPICOS MAIS AMPLOS, que impactarão o futuro do negócio e as estratégias de tecnologias disruptivas:

- Por que pensar apenas em coisas diferentes não o salvará?
- Por que pensar "grandes mudanças são difíceis" e "pequenas mudanças são fáceis" está errado?
- O que precisa mudar para que a empresa esteja pronta para 2020?

Até agora, neste livro, abordamos e discutimos alguns indicadores essenciais referentes à disrupção: mudanças de distribuição, eficiências de produção, transformações no comportamento dos consumidores, competição pelas laterais, e novas leis ou regulações, entre outras. Cada uma dessas mudanças tem implicações e respostas diferentes, em função do setor de atividade e do tipo de cultura organizacional. A chave – além de identificá-las cedo – é reagir em conformidade. No último capítulo, identificamos icebergs e analisamos como responder às paralisações, à cultura corporativa deficiente e a outras questões. Este capítulo focará nas ideias da sua empresa para avançar, especificamente, em torno da abordagem "pensar de maneira diferente".

Por que "pensar em coisas diferentes" provavelmente não funcionará para você, mas "pensar de maneira diferente" dará certo

Ficou famoso o slogan da Apple "Think different" (Pense diferente), de uma campanha publicitária de 1997, criada pela TBWA/Chiat/Day, em resposta ao slogan "Think" (Pense) da IBM. O slogan da Apple entrou para história como epítome de como as empresas devem pensar sobre qualquer coisa, mas esse slogan é muito inadequado para a maioria das empresas.

"Pense diferente" funciona para a Apple por se tratar da Apple, e, basicamente, sintetiza tudo o que Apple representa em relação a tudo. A Apple vai além da tecnologia e considera mais as mãos e a mente que usarão a tecnologia. Como uma das marcas mais importantes e notórias hoje – e no futuro previsível –, pensar de maneira diferente também funciona para a Apple, porque reflete sua identidade. A mesma afirmação pode se aplicar a outras empresas? Se você ainda não o fez, pare um momento para assistir de novo à TED Talk de Simon Sinek sobre a Apple (http://bit.ly/DTsinek), e você compreenderá por que a Apple faz o que a Apple faz. A chave é compreender o "porquê". O objetivo da maioria das empresas não é ser a Apple, nem semelhante à Apple, mas aprender com seus comportamentos a desenvolver seus próprios comportamentos, na própria organização e no ambiente circundante.

O sucesso raramente consiste somente em copiar alguma coisa que funcionou em outro contexto; a melhor maneira de avançar é adaptar e fazer o ajuste perfeito para atender às suas necessidades. Portanto, este capítulo o ajudará a efetivamente pensar de maneira diferente, em vez de apenas dizer-lhe que a doutrina da Apple é o "caminho para a frente" a ser percorrido por sua empresa.

A maneira como você conserta um banco diz muito sobre você e sua empresa

A disrupção é onipresente e vem de todos os lugares – é uma constante em nosso mundo. Sem ela, avançaríamos mais devagar e criaríamos menos coisas realmente novas, capazes de impulsionar indústrias, economias e semelhantes. No entanto, a maioria das empresas prefere consertar aspectos superficiais, na esperança de que assim resolverá problemas estruturais. Chamo isso de teoria do banco.

Algumas pessoas usam um banco da maneira "normal" durante toda a vida – ou seja, como uma plataforma onde sentar-se. Outras preferem usar um banco como bancada, ou estação de trabalho. Ainda outras optam por usar um banco como lugar onde armazenar coisas. Na verdade, não há maneira certa ou errada de usar um banco. Entretanto, quando aparece algum defeito no banco – mancha, rachadura ou quebra –, a maneira como você reage e decide é fundamental. Você:

- aplica uma camada de tinta, laca ou outro revestimento?
- corta a parte ruim e a substitui?
- joga fora o banco e compra outro – um banco melhor?
- desiste do banco e usa a madeira em bom estado para alguma outra coisa?
- não faz nada – é apenas uma rachadura.

Não há resposta certa, mas a sua escolha diz muito sobre você e a maneira como a sua empresa reage aos problemas. Veja a resposta que você escolheu e a analise numa folha de papel em branco. Escreva a escolha no meio da página e desenhe um diagrama de aranha, respondendo a perguntas como:

- Por que eu decidi isto ou aquilo?
- Que elementos me levam a acreditar que o curso de ação será este ou aquele?
- O que isso indica sobre a maneira como lido com coisas quebradas a serem reparadas?
- Com o que devo tomar cuidado no futuro?

Muitas pessoas tomam decisões na vida cotidiana, e, cada vez mais, na vida profissional, movidas pelo medo, disfarçado de praticidade; essa tendência também é conhecida como caminho "fácil", caminho "por enquanto, tudo bem" ou caminho "não faça onda". Mas lhe digo agora – mexa-se e grite porque as coisas não estão bem. Se você acha o contrário, releia a Introdução deste livro. A mudança está chegando cada vez mais rápido.

Complacência é a morte, compromisso é a chave

Geralmente, você conhece o curso certo (ou o resultado desejado), mas os primeiros passos práticos parecem tão gigantescos e desafiadores, que você não muda nem implementa uma "não mudança" (alguma coisa tão pequena, que mal se vê e não exerce efeito algum, afora o de ticar a alternativa). Não raro, o que querem que façamos ou o que queremos que aconteça parece tão "lá longe", "impossível" ou "não para nós", que nem mesmo tentamos – omissão mortal para a empresa. Já quem de fato almeja com perseverança efetivamente faz acontecer. Afirmo-lhe com segurança, almeje-o intensamente. Quem sente e age assim, com o apoio certo, com atitude e com convicção, chega lá. Não precisa ser Steve Jobs, nem outro ícone qualquer; basta manter-se consciente e focado. Você tem licença para fazer acontecer. Tenha determinação, seja obcecado em promover a mudança e em fazer diferença. Os indivíduos que agem assim – não importa que o resultado não seja imediato – geralmente são mais felizes, mais realizados, e mais tendentes a inspirar os circunstantes e a superar as circunstâncias. No mínimo dos mínimos, estão lutando por alguma coisa que querem, em vez de esperar pelo impacto inevitável. Arrisque-se. Poucos empregos são para sempre – o que é ainda mais certo para as gerações mais jovens que estão entrando na força de trabalho (ver o próximo capítulo) –, portanto, todas as ações são importantes – só não vale a inação.

O problema de pensar de maneira diferente é que o ato em si envolve compromisso apenas temporário; um *brainstorm*, um workshop, um projeto piloto, um teste rápido, que não produzem resultados, não impedindo que se esqueça toda a ideia no dia seguinte. Vejo essas ocorrências se repetirem a toda hora, mas, especialmente, no caso de tecnologias disruptivas, por causa do fator desconhecido, das prioridades individuais, das emergências momentâneas e, infelizmente, da ganância. É possível controlar esses incidentes dispersivos e deletérios, nem mesmo é difícil, mas exige algumas considerações.

Sua abordagem a qualquer mudança deve ser sob medida

Ao ajudar os clientes a promover mudanças ou a enfrentar disrupções, são enormes as diferenças quando se trata de instituições financeiras ou de fabricantes de automóveis. Cada setor de atividade tem características exclusivas e, embora haja semelhanças e imbricações, cada empresa é uma entidade distinta e singular. No entanto, é possível usar os mesmos processos, exercícios e ferramentas para compreender as peculiaridades e as dificuldades específicas.

Como já dissemos, "pensar diferente" (*think different*) não é para todos (ou, de fato, para ninguém, a não ser para a Apple), mas "pensar de maneira diferente" (*think differently*) é para qualquer um. Isso não lhe dá permissão para não pensar com ousadia, nem para dizer que as pequenas mudanças não fazem diferença, mas pode inspirá-lo a fazer essas coisas de novas maneiras. As "velhas maneiras" raramente nos dão as melhores (ou as mais novas) soluções para problemas cada vez mais complexos. Com muita frequência, os clientes me dizem "o advogado do diabo" entra em cena e derruba boas ideias com críticas inteligentes, em vez de enfrentar com realismo os problemas reais.

Tom Kelley, CEO da IDEO – empresa de consultoria de design e inovação –, acredita que os advogados do diabo são um grande problema no mundo dos negócios, e discute manejá-los em seu segundo livro, *The Ten Faces of Innovation* (2008) [ed. bras. *As 10 faces da inovação*, tradução Afonso Celso da Cunha Serra, Campus/Elsevier, 2007]. Kelley acredita que o advogado do diabo sufoca as ideias "frágeis" com negatividade e combate esse comportamento tão frequente. Ele identifica dez tipos de *personas* comuns nas empresas, em diferentes combinações, e mostra, com exemplos, como cada uma ajuda diferentes empresas a evoluir, a adaptar-se e a espalhar a mudança e as forças disruptivas.

Considerar as *personas* da sua empresa é importante antes de qualquer lançamento – além de simplesmente fazer mais sentido, sob a perspectiva de som e imagem. Compreender o que impulsiona e inspira a força de trabalho é maneira inteligente de projetar novas iniciativas e ideias. Veja, abaixo, as dez *personas* de Kelley.

"*Personas* que aprendem" (ninguém pode ser complacente):

1. *O Antropólogo*: observa o comportamento e introduz novas competências na empresa, por meio da compreensão profunda de como as pessoas se comportam e interagem umas com as outras e com produtos ou serviços.

2. *O Experimentador*: contribui regularmente com novos protótipos e é defensor intransigente do processo esclarecido de tentativas e erros.

3. *O Polinizador*: explora outros setores e culturas e adapta suas descobertas e revelações às necessidades únicas da própria organização. Descrita como pensamento análogo, essa abordagem é analisada com mais detalhes no fim deste capítulo.

"*Personas* que organizam" (ideias são como jogo de xadrez – tudo deve ser considerado):

4. *O Saltador de Obstáculos*: sabe transpor obstáculos dentro de uma empresa, para alcançar a inovação.

5. *O Colaborador*: reúne grupos ecléticos para conceber novas combinações e soluções multidisciplinares.

6. *O Diretor*: além de reunir as pessoas certas, essa *persona* inspira a equipe a alcançar melhores resultados do que seria possível aos membros, se estivessem sozinhos.

"*Personas* que constroem" (as ideias despontam quando as pessoas se sentem empoderadas e focadas):

7. *O Arquiteto de Experiências*: foca nas necessidades, na experiência e em como as pessoas se associam ao resultado final.

8. *O Cenógrafo*: ajuda as outras pessoas a dar o melhor de si, criando os ambientes certos ao seu redor.

9. *O Cuidador*: recorre à metáfora do profissional de saúde para cuidar do cliente com nível de zelo que vai além da prestação de serviços. Os bons cuidadores se antecipam às necessidades e se empenham em atendê-las.

10. *O Storyteller*: inspira a ação, explorando valores, crenças e traços fundamentais.

Antes de prosseguir, pense na sua empresa. Quais são as *personas* que a compõem? Dez por cento de Cuidadores? Noventa por cento de Cenógrafos? Talvez o contrário? O que isso significa para o lançamento de novos programas? Quais são os efeitos dessa constatação para as suas políticas de recrutamento e seleção? Para as necessidades de treinamento? Além de suas primeiras reações instintivas, como você questionará essas suposições para conhecer a textura real das *personas* que compõem a sua empresa?

DICA

O advogado do diabo tem motivos para participar; às vezes, o diabo pode estar certo. É importante ouvir todas as partes, e pensar de maneira aberta e inquisitiva. Ignorar as diferentes perspectivas e considerações também compromete o moral dos indivíduos e do grupo. Em vez disso, como sugere Kelley, estimule sua *persona* inovadora, dizendo: "Quero ser o Colaborador por um momento; nossos clientes acreditam em bom valor e em meio ambiente; portanto, devemos conversar com compras e relações públicas, antes de qualquer decisão".

> **DICA**
>
> Reflita sobre como comunicar projetos do tipo "pensar de maneira diferente". Em meu trabalho com diversos clientes, uma coisa ficou clara; as pessoas apreciam novas oportunidades, mas temem o salto no escuro. Ao conversar com clientes, geralmente capto olhares curiosos quando pergunto sobre construção e inauguração de áreas comuns, como se o sucesso fosse certo. Em vez disso, insisto com os clientes (e com você) para considerar e avaliar a cultura organizacional, o clima da empresa e o tom. Esses três elementos são indispensáveis para a receptividade e para as chances de sucesso dos projetos, assim como para a aprovação final da proposta. Muitos projetos fracassam antes de começar, por causa da maneira como são apresentados. Não deixe de pensar na apresentação.

Lembre-se da citação de Bill Joy, no Capítulo 7:"Não importa quem você seja, a maioria das pessoas inteligentes trabalha em outro lugar". Agora, imagine 3 bilhões de novas mentes no mundo – esse é o número de novas pessoas que entrarão on-line nos próximos dez anos (ou menos, se as atuais taxas de adesão aumentarem). Muitas dessas pessoas talvez nunca venham a ser funcionários em tempo integral de nenhuma empresa, e muitas terão aprendido suas competências e habilidades exclusivamente on-line. Absorva o impacto e deixe-o assentar por um minuto. É muita gente a se juntar às outras tantas que já estão no mundo virtual. As pessoas terão diferentes pontos de vista, experiências, redes, recursos e ideias. Imagine as possibilidades de explorar essas novas perspectivas e anseios para ajudar a sua empresa.

Pensar de maneira diferente envolve outras pessoas, não só você

As tecnologias disruptivas são, quase sempre – mas nem sempre –, totalmente novas. Em outras palavras, são geralmente o grande desconhecido, o que significa deduzir o impacto que provocam e a dificuldade de assimilá-las, e lançá-las no mercado, sob a forma de novos produtos e serviços diferenciados. O raciocínio dedutivo, em geral, não é possível, apesar dos esforços das muitas empresas que exploram numerosas fontes de dados e rodam grandes modelos complexos. Por conseguinte, as empresas, em regra, não têm escolha, senão partir para tentativas e erros. A melhor opção para novos produtos ou serviços envolvendo tecnologias e forças disruptivas talvez seja simplesmente lançar e aprender.

O pensamento análogo é a solução para esses problemas. As práticas emergentes estão ficando cada vez mais populares, à medida que seus benefícios são vistos em todas as organizações e departamentos (e não só em start-ups, mas também em pequenas, médias e grandes empresas que estão usando o método). Analogia e "raciocínio analógico" são comuns há muitos anos, em campos como biologia, sistemas adaptativos, software e computação, para ajudar a compreender e a resolver problemas. De uns tempos para cá, porém, o raciocínio analógico evoluiu no mundo dos negócios, sob a denominação "pensamento análogo". Pensamento análogo é o processo de procurar ajuda em áreas conhecidas, para resolver problemas em áreas desconhecidas, mas correlatas, por conexão e associação, adaptando e transferindo conhecimentos e experiências de uma para a outra. Duas são as razões para esse aumento de interesse: primeiro, as analogias são frequentes e intuitivas; segundo, e mais importante, as analogias permitem que os participantes do processo, como líderes e estrategistas, olhem para o panorama mais amplo e avaliem as oportunidades de nova maneira ou sob nova perspectiva. Como vimos no *framework* TCD, compreender como se decide é crucial. A analogia pode ajudar os tomadores de decisões a fazer escolhas mais esclarecidas — sobretudo ao se defrontarem com tecnologias emergentes e disruptivas (geralmente, de fontes desconhecidas), à medida que as soluções afloram, pela aplicação do aprendizado de experiências mais ou menos semelhantes ou de lembranças que emergem no consciente dos participantes. Infelizmente, poucas pessoas efetivamente se dão conta de que decidem dessa maneira, o que é um grande problema.

Evidentemente, as más analogias são muito comuns no mundo dos negócios. Para evitá-las, o primeiro passo é analisá-las em retrospectiva e empenhar-se deliberadamente para não incidir em erros semelhantes. O segundo passo é resistir à tendência de buscar informações que confirmem suas crenças pessoais e as crenças da cultura organizacional. Esse é o "viés de confirmação" a que se referem os psicólogos. Combatê-lo é difícil, mas é possível. Primeiro, é preciso examinar as suas fontes e verificar até que ponto elas se relacionam com as questões a serem decididas. Parece contraintuitivo, mas o objetivo é confirmar que a analogia é inadequada. Só assim será possível obter inputs de qualidade e gerar outputs de qualidade. Ao procurar divergências, é improvável que não se encontre nenhuma, mas, caso isso ocorra, tudo bem. O passo seguinte é aceitar as diferenças, desconsiderando, em parte ou no todo, a suposta analogia. A eliminação das analogias indevidas valida e reforça as remanescentes, possibilitando análise e cotejo cuidadosos das soluções alternativas, para ajuste e conclusão do processo, com base no conhecimento e nos fatores adicionais. A chave é focar na justificativa de por que os itens que estão sendo avaliados efetivamente se correlacionam com a questão pendente. Ao agir assim, rigorosamente, você evitará recorrer a analogias cosméticas ou superficiais que não se aplicam ao caso real e não o ajudarão no longo prazo.

Os estudos já demonstraram que soluções fornecidas por pessoas de mercados semelhantes, mas diferentes, geralmente têm pouca utilidade imediata, mas apresentam níveis de engenhosidade, criatividade e inovação significativamente mais altos, em comparação com as ideias geradas por pessoas do mesmo setor. Com efeito, quanto maior for a diversidade dos participantes, mais criativas e ousadas serão as soluções.

O Capítulo 5 apresentou a Escada de Referências de Experts, processo escalonado que o ajuda a obter informações cada vez mais ricas de especialistas recomendados por outros especialistas, o que, com alguma adaptação, pode ser usado para identificar áreas em que talvez existam diferentes experiências e analogias a serem utilizadas em proveito da sua empresa.

Primeiro, pense na questão a ser resolvida – seja tão específico quanto possível. Como já foi dito, ser específico no começo de qualquer processo de mapeamento de analogias é fundamental para o sucesso. Depois de definir a questão ou a área em que você precisa de ajuda, é preciso identificar a primeira pessoa a quem você pediria ajuda, se só você tivesse de resolver o problema. Para aumentar as chances de sucesso, geralmente é útil ter várias versões da descrição da mesma situação, já que essa diversidade promove diferentes conexões no cérebro. O terceiro passo é enquadrar a pergunta ou o pedido de ajuda de maneira a liberar o conhecimento ou a criatividade superior do especialista, de modo a conduzi-lo na direção certa.

Em vez de perguntar ao seu alvo inicial que situações ou setores possibilitam analogias com a questão a ser resolvida, contenha-se. Essa não é uma reunião de uma pergunta só. Em vez disso, induza a pessoa a pensar sobre a questão com uma boa descrição e um bate-papo ou informações supérfluas, mas correlatas, de modo a ativar as áreas certas do cérebro. Algumas pessoas são boas em responder à queima-roupa, mas esse não é o caso da maioria. Portanto, aqueça os interlocutores, antes de fazer a grande pergunta.

Então, ao achar que é o momento adequado, adapte ou use uma dessas possíveis maneiras de estruturar as perguntas:

- O que lhe vem à mente ao pensar sobre questões relacionadas com [CONDIÇÃO]?
- Cite duas empresas que lhe parecem ter problemas semelhantes.
- Alguém de suas relações já teve esse problema ou outro semelhante?
- Quem mais talvez sofra de [QUESTÃO].
- Alguma outra pessoa usa algo semelhante a [PRODUTO].

Dependendo do que você perguntar e da questão a enfrentar, talvez seja necessário indagar sobre a pessoa seguinte na escada – faça-o quando a conversa se aproximar do fim natural, repita o processo até achar que chegou ao topo da escada e as ideias que estiverem sendo recebidas parecerem ridiculamente implausíveis.

Em seguida, faça um pouco mais de pesquisa (inclusive perguntando à pessoa que lhe deu a informação), antes de formular suas respostas.

> **DICA**
>
> Evite e-mails, tanto quanto possível – talvez você queira preparar antecipadamente a pessoa que está sendo interrogada, mas é melhor manter o mistério da pergunta, uma vez que essa é a alternativa que produz os melhores resultados. Lembre-se, é possível encontrar ideias radicais, se você as procurar nos lugares certos – geralmente fora de seus contatos. Use LinkedIn, Facebook Groups, fóruns comunitários, professores universitários, desenvolvedores de aplicativos, qualquer pessoa! Todos podem ajudar nessa tarefa.

Com base em estudo de Franke, Poetz e Schreier, de 2011, esse método é um bom ponto de partida, mas a chave é a tenacidade e a descoberta de novas pessoas, não apenas amigos, colegas de trabalho, e semelhantes – saia do setor, vá fundo e para os lados. Por exemplo, no estudo original, um fabricante de máscaras era o cliente, e as pessoas que estavam sendo inquiridas eram skatistas, telhadores e carpinteiros. Um trio improvável, mas cada um ofereceu uma perspectiva única sobre o mesmo problema. Se você estiver em busca de novas respostas, aprofunde-se e espalhe-se.

Cuidado: Analogias não são imunes a tolos. Elas exigem muita atenção e não raro são forçadas a se encaixar numa solução; fique atento e combata as marretadas. As analogias são imperfeitas, mas podem ser revolucionárias para as empresas que lutam em busca das mais adequadas. Adote abordagens metodológicas rápidas e interrompa ou refine o que não estiver funcionando.

Qualquer coisa que ajude alguém a tomar boas decisões merece aplausos, mas, em regra, sem saber, raciocinamos conosco mesmos com base em experiências anteriores ou por força de pressões externas. Todavia, focando em como tomar decisões, não raro é possível decidir melhor e errar menos. Os estrategistas são os principais responsáveis por esse raciocínio subconsciente; entretanto, embora esses caras tenham horror a ser desafiados, os melhores encaram o questionamento com naturalidade, reconsideram suas suposições e se engajam no pensamento análogo. É preciso aceitar as falhas e corrigi-las, para converter ideias aparentemente medíocres em propostas capazes de salvar a empresa da disrupção.

Conclusão

Este capítulo é fundamental para ajudá-lo a adotar a mentalidade certa, em condições de impulsionar a estratégia para a frente. Além disso, é realista, e o ajuda a prever e a manejar problemas a serem enfrentados, reduzindo, portanto, sua ansiedade. Concluir o TCD é o terceiro passo em um conjunto de passos infindáveis – fazer acontecer com base nesse processo é a parte mais difícil. Usando analogias e mantendo a vigilância constante no curso de ação e no mapa da jornada, você estará seguindo a estratégia certa para o sucesso.

O próximo capítulo se afasta um pouco mais da estratégia, para analisar o lado humano da disrupção, com foco específico nas características demográficas dos jovens trabalhadores, geralmente referidos como *Millennials*. Veremos por que as características demográficas dessa geração são tão importantes para o futuro da empresa e quais são as oportunidades apresentadas por esse grupo.

CAPÍTULO 10

—

DISRUPÇÃO E A GERAÇÃO *MILLENNIAL*

OS *MILLENNIALS* ESTÃO PRESTES a se tornar o maior grupo etário na força de trabalho, o que representa oportunidade (e ameaça) sem igual para empregadores e empresas. Essa geração está reescrevendo o livro sobre emprego, retenção, treinamento e deslocamento do poder de compra. Nunca antes houve geração mais disruptiva, graças às ferramentas, capacidades e poder com que contam e manejam. As tecnologias disruptivas constroem o contexto em que essa geração cresceu, e a maneira de usá-las contribuirá para grande parte do seu sucesso. Especificamente, você aprenderá:

- extrair a energia dos *Millennials* para impulsionar a sua empresa.
- mapear o futuro dos *Millennials* como força de trabalho.

Uma das maiores gerações da história – se não *a* maior – está prestes a ingressar na fase de gastar e consumir. Mais do que apenas os consumidores convencionais das gerações anteriores, os *Millennials* são diferentes. Os *Millennials* já estão começando a reformular as economias; suas experiências singulares continuarão a mudar a maneira como as pessoas compram e vendem, e as empresas deverão adaptar-se continuamente, em processo ininterrupto, às novas circunstâncias. Essa é a geração que poderia apenas dizer:

"Chega! Eis onde queremos ficar e eis como vamos para lá". Não se confunda; como em qualquer grupo de pessoas, haverá diferentes subgrupos e elementos que destoam dessa imagem, mas nunca antes na história precisamos de tamanha tempestade perfeita de tecnologia, comportamento e dados para propiciar a mudança em escala tão massiva, se os sistemas já em ação o possibilitarem (talvez até se não possibilitarem).

Importante pergunta a ser feita pelas empresas é: "Quem será o próximo a pegar o bastão?"

As gerações sempre fascinam, aborrecem e assediam. Grosso modo, a geração anterior "nomeia" a seguinte, e alguém, em algum lugar, por acaso, fica rico. Os títulos das gerações estão por aí há muitos anos, e, consultando vários especialistas, ninguém sabe bem como surgiram. A seguir, encontram-se os títulos mais comuns hoje – outras denominações sem dúvida surgirão em breve, à medida que o mundo e o ritmo da mudança se aceleram (SANBURN, 2015):

- Geração GI: 1901-1924.
- Geração Silenciosa: 1925-1946.
- Geração *Baby Boomer*: 1946-1964.
- Geração X: 1965-1979.
- Geração *Millennial* (*Millennials*): 1980-2000.
- Geração Z: 2000-2020.

O termo *Millennial* ressoa nos saguões, corredores, escritórios e salas de reuniões de agências e empresas de todo o mundo – e com boas razões, como veremos em breve. É importante observar, antes de entrarmos em detalhes sobre demografia, como surgiu o termo. Neil Howe e William Strauss ficaram famosos por criar o termo *Millennial*, por volta de 1999, e, portanto, definiram os traços do grupo. Quem nasceu entre os anos 1980 e 2000 é apelidado *Millennial*.

Uma busca rápida no Google e uma olhada breve nas mídias revelam grande concordância quando se trata de caracterizar essa geração. Resumindo, os *Millennials* são um subconjunto etário da população, cujos indivíduos são:

- preguiçosos,
- obcecados por tecnologia,
- narcisistas,
- muito ambiciosos e moram com os pais.

O problema é que... os *Millennials* realmente não existem.

Por que dizer *Millennial* não está ajudando você nem o seu negócio

Além de fazer o palestrante parecer velho, pronunciar a palavra *Millennial*, ou qualquer outro título de geração, quase sempre nos faz parecer tolos. As gerações simplesmente não existem – são termos inventados, os quais se aplicam a estereótipos e ao agrupamento de pessoas que, em geral, são muito diferentes, dentro do mesmo país, imagine então em outros países e mundo afora. Embora seja muito improvável que não haja uma única pessoa nascida entre 1980 e 2000 que não apresente alguns dos traços listados acima, a mesma afirmação seria adequada para alguém nascido entre 1950 e 1970 (ou em qualquer outra época). Muitos são os outros pontos a considerar, antes de partir para generalizações geracionais.

A maioria dos recenseamentos – se não todos – não define gerações. Além disso, as generalizações não ajudam a dirimir dúvidas, nem a resolver problemas. Ao contrário, quase sempre, essas homogeneizações só servem para revelar preconceitos e vieses sobre o que estamos tentando descrever.

DICA

Pare cinco minutos e pense em cinco critérios mais adequados para descrever características demográficas de idade, ou grupos-alvo. Aqui estão os dois primeiros, como pontos de partida:

- Pessoas nascidas entre...
- Os pais dos seus pais.
- _____
- _____
- _____

A história mostra que todas as "gerações", novas ou emergentes, geralmente são percebidas de maneira um tanto negativa pela geração dominante – sobretudo quanto às atitudes para com a tecnologia. Muitos profissionais de marketing têm dificuldade em compreender as características demográficas das novas gerações ao emergirem, mas os *Millennials* são sobremodo surpreendentes, em razão da natureza transformadora das tecnologias e ideologias de que foram precursores.

O problema dessas classificações é que realmente não ajudam em nada a ninguém e, em regra, geralmente amontoam pessoas diferentes para normalizar comportamentos, a bem da velocidade e em prejuízo da exatidão. Falando na *Deep Shift*, conferência de marketing, Adam Conover (apresentador de TV dos Estados Unidos) resumiu a questão: "'Gerações' geralmente significa velhos depreciando jovens". Essa prática se estende desde quando velhos ativos passaram a conviver com jovens ativos, em ambientes competitivos. Essa ideia é fundamental para compreender e questionar nossos vieses, preconceitos e reações condicionadas (respostas ensaiadas), para chegar à verdade e tomar decisões corretas.

Questione os seus mitos sobre os *Millennials*

Para compreender plenamente as tecnologias disruptivas, é preciso questionar suas crenças a respeito delas e de quem as usa. Compreender os *Millennials* será componente importante da estratégia e do sucesso da sua empresa, queira ou não você. A letra C do TCD é extremamente importante nesse contexto, porque a nova onda de pessoas jovens entrando na força de trabalho terá ideias e ideais muito diferentes, com base na tecnologia que elas têm na ponta dos dedos, com as quais cresceram e, em muitos casos, ajudaram a criar. Charlotte Burgess, *Senior Director* da C Space (consultoria global de insights, marcas e inovação) focou nesse grupo:

> Enquanto as gerações anteriores ficavam felizes em derivar o senso de significado e propósito da igreja ou do estado, a força de trabalho dos *Millennials*, hoje, espera extrair do trabalho esses sentimentos. Em consequência, procuram juntar-se a empresas que exercem

impacto social maior (ou que lhes reforça o senso de propósito maior), e isso lhes outorga significado existencial (Burgess, 2016).

É importante focar nesse grupo por causa das mudanças sem precedentes nas maneiras de compartilhar informações e de comprar bens e serviços (entre outras coisas) e em razão das tecnologias futuras que, nos próximos anos, serão capacitadas pelas tecnologias presentes. Vamos desfazer alguns dos grandes mitos em torno desse grupo, antes de analisar por que os *Millennials* são tão importantes para o futuro.

Os Millennials *não são mais preguiçosos que as gerações anteriores*

Das capas da revista *Time* ("The Me Me Me Generation") até os principais relatórios sóciodemográficos, da Pew e outros, os *Millennials* são tachados de preguiçosos e pretensiosos, mas essas imagens não são representativas do grupo. Acredite ou não nisso, o principal ponto de interesse para os empresários é o fato de o grupo estar prestes a tornar-se a corte demográfica mais numerosa da força de trabalho. O seu quadro de pessoal está na iminência de mudar drasticamente – a maneira como você manejar essa mudança impactará radicalmente o futuro da sua empresa.

Os Millennials *mostram mais abertamente traços narcisistas, mas não são necessariamente mais narcisistas*

O rótulo "narcisista" é difícil de refutar, neste mundo de *selfies*, atualizações de status e *tweets*. Um estudo de 2010, de Trzesniewski e Donnellan, pesquisou esse fator, mas não descobriu diferenças significativas: "Encontramos poucas razões para concluir que o membro típico da *Generation Me* é drasticamente diferente [quanto ao narcisismo]". Em outras palavras, comportamentos expressam crenças de outras maneiras. Embora as pessoas mais jovens disponham de mais tecnologia que as gerações anteriores para usufruir e produzir (redes sociais, conteúdo, conexões), as fases da vida se repetem e as atitudes mudam em conformidade.

Os Millennials *amam tecnologia... exatamente como qualquer outra geração anterior*

É importante lembrar, e se conscientizar, de que é a tecnologia, não os *Millennials*, que está mudando a sociedade e o mundo – afirmar o contrário seria forçar muito a barra. Não importa que consideremos a câmera de vídeo, o computador ou a calculadora de bolso, todas as gerações tiveram a "sua" tecnologia; esta geração está tendo mais do que a maioria, uma vez que a velocidade do avanço tecnológico aumentou significativamente, mas, sem dúvida, ainda há muito pela frente, com base nas tecnologias que estão sendo lançadas hoje e no futuro próximo. O autor Douglas Adams (2002) assim resumiu as diferentes atitudes para com as tecnologias:

> Qualquer coisa que já esteja no mundo quando você nasceu é normal e comum, e é elemento natural de como o mundo funciona. Qualquer coisa que é inventada quando você tem de 15 a 35 anos é nova, vibrante e revolucionária, e é até provável que você faça carreira nela. Qualquer coisa inventada depois que você faz 35 anos é contra a ordem natural das coisas.

Os Millennials *moram com os pais*

Muita gente desse grupo mora com os pais, mas o fazem por necessidade, não por escolha, em consequência de vários fatores, mas, principalmente, por motivos econômicos. Como no caso da maioria das pessoas nascidas antes, "voar do ninho" ainda é um rito de passagem, mas, por força de escolhas feitas pelos antecessores, as pessoas nascidas entre 1980 e 2000 são as que enfrentam mais dificuldades econômicas na história recente. Essa situação deve preocupar todas as empresas e marcas, porquanto esse fato exercerá impactos massivos sobre as tendências e atitudes de consumo.

Os Millennials *são ambiciosos demais*

Ouço isso muitas vezes, quando converso com gestores e CEOs de empresas com que trabalho, e é uma observação interessante. Sob alguns aspectos, concordo – muitos indivíduos desse grupo são excessivamente ambiciosos para o nível e a função em que se encontram, mas, ao observar as circunstâncias deles, você seria muito diferente? Eles enfrentam grandes incertezas financeiras, desejam intensamente o equilíbrio entre vida profissional/vida pessoal, e têm múltiplas opções de cenário de trabalho. Vários estudos sugerem que esse impulso por sucesso prematuro sugere que a motivação básica é o forte compromisso com a família e o desejo de provê-los no longo prazo.

A ambição em si e por si não é ruim, nem negativa, mas se deixada sem controle, esse comportamento pode tornar-se problemático. Porém, essa atitude seria diferente daquela de gerações anteriores? Não. Todas as gerações têm sido rotuladas de "pretensiosa" e "gananciosa", desde a aurora dos tempos. Seria preferível uma força de trabalho que não fosse ambiciosa? A empresa prosperaria ou estagnaria, no intervalo de cinco anos, se a força de trabalho fosse menos gananciosa? Cuidado para não cometer esse equívoco. Seja aberto para a ambição e cultive-a – isso pode envolver a mudança de políticas ou a criação de novas políticas.

Com base nesses pontos, seria possível concluir que os estereótipos geracionais são quase tão úteis quanto horóscopos. Concorde ou não você comigo, não é muito importante, mas a maneira de abordar indivíduos nascidos entre 1980 e 2000 determinará, por várias razões, o sucesso de projetos, iniciativas e, basicamente, da empresa. Dan Keldsen (2016), autor de *The Gen Z Effect: Six Forces Shaping the Future of Business*, resume muito bem a questão:

> O maior mito sobre os *Millennials* é o de serem melhores ou piores do que qualquer outra geração, anterior ou posterior. Toda a filosofia por trás do "Fosso de Gerações" (popularizado na década de 1960, por Margaret Mead) resultou de uma observação casual, que nunca teve a intenção de ser lavrada na mente coletiva, no sentido de que "duas gerações jamais se tolerarão, e muito menos se compreenderão".

Por que as pessoas que nasceram entre 1980 e 2000 são tão importantes?

A única coisa que se pode dizer, sem dúvida, sobre as pessoas que nasceram entre 1980 e 2000 é que compõem o grupo geracional mais diversificado dos últimos cem anos (certamente para a maioria das culturas ocidentais):

> Os jovens são mais tolerantes em relação a raça e etnia (47% *versus* 19%), com 45% concordando com tratamento preferencial para melhorar a posição de minorias. Isso pode ser atribuído à diversidade da geração em si, o que lembra a geração silenciosa. A mudança da população é evidenciada pelos 60% da faixa etária de 18 a 29 anos classificados como brancos não hispânicos, em comparação com 70% entre os acima de 30 anos. Isso reflete um recorde baixo dos brancos, com 19% hispânicos, 14% negros, 4% asiáticos e 3% mestiços ou outros. Ainda por cima, 11% dos *Millennials* nasceram de, pelo menos, um genitor imigrante (US Chamber of Commerce Foundation, 2012).

A diversidade racial é fator importante das tecnologias disruptivas – diferentes antecedentes, diferentes formações e diferentes interações levam ao desenvolvimento de novas ideias e estratégias.

Essa diversidade, em si e por si, tem enorme poder para mudar muitos aspectos tecnológicos, culturais e internacionais, que caracterizam as sociedades hoje. É importante observar, entretanto, que esse poder ainda precisa ser plenamente assumido e exercido por alguém, mormente pelos jovens. Qualquer empresário precisa reconhecer que esse fato promoverá mudanças drásticas. As políticas e práticas deverão refletir essa diversidade, se a empresa estiver interessada em atrair a nova onda de candidatos, a onda seguinte, e o mundo exterior.

Em 2015, ocorreu um ponto de virada nos Estados Unidos, que já havia acontecido em outras partes do mundo e que agora está ocorrendo em ainda outras, enquanto você lê esta página: os *Millennials* agora são mais numerosos, na força de trabalho, que as gerações anteriores dos Estados Unidos. Mais pessoas nascidas entre 1980 e 2000 entraram na força de trabalho do que as de outas gerações, tornando-as a coorte mais poderosa no mercado de trabalho. Deixando de lado a diversidade e a força de trabalho, esse grupo da população mundial tem várias outras características interessantes – inclusive poder político, que rapidamente se tornará questão relevante.

O deslocamento demográfico tem enormes implicações para o mundo empresarial, além de simples questões de números e de recursos humanos – esse grupo de pessoas pensa de maneira diferente por causa do mundo em que cresceram. As gerações anteriores eram definidas por guerras físicas; esta geração, por guerras tecnológicas. É a velocidade da mudança tecnológica que realmente está empoderando esta geração e aumentando seu potencial de realizações. A disrupção faz parte do estilo de vida normal deste grupo, e, nessas condições, negócios e estruturas estáticas parecem antiquados e são combatidos e evitados, em favor do novo normal. Como a geração mais educada de todos os tempos, as pessoas nascidas entre 1980 e 2000 estão mais endividadas do que as gerações anteriores, mas também são as mais prospectivas e precavidas, com mais de 70% já poupando para a aposentadoria.

Adam Smiley Poswolsky, autor de *The Quarter-Life Breakthrough: Invent Your Own Path, Find Meaningful work, and Build a Life that Natters,* explicou-me por que os *Millennials* são importantes:

> O americano comum está ficando no emprego apenas cinco anos. O *Millennial* comum está ficando no emprego por não mais que dois a três anos. Hoje, cerca de 34% da força de trabalho dos Estados Unidos é de trabalhadores autônomos, e este número deve continuar crescendo. A tradicional escada da carreira profissional é coisa do passado. Para o *Millennial* comum, emprego é um experimento breve e uma experiência de aprendizado (POSWOLSKY, 2016).

Poswolsky prossegue, para descrever como as empresas devem abordar os *Millennials*:

> As empresas que quiserem atrair os melhores talentos entre os *Millennials* terão de contratar e treinar funcionários por um período breve, de dois a cinco anos de aprendizado, e, então, ajudá-los a encontrar a próxima grande oportunidade. As empresas terão

de compreender e aceitar que ninguém quer ficar numa empresa para sempre. Os empregadores podem pensar em seus funcionários não como empreiteiros independentes, mas como indivíduos dinâmicos, com objetivos de carreira e com ambições pessoais de longo prazo. Se ajudarem alguém a avançar para alguma coisa ainda melhor, o ex-empregado continuará leal à marca, e pode até recomendar um amigo para o cargo que acabou de deixar. Será um sistema muito mais fluido de compartilhamento e de investimento em talento (POSWOLSKY, 2016).

Os comentários acima devem interessar a qualquer empresário; é uma enorme transformação nas ideias, nos recursos e no *status quo*. Essa questão salienta como é importante atrair pensadores e talentos certos para a sua empresa, a fim de maximizar o potencial das tecnologias disruptivas, mas também sem se deixar cegar por elas. A maneira como a sua empresa se prepara para essa mudança pode significar a diferença entre estar ou não estar no mercado. Quando se trata de *Millennials*, o nome pode ser irrelevante, mas o comportamento e os deslocamentos por eles desencadeados são tudo, menos irrelevantes.

Além dessas mudanças, contudo, está o futuro do grupo – drasticamente diferente, não por causa de guerras, nem das crises econômicas, que têm sido ocorrências normais para esse grupo. Quando se consideram os saltos e avanços propiciados pela ciência e a tecnologia, o futuro para esse grupo pode ser realmente fantástico – desde as criptomoedas, capazes de revolucionar as atividades bancárias e as transações cotidianas, até as grandes usinas de energia solar da Tesla. Essas tecnologias em si têm o potencial de impactar os negócios, com o aumento dos gastos dos consumidores, graças a compras on-line mais confiáveis e a fluxos de receita mais dinâmicos. Nas próximas duas décadas, é extremamente provável que ocorram muitas descontinuidades até então inimagináveis – muitas impulsionadas, em parte, pelos *Millennials*. De acordo com Benjamin F. Jones, em seu estudo *Age and Great Invention* (2005), o pico da capacidade de inovação, com base em ganhadores do Prêmio Nobel, ocorre na faixa etária de 30 a 40 anos. O argumento aqui é que, embora a idade traga sabedoria, pelo menos com base no velho ditado, o oposto pode ser verdade, em termos de inovação e de abertura para a disrupção. Dados de estudos sobre idade de CEOs e comportamento inovador mostraram que os CEOs mais jovens protocolam mais pedidos de patentes que os mais idosos, e também contratam inovadores mais jovens – tendência com muitas ramificações para a força de trabalho mais idosa. Se a sua empresa não for capaz de atrair talento jovem, você está em dificuldade, agora e no futuro.

A sua empresa precisa de IE, não de QI – desenvolva um *mindset* de *Millennial*

Os *Millennials* são a primeira geração que cresceu com a internet como padrão. Deixe essa ideia assentar por um segundo. Código aberto, colaboração, conhecimento e acesso ilimitados são dados como certos por esse grupo, desde que tinham idade suficiente para saber o que é teclado e tela. Nesse contexto, os *Millennials* são promotores e desertores de tecnologias que os ajudam a alcançar seus objetivos. Em vez de simplesmente aceitar o *status quo*, esse grupo está purgando os pecados dos antepassados e dizendo que há ou deve haver uma maneira melhor. Isso é Inteligência Emocional (IE) – a capacidade da pessoa de trabalhar com outras pessoas, compreendê-las, e entender o que as motiva. O QI também é importante para elas, mas a IE é o que as distingue. Essa IE decorre em parte da própria diversidade do grupo, mas resulta, principalmente, das questões com que se defrontam. A IE é fator importante quando se pensa em TCD e em tecnologias disruptivas, por força do componente comportamental do TCD. Compreender as necessidades das pessoas é competência importante quando se trata de identificar ou criar oportunidades para usar tecnologias disruptivas.

As implicações para as empresas são claras:

- Novos treinamentos serão necessários para que as pessoas se compreendam melhor.
- Novos estilos e estruturas gerenciais deverão ser desenvolvidos para que as pessoas trabalhem juntas com mais eficácia.

- Maior transparência, para atrair e reter esse grupo – pense em quão aberto você pode ser e em como demonstrar essa capacidade.
- Oportunidades de colaboração, de compartilhamento de funções e de desenvolvimento de competências serão indispensáveis para interessar o grupo.
- Novas práticas de RH deverão ser criadas e aprimoradas – esse grupo recrutará para você da mesma maneira como o deixará quando tiver explorado ao máximo a oportunidade.
- Sistemas e mentalidades permeáveis são requisitos para manejar a inovação e as soluções disruptivas que essa geração trará para a empresa, se o ambiente for propício.

Ambiente propício é essencial aqui. Trabalhar com clientes grandes e pequenos nessa área abriu meus olhos para os desafios que as empresas enfrentam para explorar o potencial dos *Millennials* e das próximas gerações. Não menospreze a intensidade da disrupção que essa geração pode impor à sua empresa, como *insider* ou *outsider*. Ao empoderar as pessoas e ao motivar a força de trabalho, as empresas terão condições de focar nas grandes questões, dar passos mais ousados e fazer avanços estratégicos em tempos incertos, escolhendo, usando e promovendo as tecnologias certas.

DICA

Pense em eliminar a avaliação anual – em seu lugar, execute verificações trimestrais. De acordo com a American Express, apenas 49% das empresas efetivamente realizam avaliações do desempenho anuais, que, cada vez mais, irritam os membros mais jovens da força de trabalho, uma vez que um ano parece uma eternidade, em face da velocidade com que as coisas estão acontecendo ao seu redor. Ao definir objetivos mais simples e factíveis, você não só melhorará a motivação durante todo o ano, mas também permitirá a todos os grupos – não apenas os *Millennials* – corrigir o curso e enfrentar proativamente os desafios, à medida que surgem, em vez de esperar e agravar as frustrações.

Não despreze o desejo de realização e de trabalho significativo

Como dissemos ao analisar o mito dos *Millennials*, trabalhar por um objetivo ou para um empregador significativo é um dos principais fatores de motivação para esse grupo. Peter Diamandis, *Chairman* e CEO da XPRIZE Foundation, chama essa tendência de Propósito Transformador Massivo (PTM). Boa maneira de aplicar o PTM é *induzir pela missão*, em vez de *descrever a missão*. De fato, a maioria dos PTMs são princípios orientadores, em vez de apenas frases de efeito.

Eis alguns exemplos:

TED: ideias a espalhar.
Quirky: tornar a invenção acessível.
Tesla: acelerar a transição do mundo para a energia sustentável.
Google: organizar a informação do mundo.
Airbnb: tornar-se mercado comunitário de confiança onde listar, descobrir e reservar acomodações únicas em todo o mundo.
Cisco: conectar todos e tudo, em todos os lugares, sempre.
Singularity University: impactar positivamente um bilhão de pessoas.

Único. Sublime. Ousado. Verossímil. Esses PTMs têm muita coisa em comum e são fáceis de serem ditos por grandes empresas, mas, como salienta Diamandis, esse foco, objetivo ou panorama acredita que os símbolos são os indutores de muitas das pessoas que estão entrando na força de trabalho. Em seu livro de 2015, *Bold: How to Go Big, Create Wealth and Impact the World* [ed. bras. *Bold: oportunidades exponenciais*, tradução Ivo Korytowski, Alta Books], Diamandis e Kotler explicam como escolher o PTM certo para a empresa e por que é tão importante garantir que o propósito da empresa seja compreendido por todos:

> Autonomia é o desejo de conduzir nosso próprio navio. Maestria é o desejo de conduzi-lo bem. E propósito é a necessidade de a jornada significar alguma coisa. Você não avançará quando a missão for de outra pessoa. Ela precisa ser sua (DIAMANDIS; KOTLER, 2015).

Reter os *Millennials* é, e continuará sendo, área de interesse central para os empresários, por muitos anos a fio, à medida que as tendências de negócios mudam, que as pessoas evoluem, e que novas tecnologias alteram o percurso e as oportunidades de carreira. Isso não significa que seja impossível. Aqui estão algumas vitórias fáceis que observei ao longo de minhas experiências em casa, em agências, e com marcas grandes e pequenas – todas são maneiras de reter os *Millennials* e de explorar seus recursos, em vez de ser varrido por eles:

- Crie o ambiente *certo*, não o mais legal. O Vale do Silício e a mídia perpetuaram o estereótipo de que os escritórios precisam ter rampas de skate, mesas de futebol totó e barman. Essas são veleidades, mas, obviamente, nem todos trabalham, querem trabalhar ou podem trabalhar nesse ambiente. Os *Millennials* estão em busca de empregadores que permitam liberdade de movimento em lugar de posto de trabalho estacionário.
- Desafie-os. Use as características do grupo em proveito próprio, autorizando-os a questioná-lo. Isso talvez pareça contraproducente, mas desafiá-los, ou a um pequeno grupo, a demonstrar por que alguma coisa seria mais bem-feita de outra maneira talvez seja preferível a procurar "especialistas" que concordem com você.
- Crie uma equipe de inovação, sem restrições. É um grupo avançado em tecnologia, ansioso por impressionar. Dê-lhes liberdade e recursos para testar novas tecnologias e para fazer sugestões sobre o que implementar. Não importa que seja realidade aumentada, impressão 3D ou aprendizado de máquina, as chances são de que eles saibam mais do que você, e talvez até sejam capazes de apresentá-lo a um especialista, com base em suas amplas redes sociais.
- Horário flexível não é piada, é estilo de vida. A tradicional jornada de 9 às 5 parece estar virando motivo de chacota em várias organizações, o que é perigoso. Em vez disso, a

melhor maneira de pensar em tempo é medi-lo em tarefas concluídas, em vez de em horas consumidas. Algumas das melhores mentes jovens me enviam e-mails à uma da madrugada, porque é assim que trabalham ou é a hora em que recebem alguma coisa. Dê ao grupo a liberdade de trabalhar como preferirem, dentro do razoável, e saia da frente – talvez seja a sua melhor decisão.

- Combata o treinamento empacotado. Os programas de desenvolvimento de pessoal devem ser prática contínua e espontânea. Seja *shadowing* (compartilhamento de funções ou cotrabalho); é preciso trocar as funções e certificar-se de que o grupo se sente desafiado e inspirado a olhar para a frente.
- Motive da maneira certa... o que inclui dinheiro. Os *Millennials* podem ser tão ou mais escrupulosos e idealistas, imbuídos do espírito de missão, do que qualquer outra geração que os antecedeu, mas por certo terão contas a pagar. Todavia, em vez de apenas recompensá-los com um salário, pense no que mais seria possível oferecer-lhes. Até alguns dos velhos truques, feitos de maneira criativa, podem ser muito eficazes.

Conclusão

Os *Millennials* continuarão sendo alvos de gozações, enquanto as pessoas o permitirem. Lembre-se que muitos autores ficam ricos, nomeando e descrevendo gerações. Combata o abuso e a perpetuação de estereótipos. Essa geração tem potencial, impulso e ambição para promover grandes mudanças, se sairmos do caminho e a deixarmos à vontade. Vivemos tempos estranhos em que um tuíte pode derrubar toda uma marca ou um único vídeo pode reduzir em 62 centavos cada dólar do preço de uma ação. A última referência é um exemplo que sempre cito, porque foi a tempestade perfeita do TCD. A Domino's Pizza sofreu embaraços e perda de 10% no preço de suas ações, quando um vídeo de dois funcionários fazendo coisas repugnantes com a pizza de um cliente viralizou no YouTube (KIM *et al.*, 2015).

Os *Millennials* esperam muito, e por que não? Eles estão dispostos a dar muito em troca e sabem o que está em oferta em épocas incertas. Pergunto a executivos que se referem aos *Millennials* como grande problema: "Será que você agiria de maneira diferente, se tivesse crescido nas mesmas condições?" Ao navegar em águas incertas e turbulentas, nos próximos anos, contar com a equipe certa faz sentido – mão firme, bom mapa, e pessoas que o desafiem a chegar ao destino com mais eficiência. Se tiver mente aberta, talvez você conclua que os *Millennials* não o tratarão apenas como um lugar onde aprender algo; é possível que o ajudem a manter as luzes acesas e queiram ficar por mais tempo.

CAPÍTULO 11

—

O FUTURO DO TCD E DAS TECNOLOGIAS DISRUPTIVAS

NESTE CAPÍTULO FINAL, reuniremos tudo e olharemos adiante. Especificamente, depois de lê-lo, você será capaz de compreender:

- por que sucesso no futuro significa flexibilidade agora;
- por que o TCD o acompanhará em toda a jornada;
- que futuros elementos poderão ser adicionados ao TCD;
- por que o futuro não deve ser temido.

Antes de nos movermos para o futuro, é importante olhar onde estamos agora, para sabermos aonde queremos ir e o que será necessário para chegar lá.

Estamos vivendo em um período de grandes incertezas, inclusive:

- mudanças tectônicas nos ecossistemas social e político;
- um ecossistema de mídia em tumulto e desarranjo;
- guerras em vários países;
- diversas plataformas digitais maiores do que a maioria dos países, que estão controlando as informações de várias maneiras;
- mudança climática em escala até então inédita.

Essa combinação, em geral, seria suficiente para levar qualquer empresa a se resguardar e a avaliar a situação; cada vez mais, porém, devido em grande parte às tecnologias disruptivas, essa posição é insustentável. A tecnologia está progredindo rápido demais e o risco das empresas está sendo negligenciado, sob pressão dos incumbentes do mercado, para não falar do acirramento da competição. O mundo já não é tão estável quanto 12 meses atrás, e a situação dificilmente mudará muito, nos próximos 24 meses, talvez mais, por causa do impacto de longo alcance dos acontecimentos recentes. As rupturas provocadas pelo avanço tecnológico, pelas mudanças políticas e pela instabilidade econômica não são em nada novas, mas os efeitos podem ser mais rápidos e abrangentes, por força do impacto das tecnologias inovadoras e emergentes. A tecnologia tem desempenhado papel importante nos acontecimentos recentes, sejam econômicos, políticos ou informacionais, resultantes da difusão e da manipulação de informações pelas mídias convencionais e pelas mídias sociais. Os próximos anos serão críticos para a maioria das empresas, à medida que crescem e avançam em águas não mapeadas.

Pode-se dizer que o futuro é altamente instável e indesejável, mas, antes de fechar o livro, pare por um momento. Vivemos numa época em que, pela primeira vez, o turismo espacial é uma possibilidade real, em que as energias renováveis finalmente estão ficando mais baratas que os combustíveis fósseis, em que a popularização dos smartphones está estreitando a conexão dos continentes, e em que o fosso da pobreza está diminuindo. Todas essas questões requerem um atributo – flexibilidade. A razão é simples: isso é o porvir próximo, e o que virá depois do porvir será vibrante, assustador e exponencial.

Com toda essa incerteza pairando, o melhor conselho geralmente é tomar decisões que o capacitem a ser mais ágil e resiliente, absorvendo os choques que o atingirão. O TCD é um *framework* flexível, que pode ser usado na forma padrão ou alterado para atender às necessidades da empresa, hoje e amanhã – não importa o que venha em sua direção. Esse controle e a capacidade de manter a agilidade são o que distinguirá a sua empresa de outros negócios.

O futuro é sempre incerto, mas, em face dos eventos recentes, o futuro nunca foi tão imprevisível, até inimaginável. Movimentos sísmicos aconteceram e continuarão acontecendo, como sequelas desses traumas, e a maneira como você os gere e os considera determinará seu sucesso ou fracasso. O *framework* TCD foi desenvolvido para flexibilizar os seus cenários. Ambas as versões do TCD foram projetadas para considerar e interpretar esses eventos, sob a perspectiva das suas circunstâncias específicas, de modo a acelerar as decisões estratégicas e preservar sua agilidade decisória.

O TCD é um *framework* – você é o que o faz funcionar

A decisão de viajar para a Costa Oeste dos Estados Unidos ao iniciar minha carreira não foi bem planejada, mas foi marcante. Clientes, amigos e família dizem que grande parte da minha energia foi desenvolvida durante minha estada em Los Angeles, mas meu amor por tecnologia é herança do meu pai e do pai dele. Não importa que tenha sido o *upgrade* do computador, o carro novo na garagem dos avós ou as idas à loja de computadores Currys para ver as novidades, eu sempre me entusiasmava com a tecnologia. Apesar da certeza de que esses dois personagens influenciaram a maneira como vejo a disrupção – e, na verdade, como busco soluções para os problemas dos clientes e para os meus próprios – reduzo tudo a dois fatores: tempo limitado e escolhas.

O Capítulo 2 discutiu como gerenciar melhor o tempo, mas muita gente não sabe para que o está gerenciando. Insisto em que você reflita com cuidado sobre a sua carreira, por causa da razão que me impulsiona: tempo limitado.

Vamos pôr essa reflexão em perspectiva. Pegue corda ou cordel, e os observe. É uma linha contínua, com início e fim. A corda representa a sua vida. Agora, pegue uma tesoura e se prepare para fazer alguns cortes.

Corte um terço da corda – esse é o tempo que a pessoa comum passa dormindo. Agora, corte um quarto do restante – aí está sua infância e a primeira fase da educação. O que sobrou é o tempo de trabalho e de aposentadoria, só que aí não se incluem exercícios físicos e diversões. Corte outro terço do que sobrou; esse terço representa o tempo que a pessoa comum passa no cinema (dois anos e meio, com apenas três idas por ano...), todo o tempo de TV, e as "atividades extracurriculares". Você deve estar próximo da marca dos 21 anos. Nada mau, certo? Vinte e um anos fazendo o que você quiser fazer? Espere, não se esqueça de comer e beber (oito anos), de esperar em filas (cinco anos), e coisas como trabalho doméstico (seis anos). Adicione tudo, e você chega a cerca da metade do que sobrou. Corte outra metade. O resto é o que ficou para o trabalho. Todas as amarras dos pés foram retiradas; o que você tem em mãos é o tempo realmente disponível para escolhas. Você dispõe, grosso modo, de 10,3 anos para fazer diferença, deixar a sua marca, assumir posições, mudar as coisas, deixar um lugar melhor. Será que você conseguirá?

Vamos dizer que você viva 80 anos – há quem viva mais, há quem viva menos; a média no Reino Unido, porém, é 80 anos. Caso se represente essa longevidade numa página, a imagem seria mais ou menos como a da Figura 11.1 – a sua idade num eixo e cada semana da sua vida no outro eixo.

Quanto tempo sobrou?
Quantas semanas você tem para fazer mudanças?
O que você fará para que tudo seja relevante?

Descubra onde você está agora e trace um X sobre a área representada pelas semanas que já foram vividas. Agora, trace outro X sobre a área correspondente aos últimos dez anos – as pessoas geralmente não são tão produtivas nesse período. Agora, pense em todas as maneiras como você usa o tempo, e trace linhas sobre a área correspondente – é rápido. Parte disso já se foi; outra parte não será produtiva ou, talvez, você não venha a usá-la. O pedaço sombreado no meio, que sobrou para a maioria dos leitores deste livro, é o que importa, ou pelo menos, o período em que você exerce o maior impacto, fazendo o que gosta de fazer.

FIGURA 11.1: Sua vida em semanas, em 80 anos

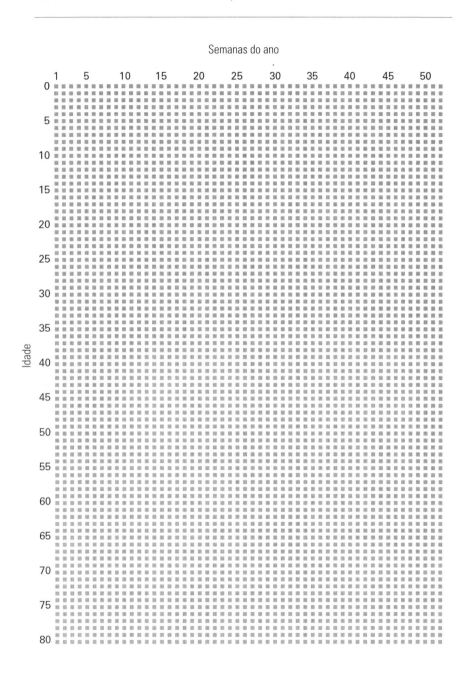

O objetivo aqui não é deprimi-lo, mas sim levá-lo a concentrar-se em usar com sabedoria o tempo que você tem neste planeta. Não importa que você creia ou descreia em um ser superior, todos têm certo tempo neste corpo espacial, e as suas escolhas para usar o tempo competem exclusivamente a você.

Por que o TCD o acompanhará por toda a vida?

Os capítulos anteriores são fundamentais para realmente compreender as tecnologias disruptivas e criar tempo e atitude para fazer algo a respeito. Saber que seu tempo na Terra é curto é uma coisa; mas realmente compreender como é breve o seu potencial para mudar as coisas e impactar outras vidas é totalmente diferente. Individualmente, o tempo gasto no trabalho está encurtando, sobretudo para os mais jovens. Compreender que o tempo que você tem para fazer mudanças e implementar ideias está sempre diminuindo não deveria deprimi-lo; deveria, ao contrário, motivá-lo para fazer escolhas ousadas e tomar decisões inteligentes. Tempo é parte enorme do que as tecnologias disruptivas não só demandam, mas de fato exigem, por causa da época em que vivemos e das variáveis mutáveis que nos pressionam. Saber de tudo isso deveria estimulá-lo a concentrar seu tempo em tentar e realizar grandes coisas. Por certo tenho consciência de como tudo isso me afeta e de como impacta os clientes com quem trabalho. Torne-o importante também para você.

Os clientes me dizem que geralmente usam a versão mais simples do TCD para fazer as suas escolhas diárias. Um chegou ao ponto de preparar um bloco de papel já diagramado, antecipadamente, com o TCD e, cada folha, em vez de traçar sucessivas vezes as três colunas para avaliar ideias e plataformas, antes das decisões, inclusive para criar o hábito. Além disso, porém, o TCD simples não lhe permite fazer uma coisa simples: comprometer-se com a ação. Os clientes me dizem que o movimento, ou até apenas a aparência de movimento, é frequentemente o principal fator para o sucesso ou para grandes saltos. Portanto, tornar as coisas visíveis e fáceis de compreender e comunicar é fundamental. O TCD os ajudou nesse processo, por ser simples e flexível, ajustando-se às circunstâncias.

O TCD+ ainda é um *framework* flexível, mas o foco é diferente. Devido à maneira como é configurado, o TCD+ torna as empresas mais coesas e também produz resultados robustos. Os resultados para os clientes são variados – funciona realmente bem para algumas pessoas, enquanto outras simplesmente o consideram uma ótima maneira de reunir-se com outras pessoas e de encontrar novos caminhos ou de corrigir os atuais. Além disso, se usado corretamente, pode oferecer, reiteradamente, novas maneiras de pensar e de fazer as coisas. Dizem-me que é por causa da flexibilidade, da atualização contínua e do processo de monitoramento do progresso que o TCD se movimenta com as pessoas, à medida que avançam para cima e para os lados.

O sucesso, porém, depende não só do *framework* TCD, mas também do compromisso de fazer as coisas de maneira diferente, trabalhar de maneira diferente, e focar de maneira diferente. O reconhecimento da importância desse esforço também é fator importante para conseguir que tecnologias disruptivas, como *blockchain* e impressão 3D, trabalhem para você. Os defensores do *status quo*, "porque sempre fizemos isso dessa maneira", e os acomodados, que não gostam de fazer marola, acharão cada vez mais difícil encaixar-se no mundo emergente. Você não precisa ser pioneiro para conquistar valor com as tecnologias que estão despontando no horizonte.

O futuro não deve ser temido

Em tempos de incerteza política e econômica, uma coisa é de se esperar – medo. O medo do desconhecido não é nada novo, mas é importante reconhecê-lo e manejá-lo. O medo se manifesta de várias maneiras: raiva, pausas, negação, para mencionar apenas três. O importante em relação ao medo não é evitá-lo, mas trabalhá-lo e mitigá-lo, antes que surja ou à medida que se manifesta. O TCD é um *framework* flexível e eficaz, que se dobra e se movimenta com a empresa, permitindo a análise de qualquer eventualidade, em ambiente seguro e positivo. Use o TCD como seu farol orientador e faça a disrupção trabalhar para você. Vivemos em tempos exponenciais, e isso deve ser celebrado. Nos capítulos anteriores, examinamos maneiras de prever e de evitar possíveis obstáculos, mas sabendo que você nunca os preverá, nem os evitará, é importante manter a calma – seguro no conhecimento de que pelo menos isso é previsível.

O medo é uma emoção natural. O medo é instinto de sobrevivência e uma das emoções mais fáceis de desencadear. Eventos recentes espalharam muito medo, alguns perpetuados por poderosas tecnologias (internet e *mobile*) que não existiam 30 anos atrás, e só isso agrava a confusão, a ansiedade e a preocupação. O potencial dessas tecnologias é grande, mas seria mau julgamento não considerar todos os lados da controvérsia – atributo central da estrutura e da metodologia do TCD.

Veja a inteligência artificial, por exemplo. Simplesmente não sabemos como essa tecnologia "evoluirá", mas a maioria dos analistas concorda que estamos no primeiro estágio de um surto de mudanças massivas – algumas boas e outras que mudarão o emprego. Discuti o futuro da IA com Jason Pontin, editor-chefe e *publisher* da *MIT Technology Review*, e ele concordou:

> A nova tecnologia mais importante para muitas empresas de produtos e serviços digitais em 2017 e 2018 atuará no âmbito da inteligência artificial denominado *deep learning*, ou aprendizado profundo, que tem aplicações muito amplas e importantes em numerosas indústrias (Pontin, 2015).

Aprendizado profundo é um termo aplicado a software, que tenta imitar o que acontece no neocórtex do cérebro – especificamente a atividade entre as camadas de neurônios. O "aprendizado" ocorre quando o computador reconhece e identifica corretamente padrões de imagens e sons digitais. Pontin continuou:

> Já estamos vendo os efeitos do aprendizado profundo em várias áreas – em nem todas positivo. É muito difícil adivinhar todo o impacto do aprendizado profundo; a técnica já fez avanços inéditos em reconhecimento de imagem e de voz, tradução, e modelagem preditiva. É possível que o *unsupervised learning*, ou aprendizado não

supervisionado, realmente possibilite saltos quânticos espantosos. Esses avanços em IA e possíveis saltos quânticos em aprendizado não supervisionado sugerirão muitas inovações para as empresas, enquanto continuarão a pressionar para baixo os salários dos trabalhadores de classe média, em todo o mundo, ao possibilitarem a automação de muitos trabalhos (PONTIN, 2015).

O *blockchain* é outro exemplo. Haverá muitas implicações e manifestações antes de considerarmos essa tecnologia como *mainstream*, ou dominante, ou, de fato, começarmos a perceber "todo o impacto" dela resultante. A perda do emprego é importante preocupação para muitos indivíduos que, geralmente, já têm certa idade e cujas competências são limitadas e, talvez, defasadas. Compreensivelmente, o medo talvez se imponha, e é importante nunca esquecer o componente humano em qualquer tipo de mudança – daí a importância do C, em TCD.

A Uber agora vale mais (no papel) do que a maioria das empresas da Fortune 500, mas, se fosse companhia aberta, ou empresa com ações negociadas em bolsa de valores, não teria entrado na lista. Essa é a beleza e o perigo das start-ups, e por que realmente é importante pesquisar e avaliar criticamente até a mais conhecida e promissora start-up. A Uber tem um passado comprovado e um futuro promissor, mas a beleza não está na empresa em si, mas sim no ecossistema que desenvolveu e fomentou. Entretanto, apesar de todo o seu destaque nas manchetes, a receita e o lucro no longo prazo sempre serão mais importantes no sistema econômico vigente, em que estamos envolvidos. Embora não seja, em si, um grande exemplo de disrupção, a Uber é um ótimo exemplo de empresa que, em breve, pode ser desestruturada, ou ela própria sofrer disrupção. Em decorrência das mudanças na legislação e das pressões da opinião pública, vários governos estão observando muito atentamente a empresa, sob perspectivas positivas e negativas. Além da regulação, evidentemente, temos outros problemas a resolver – o elemento humano nunca pode ser menosprezado.

As questões relevantes estão mudando; antes, plataformas e empresas eram construídas, ao passo que agora estamos vendo o que pode ser construído sobre elas e com elas. Não mais estamos preocupados com o que um smartphone pode fazer; o básico já está aí, e as mudanças incrementais já não significam tanto. Mas o potencial dos dispositivos, por meio de software e de tecnologias como GPS, significa que eles ainda têm muito a oferecer, considerando onde estão em termos de desenvolvimento.

Estamos vivendo numa época em que pessoas que nunca estiveram numa sala de aula podem ter mais experiência de trabalho do que um estudante comum que concluiu o ensino superior. Explorar o potencial de novos conjuntos de competências de pessoas inteligentes exigirá novos métodos, mente aberta e procedimentos diferentes. Tudo isso, evidentemente, se quiserem trabalhar na sua empresa. Talentos vigorosos, manifestações políticas, abertura intelectual, novos e velhos sistemas, tudo contribuirá para a rica tessitura da disrupção. Há mais tecnologias disruptivas no contexto do que as aqui analisadas, e eu anseio por ver o mundo em que viveremos quando as seguintes tecnologias realmente começarem a moldar muitos aspectos da vida cotidiana:

- *Próxima geração de baterias*. Dyson, Musk e outros estão animados com a energia renovável, e agora que a oferta está atendendo à demanda, graças aos custos mais baixos e às melhorias no armazenamento de energia, novas "minirredes" são viáveis, o que desestruturará empresas de energia e, talvez, países inteiros. Além de energizar casas e escritórios, supercapacitores carregam mais rápido e são mais flexíveis do que outras opções − perfeitos para *mobile* e pequenos dispositivos.

- *Nanossensore*s. Há bilhões de dispositivos conectados, mas onde a área de tecnologia fica mais interessante é em assistência médica e prédios inteligentes. Instalar sensores no corpo humano e em prédios inteligentes, capazes de detectar e sinalizar problemas, desestruturará vários mercados e empresas, induzindo-os a inovar e a oferecer novos serviços e soluções.

- *Veículos autônomos.* O sonho de veículos autônomos suscita questões referentes ao futuro dos escritórios, aos sistemas a serem impulsionados por essa inovação, e suas consequências em termos de malha rodoviária, urbanismo e outros setores de serviços. Uber, Tesla, Google e a maioria das empresas automobilísticas estão investindo maciçamente para converter essa visão em realidade, de modo a rechaçar a disrupção e encurralar os mercados.

- *Computação quântica.* Os computadores quânticos são capazes de executar certos cálculos com muito mais rapidez do que qualquer computador à base de silício. Melhorias recentes na vida útil de circuitos quânticos supercondutores demonstram que explorar o poder dos átomos e das moléculas para executar tarefas de armazenamento e processamento está mais perto da realidade. Microsoft e Google já estão correndo para desenvolver vantagens competitivas na tecnologia e para oferecer novos serviços a serem monetizados.

A maioria dessas tecnologias inovadoras, se não todas, tem duas coisas em comum: primeiro, estão desenvolvendo outras tecnologias existentes para criar novos sistemas de valor, e, segundo, estão lidando diretamente com valores para o indivíduo – diferença importante em relação a algumas das tecnologias já discutidas neste livro. Algumas dessas tecnologias são absolutas. O atributo de oferecer valor para os indivíduos continuará sendo fundamental para o sucesso das tecnologias disruptivas. Mary-Ann Russon, repórter de tecnologia sênior da *International Business Times*, disse-me que, para ela, as maiores disrupções tecnológicas do futuro serão as que impactarem diretamente a vida humana:

> A tecnologia só será "disruptiva" se melhorar e mudar as condições físicas da vida humana. Por exemplo, o advento de drones para inspeção aérea melhorará a eficiência e a segurança da agricultura, a vigilância territorial, projetos de construção, instalações industriais e a preservação de edifícios históricos. Do mesmo modo, exoesqueletos robóticos facilitarão o trabalho, capacitando os trabalhadores de fábrica a movimentar cargas mais pesadas e a evitar lesões no local de trabalho (RUSSON, 2016).

O futuro do TCD

O TCD não é um procedimento estático, e, recentemente, tenho pensado muito em alterá-lo, para incluir algo que me apaixona – design. Sempre me interessei por design; quando forma e função se associam e trabalham juntos, acontecem mágicas.

Design é assunto tão relevante quanto subjetivo, mas, de uns tempos para cá, tenho visto cada vez mais material escrito sobre design, à medida que o design decola em ascensão vertiginosa e mais dispositivos tácteis inundam os mercados. Sejam visualização de dados, experiência do usuário, interação do usuário, usabilidade, design interativo, design visual, design sistêmico ou as inúmeras espécies que estão pululando, o design é cada vez mais importante.

Os consumidores exigem que as coisas funcionem imediatamente, que sejam fáceis de usar e, acima de tudo, que sejam intuitivas. As empresas nunca tiveram mais dificuldade ou facilidade em agradar o usuário final, mas ainda parecemos ruins em alcançar esse resultado.

Antes, os negócios eram descritos por metáforas e terminologias de guerra, mas esses dias estão contados, por causa da nova onda de colaboração, de aprendizado e de avaliação de resultados pelo valor gerado para os *stakeholders*, que estamos começando a ver em empresas como Unilever, Google e na cultura de start-ups, de um modo geral.

À medida que avançamos para a marca de 5 bilhões de usuários de *mobile* (hoje são cerca de 2,5 bilhões), envolvendo Google, Amazon, Facebook e Apple (GAFA, para encurtar; termo que você agora começará a ouvir cada vez mais) – gigantes de tecnologia que produzem o próprio hardware – oportunidades sem precedentes estão surgindo para que as marcas basicamente se ergam sobre ombros de gigantes (frase popularizada por Isaac Newton). Novas oportunidades de hardware, novas redes a explorar e utilizar, novos mercados a descobrir, e novo conteúdo a criar – há novas maneiras de competir, como nunca antes. Agora, considere também os recentes desenvolvimentos do aprendizado de máquina (IA) e chegamos a taxas de erro de um dígito em coisas como reconhecimento visual e de voz. Um futuro extremamente interessante está emergindo, que mistura computadores, seres humanos e cálculos super-rápidos – ou tecnologia, comportamento e dados. A única variável é você. Que impacto você exercerá? O que você acrescentará ao futuro? Quão ousado será você, ou permitirá que os outros sejam? Quão contínuo e fluido, ou sem atrito, você tornará o seu negócio, em um, dois ou cinco anos?

Nunca antes tiveram as empresas oportunidades maiores para mudar e criar produtos e serviços admiráveis, que não só melhorem a vida das pessoas, mas também mudem o próprio mundo em que vivemos – ou, talvez, nos conduzam para um novo mundo.

O mundo em que vivemos está mudando, física, espiritual e tecnologicamente. As empresas estão prestes a experimentar a necessidade de responder a cenários e climas que nunca existiram antes. As agências farão o que jamais fizeram, e as décadas vindouras exigirão que as agências e empresas comecem a pensar sobre coisas como direitos de realidade virtual, corretores de identidade, desenvolvedores de contatos inteligentes, gestores de dados residuais e arquitetos de realidade mista. A colaboração crescente gerará atrito tanto quanto criará oportunidades e empurrará as fronteiras. As redes novas e existentes ao redor de coisas, como *wearables*, ou vestíveis, brotarão e murcharão da noite para o dia, mas cada uma oferecerá oportunidades a quem estiver preparado e for bastante ágil e flexível. Os *experts* surgirão e sumirão, mas, basicamente, os que se adaptarem e cultivarem o pensamento crítico conquistarão mais sucesso, porque, honestamente, muito do futuro não terá existido antes, sob qualquer aspecto ou forma. Você pode evitá-lo ou explorá-lo, preparando-se e ajustando-se.

O curto-prazismo, ou imediatismo, é algo que ouço e vejo ser debatido com frequência crescente em conferências setoriais, mas inquietantemente pouco nos Conselhos de Administração de empresas e de agências que frequento. Em todas as regiões, há incertezas que parecem estar aumentando, não obstante a disponibilidade de mais dados e de ferramentas mais inteligentes. Insto-o a usar este livro como o início de sua licença para não mais pensar no curto prazo. Empenhe-se em pensar adiante e fazer planos – sempre é possível mudar os planos, mas, se a sua estrela guia estiver baixa no horizonte, ainda que acessível com facilidade, será difícil satisfazer ou criar valor para alguém. Os objetivos mais ousados o forçam a avançar – seja ousado. Com as pessoas em todos os níveis da organização ficando nas mesmas posições cada vez menos tempo, além de se defrontarem com um panorama cada vez mais desafiador, focar na vitória fácil ou no objetivo imediato é desejável, mas não é aí que se situa o sucesso, nem a grandeza. Essas conquistas sempre serão de quem se esforçar com mais afinco e alçar voos mais altos do que os medíocres. Não há prêmio de participação quando se trata de denodo e disrupção. A hora de assumir riscos nunca é o próximo ano. Planeje com ousadia e execute com impiedade — tome a decisão consciente de pensar em longo prazo, usando o TCD ou o TCD+.

Este livro começou com uma retrospectiva, para ver de onde vieram as tecnologias e por que foram criadas. À medida que o livro progredia, constatamos como, cada vez mais, fatores além de simples avanços tecnológicos — como disrupção comportamental, econômica e política — tornam-se indutores de avanços tecnológicos futuros; a disrupção parece estar vindo de todos os lados. A próxima fase de avanços tecnológicos é crítica para a espécie humana, por força dos sistemas fornecidos pela fase anterior de avanços tecnológicos, como redes sociais, transmissões ao vivo, redes de sensores e GPS, para citar uns poucos. À medida que o quarteto GAFA — e outras potências disruptivas — continuam a metamorfosear-se a partir de seus negócios originais, surgem propostas inéditas, vibrantes e assustadoras. Necessita-se de mentalidade aberta, mas crítica, para detectar as possibilidades e compreender os efeitos das escolhas que estão sendo feitas por essas empresas e, assim, prosperar no contexto da disrupção por elas provocada. Não importa em que continente você viva, é claro que todos estamos atravessando tempos incrivelmente incertos, resultantes, em grande parte, de um sistema de classes cambiante, de um panorama político mutante e de insurgências econômicas. Em nenhuma outra época foi tão importante ter uma perspectiva e uma estratégia claras para lidar com as tecnologias disruptivas.

Obrigado por ler este livro — espero que você o aplique para impulsionar a sua empresa rumo a novas alturas.

REFERÊNCIAS

ADAMS, D. *The Salmon of Doubt*. Portsmouth, NH: Heinemann, 2002.

BECKHARD, R. Strategies for Large System Change. *Sloan Management Review*, v. 16, n. 2, 1975.

BODELL, L. *Kill the Company: End the Status Quo, Start an Innovation Revolution*. Nova York: Bibliomotion, 2012.

BOWER, J. Disruptive Change. *Harvard Business Review*, v. 80, n. 5, p. 95–101, 2002.

BOWER, J.; CHRISTENSEN, C. Disruptive Technologies: Catching the Wave. *Harvard Business Review*, v. 73, n. 1, p. 43–53, 1995.

BURGESS, C. Entrevista com o autor, 12 jul. 2016.

CADY, S. H. *et al.* The Change Formula: Myth, Legend, or Lore. *OD Practitioner*, v. 46, n. 3, 2014.

CEB. "Risk management" is often synonymous with "risk prevention" but it shouldn't be. *Cebglobal,* 2016. Disponível em: <https://www.cebglobal.com/riskaudit/ risk-management/how-to-live-with-risks.html>. Acesso em: 11 maio 2016.

DEARBORN, J. *Data Driven*. Hoboken, NJ: John Wiley & Sons, 2015.

DIAMANDIS, P.; KOTLER, S. *Bold: How to Go Big, Create Wealth, and Impact the World*. Nova York: Simon & Schuster International, 2015.

DIEBOLD, F. A Personal Perspective on The Origins and Development of "Big Data": The Phenomenon, The Term, and the Discipline. *University of Pennsylvania*, 2012. Disponível em: <http://www.ssc.upenn.edu/~fdiebold/papers/paper112/Diebold_Big_Data.pdf>. Acesso em: 1 nov. 2015.

FERGUSON, Kirby. *Everything is a Remix*. 2015. Disponível em: <http://everythingisaremix.info/watch-the-series/>. Acesso em: 31 out. 2015.

FINNEY, H. Quiz: Fox or Hedgehog? *Overcoming Bias,* 2006. Disponível em: <http://www.overcomingbias.com/2006/11/quiz_fox_or_hed.html>. Acesso em: 10 dez. 2015.

FRANKE, N.; POETZ, M.; SCHREIER, M. The Value of Crowdsourcing: Can Users Really Compete with Professionals In Generating New Product Ideas? *Journal of Product Innovation Management*, v. 29, n. 2, p. 245–56, 2011.

GARDNER, J. Personal Renewal. *PBS*, 1990. Disponível em: <http://www.pbs.org/johngardner/sections/writings_speech_1.html>. Acesso em: 10 jan. 2017.

GOODWIN, T. The Battle Is for the Customer Interface. *TechCrunch*, 2015. Disponível em: <http://techcrunch.com/2015/03/03/in-the-age-of-disintermediationthe-battle-is-all-for-the-customer-interface/#.f2ueb6:0sCd>. Acesso em: 1 ago. 2015.

GOYDER, C. The Surprising Secret to Speaking with Confidence. *YouTube*, 2014. (TED Talk). Disponível em: <https://www.youtube.com/watch?v=a2MR-5XbJtXU>. Acesso em: 11 jan. 2016.

HACKMAN, R. *Group Influences on Individuals in Organizations*. New Haven, Connecticut: Yale University Press, 1973.

APPLY Nanotech To Up Industrial, Agri Output. *India Daily Star*, 2012. Disponível em: <http://archive.thedailystar.net/newDesign/news-details.php?-nid=230436>. Acesso em: 26 nov. 2016.

FIFTY Years of Moore's Law. *Intel*, 2015. Disponível em: <http://www.intel.com/content/www/us/en/silicon-innovations/moores-law-technology.html>. Acesso em: 31 out. 2015.

IOANNOU, L. A Decade to Mass Extinction Event in S&P 500. *CNBC*, 2014. Disponível em: <http://www.cnbc.com/2014/06/04/15-years-to-extinction--sp-500-companies.html>. Acesso em: 29 out. 2015.

JONES, B. Age and Great Invention. *National Bureau of Economic Research*, 2005. Disponível em: <http://www.nber.org/papers/w11359>. Acesso em: 12 jan. 2017.

KELDSEN, D. Entrevista com o autor, 19 abr. 2016.

KELLEY, T. *The Ten Faces of Innovation: Strategies for Heightening Creativity*. Londres: Profile Books, 2008.

KIM, H. *et al*. The Effect of Bad News and CEO Apology of Corporate on User Responses In Social Media. *PLOS ONE*, v. 10, n. 5, 2015.

NANOTECHNOLOGY Update: Corporations Up Their Spending as Revenues For Nano-Enabled Products Increase. *Lux Research*, 2014. Disponível em: <https://portal.luxresearchinc.com/research/report_excerpt/16215>. Acesso em: 26 nov. 2015.

MAEDA, J. *The Laws of Simplicity: Design Technology, Business, Life*. Cambridge: The MIT Press, 2006.

MASLOW, A. A Theory of Human Motivation. *Psychological Review*, v. 50, p. 370–96, 1943.

NORTON, S. Internet of Things Market to Reach $1.7 Trillion by 2020. *The Wall Street Journal*, 2015. Disponível em: <http://blogs.wsj.com/cio/2015/06/02/internet-of-things-market-to-reach-1-7-trillion-by-2020-idc/>. Acesso em: 1 nov. 2015.

PONTIN, J. Entrevista com o autor, 8 nov. 2015.

POSWOLSKY, A. Entrevista com o autor, 12 jul. 2016.

ROGERS, E. *Diffusion of Innovations*. 5. ed. Nova York: Free Press, 2003.

ROTOLO, D.; HICKS, D.; MARTIN, B. What Is an Emerging Technology? *SSRN Electronic Journal*, 2014. Disponível em: <https://papers.ssrn.com/sol3/papers.cfm?abstract_id=2564094>. Acesso em: 8 jan. 2015.

RUSSON, M-A. Entrevista com o autor, 13 jul. 2016.

SANBURN, J. How Every Generation of The Last Century Got Its Nickname. *Time*, 2015. Disponível em: <http://time.com/4131982/generations-names-millennials-founders/>. Acesso em: 6 dez. 2016.

SHEDDEN, D. Today in Media History: Mr Dooley: "The Job of The Newspaper Is To Comfort the Afflicted and Afflict The Comfortable". *Poynter*, 2014. Disponível em: <https://www.poynter.org/2014/today-in-media-history-mr--dooley-the-job-of-the-newspaper-is-to-comfort-the-afflicted-and-afflict-the--comfortable/273081/>. Acesso em: 14 jan. 2017.

SINEK, S. *Start with Why: How Great Leaders Inspire Everyone to Take Action*. Nova York: Portfolio, 2011.

SINEK, S. Entrevista com o autor, 4 jan. 2017.

SMITH, R. Nanoparticles Used In Paint Could Kill, Research Suggests. *Daily Telegraph*, 2009. Disponível em: <http://www.telegraph.co.uk/news/health/news/6016639/Nanoparticles-used-in-paint-could kill-research-suggests.html>. Acesso em: 1 mar. 2016

TETLOCK, P. E. *Expert Political Judgment*. Princeton, NJ: Princeton University Press, 2015.

TETLOCK, P. E.; GARDNER, D. *Superforecasting: The Art and Science of Prediction*. Nova York: Random House, 2016.

TETT, G. *The Silo Effect: The Peril of Expertise and The Promise of Breaking Down Barriers*. Nova York: Simon & Schuster, 2015.

TRZESNIEWSKI, K.; DONNELLAN, M. Rethinking "Generation Me": A Study of Cohort Effects From 1976–2006. *Perspective on Psychological Science*, v. 5, n. 1, p. 58–75, 2010.

THE Millennial Generation Research Review. *US Chamber of Commerce Foundation*, 2012. Disponível em: <https://www.uschamberfoundation.org/reports/millennial-generation-research-review>. Acesso em: 18 jun. 2016.

DOD New Briefing: Secretary Rumsfeld and Gen Myers. *US Department of Defense*, 2002. Disponível em: <http://archive.defense.gov/Transcripts/Transcript.aspx?TranscriptID=2636>. Acesso em: 10 jan. 2017.

VANDERKAM, L. *168 Hours: You Have More Time Than You Think*. Nova York: Portfolio, 2011.

VANDERKAM, L. *How to Do Your Own Time Makeover*. 2015. Disponível em: <http://lauravanderkam.com/wp-content/uploads/2013/05/How-To-Do--Your-Own-Time-Makeover.pdf>. Acesso em: 10 dez. 2015.

WOHLERS. *Wohlers Report 2014.* 2015. Disponível em: <https://www.wohler-sassociates.com/2015report.htm>. Acesso em: 11 nov. 2015.

Leituras adicionais

Aqui está uma lista de livros que já li e a que volto, em busca de inspiração. Recomendo que você os leia.

CHOMSKY, N.; BARSAMIAN, D.; NAIMAN, A. *How the World Works.* Londres: Hamish Hamilton, 2012.

CIALDINI, R. B. *Influence: The Psychology of Persuasion.* Nova York: Harper-Collins, 2007.

DIAMANDIS, P. H.; KOTLER, S. *Bold: How to Go Big, Create Wealth And Impact The World.* Nova York: Simon & Schuster, 2015.

DOBBS, R.; MANYIKA, J.; WOETZEL, J. *No Ordinary Disruption: The Four Global Forces Breaking All the Trends.* Nova York: PublicAffairs, 2015.

DUNCAN, K. *The Diagrams Book: 50 Ways to Solve Any Problem Visually.* Nova York: LID Publishing, 2013.

DUNCAN, K. *The Ideas Book: 50 Ways to Generate Ideas More Effectively.* Nova York: LID Publishing, 2014.

EGGERS, D. *The Circle: A Novel.* Londres: Hamish Hamilton, 2014.

GNEEZY, U.; LIST, J. A.; LEVITT, S. D. *The Why Axis: Hidden Motives and the Undiscovered Economics of Everyday Life.* Nova York: PublicAffairs, 2013.

GODIN, S. *The Icarus Deception: How High Will You Fly?* Nova York: Portfolio Penguin, 2012.

GOYDER, C. *Gravitas: Communicate with Confidence, Influence And Authority.* Nova York: Random House, 2015.

HEATH, C.; HEATH, D. *Switch: How to Change Things When Change Is Hard.* Londres: Random House Business Books, 2011.

KELDSEN, D. *The Gen Z Effect.* Nova York: Bibliomotion, 2014.

KELLEY, T.; LITTMAN, J. *The Ten Faces of Innovation: Strategies for Heightening Creativity.* Londres: Profile Business, 2008.

KLEIN, G. *Seeing What Others Don't: The Remarkable Ways We Gain Insights.* Hachette, RU: Nicholas Brealey Publishing, 2014.

KROGERUS, M.; TSCHÄPPELER, R. *The Decision Book: Fifty Models for Strategic Thinking.* Londres: Profile Books, 2010.

LEAF, R. *The Art of Perception: Memoirs of A Life in PR.* Londres: Atlantic Books, 2012.

LEVITT, S. D.; DUBNER, S. J. *Superfreakonomics: Global Cooling, Patriotic Prostitutes and Why Suicide Bombers Should Buy Life Insurance.* Nova York: Penguin Books, 2009.

MAEDA, J. *The Laws of Simplicity: Design, Technology, Business, Life*. Cambridge: The MIT Press, 2006.

MASON, H.; MATTIN D.; LUTHY, M. *Trend-Driven Innovation: Beat Accelerating Customer Expectations*. Hoboken, NJ: John Wiley & Sons, 2015.

NABBEN, J. *Influence: What It Really Means and How to Make It Work for You*. Londres: Pearson Education, 2013.

NISBETT, R. *Mindware: Tools for Smart Thinking*. Londres: Allen Lane, 2015.

ORWELL, G. *Nineteen Eighty-Four*. [1949] Nova York: Penguin Classics, 2013.

OUTRAM, C. *Digital Stractics: Where Strategy and Tactics Meet and Bin the Strategic Plan?* Londres: Palgrave Macmillan, 2015.

PINK, D. H. *To Sell is Human: The Surprising Truth About Persuading, Convincing, and Influencing Others*. Edimburgo, RU: Canongate Books, 2014.

POSWOLSKY, A. *The Quarter-Life Breakthrough: Invent Your Own Path, Find Meaningful Work, and Build A Life That Matters*. Nova York: TarcherPerigee/Penguin Random House, 2016.

QUARTZ, S.; ASP, A. *Cool: How the Brain's Hidden Quest for Cool Drives Our Economy and Shapes Our World*. Nova York: Farrar, Straus and Giroux, 2015.

ROSE, J. *Flip the Switch: Achieve Extraordinary Things with Simple Changes to How You Think*. Mankato, Minnesotta: Capstone Publishing, 2016.

SAATCHI, M. *Brutal Simplicity of Thought: How It Changed the World*. Londres: Ebury Press, 2013.

TETLOCK, P.; GARDNER, D. *Superforecasting: The Art and Science of Prediction*. Nova York: Random House Books, 2015.

VLASKOVITS, P.; KOFFLER J.; PATEL, N. *Hustle: The Power to Charge Your Life with Money, Meaning and Momentum*. Londres: Vermilion, 2016.

ÍNDICE

Números de páginas em *itálico* indicam tabelas ou figuras.

A

Age and Great Invention, 266
"aprendizado profundo", 282
Adams, Douglas, 262
Adobe
   Creative Cloud, 236–237
   Kickbox, 234–237
   Marketing Cloud, 146
AgilOne, 146
Airbnb, 33, 232, 269
Alexa, 123
Alibaba, 15, 33
American Express, 268
Análise descritiva, 21
Análise diagnóstica, 21
Análise prescritiva, 21
Analogia do iceberg, 225–226
Ancoragem (anchoring), 179
App Annie, 124
Apple
   "pense diferente", 242
   Apple TV, 108
   fail fast (fracasse rápido), mentalidade, 112
   Filosofia da empresa, 105–106
   GAFA, 286, 288
   Gestão de riscos na, 177–178
   Siri, 43
Aprendizado de máquina, 71, 225
Aprovação, obter, 175–192

"Detone logo a bomba", 187
"Pata de macaco", 187
Arrependimento do comprador, evite, 187
Compromisso, avaliação do, 186
Funil da Dor, 185
Gestão de riscos, 175–178
   Aversão ao risco, evitando, 178
   Incorporação, 179
Objeções ao custo, superando, 188–189
Perguntas, fazer, 186
Raciocínio por analogia de campo (*analogous-field thinking*), 184
Viés, 178–180
   Tipos de, 178
   Trend Safari, atividade, 181–184
Armazenamento, custo de, 18
Ashton, Kevin, 19
Aversão a perdas, 179

B

Banco Mundial, 125
Barclay, 203
Beckhard, R, 82
Berlin, Isaiah, 78
big data, 19–20, 225
   Benefícios do, 19
   Ciência de dados, 19, 20

Valor oriundo do, alcançando, 20
Bioimpressão, 48
Bitcoin, 15, 36–38
Blockbuster, 25, 34
Blockchain, 36, 37–40, 224, 281
   Bitcoin, 15, 37–40
   Cronograma do impacto, 40
   Futuro do, 283
   Impacto provável, 40
   Prós e contras, 38–40
Bodell, Lisa, 209, 211
Bold: oportunidades exponenciais, 269
Borders, 25
Bower, J e Christensen, C, 33
Bower, Joseph, 34–35
Brier, escore, 76
Burgess, Charlotte, 260–261

C

C Space, 260
Cady, S. H. *et al.,* *83*
Canvas8, 143
Carey, Mariah, 45
Carro compartilhado, 224
CEB Global, 178
Christensen, Clayton, 33
Ciência de dados, 20
Cisco, 203, 269
Clarke, Arthur C, 24
Cognitive Lode, 121
Comet, 25
Comparação de preços, sites de, 224
Compete, 123
Computação na nuvem, 19
Computação quântica, 285
ComScore, 123
Conover, Adam, 260
Criptomoedas, 225, 266
Cultura organizacional, 229–230, 233–234
Curva de Difusão de Inovações, *91*
Custos sem retorno, falácia dos, 179

D

Dannemiller, Kathie, *83*, 84
Data USA, 125
Datawheel, 125
Dearborn, Jenny, 21
Decathlon, 199
Deep Shift, 260
Deep Web, 38, 70
Deliveroo, 224, 232
Dell, 203
Deloitte, 125
dematurity (desmaturação), 223
Diamandis, P. e Kotler, S, 269
Diamandis, Peter, 25, 269
Diebold, F, 19
Digg, 120
Direitos Autorais, 69
Disrupção, definição, 32–33
Domino's, 203, 271
Dunne, Finley Peter, 232
Dyson, James, 284

E

"estímulos ambientais", 205
E Text Editor, 196
Edison, Thomas A, 136
Encriptação, 70
Energia solar, 266
Enron, 25
Entrepreneur, 111
EpicBeat, 119
Epictions, 119
Equação da mudança, *ver* Fórmula da mudança
Ericsson, 203
Escada de Referências de Experts, 160–162, 216, 250
Evernote, 119
Excesso de confiança, viés do, 179
Experian, 121, 144

F

"*F-labs*", 203

Facebook, 15, 24, 159, 162, 224
  "M", 24, 42
  Análise para, 145
  Facebook Ads, 146
  Facebook Groups, 252
  Facebook IQ, 122
  Facebook Live, 159
  fail fast (fracasse rápido), mentalidade,112
  GAFA, 286, 288
  Gestão de riscos na, 177
  Gráficos do Facebook, 122
  Tecnologia disruptiva, como exemplo de, 33
  Vendendo pelo, 62
Fast Company, 111
Ferguson, Kirby, 35
Finney, H, 45
Fin-Tech, 62
Fita de Previsão, *91–95*
Flack, Bill, 76
Flickr, 159
Flipboard, 68
Forbes, 111, 125
Ford, 203
Ford, Henry, 24–25
Foresight Factory, The, 146, 183
Fórmula da mudança, 82–84, *83*, 84
Forrester, 124
  Consumer Technographics, 144
Fortune 500, 25
Fotolia, 236
Franke, N., Poetz, M. e Schreier, M, 252
FreeLunch, 124–125
Fujifilm, 203
Funil da Dor, 185
Future Laboratory, The, 146
Futurethink, 209

G
GAFA, 286, 288

Gapminder, 125
Gardner, Dan, 76
Gardner, John, 104–105
Gartner, 124
Gen Z Effect, The, 263
General Electric, 87
General Mills, 203
GfK MRI, 145
Gittip, 196
Gleicher, David, 82–*83*
GlobalWebIndex, 121, 145
Goodwin, Tom, 33
Google, 159, 182
  20% time, 199
  Abordagem aberta, 203
  Busca avançada, 119
  Computação quântica, 285
  Formulário Google (Google Forms), 146, 211
  GAFA, 286, 288
  Google Analytics, 143, 160
  Google Consumer Barometer, 144–145
  Google Earth, 70
  Google Fiber, 224
  Google News, 224
  Google Tools, 125
  Google Trends, 125
  Google+, 145
  Propósito Transformador Massivo (PTM), 269
  Veículos autônomos,285
Goyder, Caroline, 192
Grafeno, 37, 48, 224
Gratipay, 196
Gravitas, 192

H
168 Hours:You Have More Time Than You Think, 64
Hackathons, 87
Hacker News, 120

Hackman, J. Richard, 205
Harvard Business Review, 111
Havas Media, 33
Heráclito, 26
HERE/FORTH, 66, *83–84*, 143
   Fórmula da Mudança, *83–84*
Hierarquia das Necessidades, 23, 97
Hitwise, 121, 123
Holacracia, 198–199
Holografia, 37, 45–47
   Cronograma do impacto, 47
   Impacto provável, 46
   Prós e contras, 46
Honda, 87
Howlett, Lisette, 185–187
HP, 203

I

"Inovadores", 93
IBM, 201, 203
IDC, 124
IDEO, 245
IHS, 124
iMessage, 159
Impressão 3D, 36, 47–52, 223, 224, 281
Cronograma do impacto, 52
Impacto provável, 52
Prós e contras, 49–51
India Daily Star, 53
Instagram, 159
Intel, 16
Inteligência artificial, 36, 41–44, 71, 162, 282
   Cronograma do impacto, 44
   Impacto provável, 43
   Prós e contras, 42–44
Inteligência Emocional (IE), 267
Intelligence Advanced Research Projects Activity (IARPA), 76
International Business Times, 285
Internet das Coisas (IoT), 19, 31

   Mercado para, 19
Investopedia, 182
Ioannou, L, 25
iPhone, 15
Ipsos Mori, 144
iTunes, 108
iZettle, 62

J

Jackson, Michael, 45
Jessops, 25
Jones, Benjamin F, 266–267
Joy, Bill, 215, 248

K

Kantar Media, 143–144
Keldsen, Dan, 263
Kelley, Tom, 245
Kickbox, 234–237
Kill the Company, 211
Kim, H. *et al.*, 271
Kingfisher, 199

L

L2, 123–124
Laws of Simplicity, The, 110
Lego 153, 203
Lei de Moore, 16
Lewis, John, 203
LinkedIn, 252
   Abordagem aberta, 203
   Curadores de área ou tópicos em, 160
Lorch, Doug, 76
Lux Research, 53–54
Lynda, 225

M

Maeda, John, 110
Maioria inicial, 93
Maioria tardia, 93

Manufatura, sob demanda, 224
Marks & Spencer, 203
Mashey, John, 19
Mash-ups, 95–99
Maslow, A, 23, 97
Massachusetts Institute of Technology (MIT), 125, 182, 206
MIT Technology Review, 282
Massive open online courses (MOOCs), 225
Matriz de Risco, *113, 115*
McKinsey, 124
Mead, Margaret, 263
Medium, 198
Melissa Data, 121
Mera exposição, viés da, 179
Microsoft, 159
    Abordagem aberta, 203
    Computação quântica, 285
    Experimentadores pioneiros, comunidades de, 201
    Perspectiva de funcionalidade, 105
    Questionando suposições, 206
Millennials, 255–272
    Atraindo e mantendo, 266, 270–271
    Diversidade, 264
    Inteligência Emocional (IE), 267–268
    Preconceitos negativos sobre, 259–260
    Ambição, 262–263
    Situação econômica, 262
    Preguiça, 261
    Narcisismo, 261
    Tecnologias, amor por, 262
    Propósito Transformador Massivo (PTM), 269
    Títulos das gerações, 258
Miniaturização, 17
Minirredes, 284
Moody's Analytics, 125
Mosaic, 144

Mudança, gestão da, 23, 62
    Adaptabilidade de empresas a, 25–26
    Avaliação dos funcionários, parte da, 67
    Campeões transformadores, 226–228
    Comitês, 66
    Compromisso, falta de, 186, 228, 244
    Conhecimento, pressupondo o, 68
    Cultura organizacional, 229–230, 233–234
    Dedicação, importância da, 85
    Desconforto, reorganização, *82*
    Fórmula da Mudança, *82–84*
    Ferramentas para, 66, 87–99
        Fita de Previsão, *91–95*
        Mash-ups, 95–99
        SWOB, 88–*91*
    Influenciadores, usando, 67
    Liderando pelo exemplo, 66
    Linguagem, uso da, 66
    Moral, 86
    Mudança imotivada, 86
    Personas, em sua empresa, 246–247
    Recompensas e comemorações, 67
    Resistência à mudança, 84–85
    Ver também negócios abertos; aprovação, obter
Musk, Elon, 284
MyFitnessPal, 97
Myspace, 109

N

Nações Unidas, 125
Nanossensores, 284
Nanotecnologia, 36, 52–56, 224
    Cronograma do impacto, 55–56
    Impacto provável, 55
    Prós e contras, 54–55
Napster, 108
National Nanotechnology Initiative, 53
Negócio aberto, 193–217

"Estímulos ambientais", 205
"F-labs", 203
Ajuda externa, uso, 215
Benefícios, 200–201
Caixa de sugestões, 204
Desarmonia, criação de, 207–214
    Mate a empresa, exercício, 209–214
Específico, ser, 209
Estudo de caso, 202
Feedback, gestão do, 205
Holacracia, 198–199
Linguagem corporal, 206
Principais áreas, 196–197
Propriedade intelectual, 198
Questionando as suposições, 206
Nesta.org, 182
Nestlé, 203
Netflix, 162, 224
    Gestão de riscos na, 177
    Tecnologia disruptiva, como exemplo de, 35, 67
Newton, Isaac, 286
Nielsen, 123
Norton, S., 19

O

"otimismo realista", 104
O Exterminador do Futuro, 71
Obsolescência planejada, 69
Oddbins, 25
Open Business Council, 198
Open Company Initiative, 200
Oracle Marketing Cloud, 146
Organização Internacional do Trabalho, 125
Organização Mundial da Saúde, 125

P

Parker, Sean, 108
Pata de macaco, 187
Patton, George S, 111
peer-to-peer, redes, 224

Pensamento de grupo (groupthink), 179
Pepper, Ilusão do Fantasma de, 45
Pew, 261
Phillips
    VitalSense, 53
Pontin, Jason, 282–283
Porco-espinho *versus* raposa, 78–81
Poswolsky, Adam Smiley, 265–266
Presente, viés do 179
Presley, Elvis, 45
Primeiros adeptos, 93
Processamento, poder de, 16
Procter & Gamble, 19, 202
Product Hunt, 120
Protein, 146
Prototipagem, 17
Punchcut, 146

Q

Quadro Demográfico do Consumidor, 154
Quarter-Life Breakthrough, The, 265
Quirky, 269
Quoirin, Meabh, 183
Quora, 120, 160

R

Raciocínio por analogia de campo (*analogous-field thinking*), 184, 249–253
    Escada de Referências de Experts, 250
Realidade aumentada, 162
Realidade virtual, 162
Reddit, 120
Retardatários, 94
Ribot, 121
Rogers, Everett, *91*
Rossul, 146
Rotolo, D., Hicks, D. e Martin, B, 32
Rumsfeld, Donald, 60
Russon, Mary-Ann, 285

S

11 de setembro, 15
"saltadores", 94
Salesforce, 52
Samsung, 203
Sanburn, J, 258
Sandler, 185
SAP 21, 203
Search Engine Guide, 120
Shedden, D, 232
Sillman, Sanford, 76
Silo Effect, The, 176
Sinek, Simon, 105, 197, 242
Singularity University, 269
Slack, 66, 159
Slashdot, 120
Smartphones, 16
Smith, R, 55
Snapchat, 159, 224, 232
Snapzu, 120
Snowden, Edward, 15
Socialbakers, 145
Square, 62
Stack$ity 120
Starbucks, 203
Start with Why, 105
StartupBlink, 182
Starwood Hotels e Resorts, 199
Status quo, viés, 179
Stigsen, Alexander, 196
Stripe, 62
Sun Microsystems, 215
Supercapacitores, 284
Superforecasting (Superprevisões), livro, 76–78
   Mentalidade de crescimento, 77
   Superforecasting, 76
Survey Monkey, 146
SWOB, 88–*91*

T

TBWA/Chiat/Day, 242

TCD, *framework*, 22, 221
   Flexibilidade de, 77, 103, 276
   Fraquezas, identificação de, 34
   Futuro do, 286–288
      Design, 71, 186
   Impulso, mantendo o, 233
   Repetição, 231
   Simplicidade, 77, 110
   TCD avançado (TCD+), 107, 108, 131–171, 215, 280–281
      "mentalidade de aceitação confiante do fracasso", ter, 136
      Aprovação, obter, 139, 232–233
      Bússola TCD+, *163*–167
      Características demográficas do público-alvo, compreendendo as, 141–142
      Escada de Referências de Experts, 160–162, 216, 250–251
      Escores finais, 168
      Estudo de caso, *168*–169
      Feedback, dar, 170
      Ferramentas de análise de dados, 95
      Grupo consultivo, seu 137–138
      Interesse tecnológico existente, 104–05
      Mapeamento do cliente, 149–155
      Matriz de Investimento, 155–*158*, 159–160, 169
      Novo interesse tecnológico, 160–162
      Objetivos, definição, 136–137
      Oportunidade, áreas de, 169–170
      Papel das equipes, 139
      Planos de ação, 170
      Quadro Demográfico do Consumidor, 154
      Quando usar, 134–135
      Reunião, primeira, 140–141
      Scrapbooking, Workshop, 147–149

TCD simples, 101–129, 280
   "Otimismo realista", 104–106
   Agilidade, importância da, 103
   Comportamento, 60, 71–72, 120–122
   Dados, 72, *123–125*
   Escore final, *126*
   Estudo de caso, 127–129
   Limitações do, 113–115
   Matriz de Decisão, 113–*115*, *116*, 127, 155, 157
   Origens do, 107–109
   Perguntas a responder, 117
   Tecnologia, 71, 117, 117–*120*
  Três pilares do, 71
Techcrunch, 182
TED Talks, 105, 182, 192, 234, 269
Telemática, 224
Ten Faces of Innovation, The, 245
Tesco, 87
Tesla, 233, 266, 269
Tetlock, Philip, 22, 76, 77, 78, 81
Tett, Gillian, 176
TGI, 143–144
Time, revista, 261
Tobii, 146
Tor, 70
Trendwatching, 146
Trzesniewski, K and Donnellan, M, 261
Tudo é um Remix, 35
Tuitive Group, 146
Tupac, 45
Twitter, 62
  Análise para, 145
  Curadores de área ou tópicos em, 160
  Periscope, 159
  Vender por, 62

U
Uber, 33, 224

Começo inócuo, 232
Futuro do, 283
Gestão de riscos no, 177
Tecnologia disruptiva, como exemplo de, 35, 67
Veículos autônomos, 285
Umbel, 146
Unilever, 203, 286
US Chamber of Commerce, 264
US Department of Defense, 60

V
Vanderkam, Laura, 64, 65
Veículos autônomos, 285
Viés de confirmação, 179, 250
Viés do compromisso, 179
VisualDNA, 146
Voat, 120
Voice over Internet Protocol (VOIP), 224

W
Webcredible, 146
WhatsApp, 159
Wikipedia, 25, 119, 137
Wired, revista, 182
Wohlers, 51
Woolworths, 25

X
Xerox, 203
XPRIZE Foundation, 25, 182, 269

Y
Yahoo!, 159
Yext, 159
YouTube, 271

Z
Zappos, 198, 199, 201

LEIA TAMBÉM

A BÍBLIA DA CONSULTORIA
Alan Weiss, PhD
TRADUÇÃO *Afonso Celso da Cunha Serra*

CONFLITO DE GERAÇÕES
Valerie M. Grubb
TRADUÇÃO *Afonso Celso da Cunha Serra*

CUSTOMER SUCCESS
Dan Steinman, Lincoln Murphy, Nick Mehta
TRADUÇÃO *Afonso Celso da Cunha Serra*

INTELIGÊNCIA EMOCIONAL EM VENDAS
Jeb Blount
TRADUÇÃO *Afonso Celso da Cunha Serra*

ECONOMIA CIRCULAR
Catherine Weetman
TRADUÇÃO *Afonso Celso da Cunha Serra*

IoT-INTERNET DAS COISAS
Bruce Sinclair
TRADUÇÃO *Afonso Celso da Cunha Serra*

KAM - KEY ACCOUNT MANAGEMENT
Malcolm McDonald, Beth Rogers
TRADUÇÃO Afonso Celso da Cunha Serra

MITOS DA GESTÃO
Stefan Stern, Cary Cooper
TRADUÇÃO Afonso Celso da Cunha Serra

MITOS DA LIDERANÇA
Jo Owen
TRADUÇÃO Afonso Celso da Cunha Serra

MITOS DO AMBIENTE DE TRABALHO
Adrian Furnham, Ian MacRae
TRADUÇÃO Afonso Celso da Cunha Serra

NEUROMARKETING
Darren Bridger
TRADUÇÃO Afonso Celso da Cunha Serra

OS SONHOS DE MATEUS
João Bonomo

PETER DRUCKER: MELHORES PRÁTICAS
William A. Cohen, PhD
TRADUÇÃO *Afonso Celso da Cunha Serra,*
Celina Pedrina Siqueira Amaral

RECEITA PREVISÍVEL
Aaron Ross & Marylou Tyler
TRADUÇÃO *Celina Pedrina Siqueira Amaral*

TRANSFORMAÇÃO DIGITAL
David L. Rogers
TRADUÇÃO *Afonso Celso da Cunha Serra*

VIDEO MARKETING
Jon Mowat
TRADUÇÃO *Afonso Celso da Cunha Serra*

Este livro foi composto com tipografia Bembo e impresso
em papel Off-White 90 g/m² na Assahi.
